夜行的鳥

斯瓦米韋達・帕若堤 Swami Veda Bharati——著

石宏、黃涵音、蕭斐——譯

喜馬拉雅傳承的14堂瑜伽禪修課

作者原序／

夜的別名是黎明

夜空中飛過的鳥能夠看穿黑暗。夜晚中降臨的靈感也有同樣的特質。眾人徹夜在睡夢中，瑜伽士卻是清醒的。我們的上師斯瓦米拉瑪，他所有的著作都是在夜晚中口述下來的。他在詩集《愛之耳語》（*Love Whispers*）中寫道：

有人問，你是做什麼的？
我回答，我專門撿拾夜裡落下的花朵。

在夜間，修行人內心深處是清明的。偶爾，在疲憊的身體之中，淺層的心可能不敵睡魔，但是深層的心仍然在孜孜地探索內在的寶藏。不久，寶藏猶如牛乳精華的乳脂，在經過攪拌後會浮上表面，成為在淺層心中浮現的字詞。

真理的特性是：凡是天啟都是超越思想的。它首先出現在「布提」（buddhi）向內的那一面，然後要找件衣服來穿，它找到的那件袍子就叫做「思想」。思想浮現出來時，為自己找到的袍子就叫做「字語」。字語披著的外衣就叫做「音聲」。所以，等到天啟來到聽者和讀者的面前時，它已經批了三層袍子、三道偽裝了。要接觸到天啟的真義，我們就必須除去音聲，來到字語；必須濾掉字語，來到思想；必須揚棄思想，直取天啟。

那無思、無字、無聲的，就是在夜間來到修行人面前的真理。即使身體已經疲憊，這時仍然要喚醒淺層的心來工作。無論手中執的是羽毛筆還是鍵盤——蘇菲派（Sufi）哲人歐馬（Omar）說的好：「是那舞動的手指在寫作。」他的父親是波斯的帳蓬工人，名叫卡揚（Khayyam）。所以，你必須是一位能為眾生提供庇護者之子，才有資格與這些暗夜之鳥比翼同飛，才能吸盡夜間落下花朵的香氣，才能品嚐神為弟子所擺設的通宵盛宴。印度古籍《梨俱吠陀》（*Rig-veda*）內〈夜之歌詠〉一篇中說：「夜的別名是黎明。」惟有在這樣的夜，那能看穿黑暗的天啟之鳥才會振翅飛翔。

於此，我，那庇護大師[1]之子，為你獻上暗夜之鳥振翅所吹來的微風；音聲、字語、思想。

都是短文。此刻無暇錄下心中所浮現的長篇；它們已刻劃在記憶中，待來日再呈現與你。現在，沒有時間。沒有印書的資源。一部設備也沒有。沒有財力。你手中這本集子，

1 指庇護眾生之大師斯瓦米拉瑪（Swami Rama, 1925~1996），喜瑪拉雅瑜伽傳承大師。

只印了有限的冊數，有如一束嬌弱的，由朵朵小花所編成的捧花[2]。

請接受這些不完美。有朝一日，它們自會完美。這裡所呈現的，不過是歷來大師們所要傳達的一些微弱的回聲。想求原旨，請直接閱讀大師們的著作。

願彼暗夜之鳥飛越你的心地，也能每晚將你自沉睡中喚醒，讓你一睹喜馬拉雅智慧的寶藏。願你心深處永遠不再沉眠。

為你祈請喜馬拉雅大師們的降福，

喜馬拉雅傳人斯瓦米拉瑪之弟子
斯瓦米韋達・帕若堤
Swami Veda Bharati

2 譯按，原書出版之時，斯瓦米韋達承繼了上師所遺留下來的道院不久，也開始籌建一所新的道院，資源極為有限而財務負擔龐大，故有此一嘆。

目次

第 1 章

喜馬拉雅瑜伽禪修傳承

喜馬拉雅瑜伽禪修的傳承

千百年來，喜馬拉雅山一直是聖哲的家鄉。偉大的聖哲們遠自吠陀時期便開始在此定居，傳授瑜伽之學，如此師徒相傳法脈不絕至今。距今一千兩百年前，首位「商羯羅阿闍黎」（Shankaracharya）[1]將喜馬拉雅傳承的教導組織化，設立了五個中心。我們這個法名「帕若堤」（Bharati）一脈，屬於五座之一，是和「迅格利」（Shringeri）這一座的商羯羅阿闍黎世系相連。「帕」（bha）的意思是「智慧之光」，「若堤」（rati）的意思是「熱愛之人」；所以「帕若堤」的意思是，熱愛智慧、沉浸於智慧之光的行者。喜馬拉雅傳承的修行法門與哲理歷久不衰，世代遵循相傳，累積保留了大量的智慧。

學生可以自行研讀本傳承的各類著作，其中包括了歷代大師心路歷程的實錄。

在喜馬拉雅傳承中，教習師[2]不可以「上師」（Guru，又譯「古魯」）自居而要求學生毫無條件地相信他。我們認為，所有的教導都應該出自傳承，所以學生可以依傳承自行驗證教習師的教導，而不是毫無選擇地接受。我們傳承首要的目的，是在於喚醒每個人內在俱有的神性火苗，目標是讓每位學生都能見到「自性」，成為未來擔負傳承的大師。教習師（preceptor）秉承了上師的加持，要以「無私地引領弟子走上終極開悟之路」為自己的使命。知識的傳授要以親驗為憑，所傳遞的是一股脈動的能量。

喜馬拉雅傳承的瑜伽禪修融會了三門智慧的精華：①帕坦迦利（Patanajali）所編著的《瑜伽經》（*Yoga-sutras*）；②密法（Tantra）的哲理和修行，以及③歷代一脈相承的聖人和瑜伽大師（有些姓名已不可考）以口耳相傳的方式，所遺留下來的獨特指授和啟引體驗。喜馬拉雅傳承不是將三種毫不相干的法門元素知識性地湊在一起，而是將各個部分相互融合，成為一套完整的體系（譯按，更詳細的喜馬拉雅傳承的法脈源流列在本章之末）。

世上靜坐或冥想的修行方式雖然不勝其數，然而，其心法和要領大都不出喜馬拉雅傳承，或是得自喜馬拉雅傳承。比如，「內觀」（Vipassana，毗婆舍那）強調對呼吸的觀察覺知，「超覺靜坐」（Transcendental Meditation）專注於持「咒」（Mantra，又譯「真言」、「曼陀羅」）[3]，大多數「哈達瑜伽」（Hatha Yoga）[4]習練者則是將注意力放在體位法上。喜馬拉雅的坐禪，則要學習正確的盤坐體位法，完全放鬆身心，練習正確的呼吸

1　「阿闍黎」（acharya）是梵文對地位崇高，具有傳法資格上師的尊稱。「商羯羅」（Adi Shankara）是西元八世紀初的傳奇聖哲，發揚吠檀多（vedanta）的不二哲理，行跡遍及全印度，為出家修行人訂立僧團制度，設立五個主要的「座」，每一座的領導座主以及其後各自的繼承者，也都冠以「商羯羅阿闍黎」的頭銜，地位崇高。

2　本書中所謂的「教習師」，不是一般泛稱的瑜伽老師或是教師，而是指經過認定，具有傳法資格之人。

3　或稱為「梵咒」，因本傳承所傳誦的咒語都是以梵語發音，佛經中有譯為「真言」，也有音譯為「曼陀羅」。

4　請參閱作者所撰 *The Philosophy of Hatha Yoga*（中譯書名《哈達瑜伽》，臺北橡實出版）。

方式，然後才將呼吸覺知和咒語結合在一起。

喜馬拉雅傳承的體系十分完整，修行者每每在精通了某一種法門之後，就會發現它能銜接到體系中的另一個法門繼續修行。換言之，罕有弟子能完全精通龐大的喜馬拉雅傳承體系內的所有部分。弟子只要能掌握其中的一、兩門，就會被派到外面去授課。他自然就會吸引到對他的教學程度能受用的學生。因為如此，傳承的禪修[5]法門從一根主幹生出許多枝幹。學生熟練了某一根枝幹的法門之後，他們的下一步會是喜馬拉雅體系內的其他法門。這就是所謂禪修法門的分與合。

以下為喜馬拉雅傳承體系內的幾個主要組成部分。

●心念和情緒的淨化

在禪修靜坐時，為了避免念頭和情緒的起伏干擾到內心，要從事以下的淨化修行：

一・五「戒律」（yamas）：勿傷生（非暴）、勿妄語、勿偷盜、勿濫淫（梵行）、勿放縱感官。

二・五「善律」（niyamas）：潔淨、知足、鍛鍊自己的身語意（苦行）、研習能認識「自性」（Self）的智慧（自習）、奉獻於「終極實相」（Ultimate Reality），即奉神。

三・四「梵住」（**brahma-viharas，也稱為「四無量心」**）：即四種正確的態度，包括對幸福之人要友慈、與不幸福之人同悲、為有德之人同喜、對惡行之人捨除分別心。

四・培養反制觀（prati-paksha-bhavana）：來對治那些違反戒律、善律、四梵住等的不善思維。

從事以上的淨化修行，有助於：①端正行為，②從而化解業報，③以及導致心地清明愉悅（**chitta-pra-sadana**），讓思想愉悅清晰，進而④穩定堅固（sthiti-ni-bandhana）心力，不論平日生活或靜坐時，皆能保持安定。

這些修行看似簡單，其實不然。例如，根據喜馬拉雅瑜伽傳承的大師所言，他們之所以能長時間保持靜坐姿勢不變，是因為：①他們心態平和，不受惡念滋擾；②他們受過啟引，知道如何將能量灌注於海底輪（muladhara-chakra），然後持特定的咒語做某種密法

5 本書依文義和行文語氣，將原書英文的 meditation 或譯為禪修、靜坐、冥想。而原書使用梵文 dhyana 處則譯為「禪定」。

的修定（tantric concentrations）。

弟子光靠閱讀《瑜伽經》中關於體位法（asana）的一些學理論述，是無法做到大師的境地；他必須完整地遵循傳承的體系去修行，才有可能登堂入室。比方說，很多修習坐禪之人，在坐中都會感覺身體或明顯或細微的移動和晃動，即使是依哈達瑜伽修習靜坐體位有成之人，縱然能坐得久，卻仍免不了有同樣的的問題。

五・淨化修行的另一層意義是克服「干擾」（vikshepas）：這是修定（專注力）的障礙，一共有九種：疾病、延宕、猶豫、大意、怠惰、沉迷、邪見、不堅定、退轉。還有五個伴隨產生的干擾：苦、挫折、身不定、呼吸不受控。

如果不能克服以上種種障礙，將會受制於三種不良的心地狀態：「散亂」（kshipta）、「昏沉」（mudha）、受到干擾的「不定」（vikshepas），行者因而無法進入下二「地」（bhumi）的「三摩地」（samadhi）境界，也就是心地專注於一的「一心」（ekagra）狀態，以及心地完全受控的「調伏」（ni-ruddha）狀態。

喜馬拉雅傳承在口授的部分，有些特殊的法門可以用來克服這些干擾。比如，前面提過身體不由自主的移動或晃動，或者雖然外表看不出身動但是自己會有感覺在動，可以經由以下方式來克服：①淨化情緒，②持特定的咒語，以及③在教習師跟前坐禪，以幫助穩定行者的心。

●憶持 Mindfulness

《瑜伽經》（I.20）教導我們，「憶持」（smrty-upa-sthana，即佛教的「念住」〔sati-patthana〕）有許多種修習方法，具體的修法必須經由個別指導。例如，喜馬拉雅傳承所教授的體位法，是一套非常細緻的法門，要求在練習的同時要配合完全覺知身體、呼吸、心[6]的狀態。其實，體位法練習的一個主要環節，就是自我覺知，要深入而全面觀察自己的身體、呼吸的一切狀態，特別是心的狀態。

●呼吸的覺知

呼吸的覺知原本是憶持的一種形式，其後成為修習坐禪的第一個步驟（《瑜伽經》I.34）。坐禪時，一定要學會用橫膈膜來帶動呼吸，保持緩慢、平和、均勻的呼吸，而且在吸氣和呼氣之間不要有停頓。喜馬拉雅禪修傳承向來不鼓勵練習「住氣」（Kumbhaka，不呼不吸，又譯屏息）。依照我們的方法，弟子只需要：

6 本文多將原文的mind泛譯成「心」，因為原文多以mind來泛稱心識、意識、思想、心靈等精神功能作用。在此，「心」與心臟，甚至大腦都無關。

• 以有助於禪修的正確方式呼吸。
• 觀察自己呼吸的流動以及變化的情形。
• 長期用同一個方法去練，不要改變。
• 讓一種稱為「獨發住氣」（Kevala-kumbhaka）的現象自然發生，此時心念與極細微的氣息交織而達到完全靜止，所以會進入暫時無呼吸的狀態。

呼吸覺知的練習，可以細分為下列幾種不同的坐禪經驗型態。

一・**鼻孔交替呼吸法**（Nadi-shodhana），也就是淨化氣脈呼吸法。這類型的調息法（pranayama）至少有七種不同方法，加上：①預備法，例如七種不同的「風箱式呼吸法」（Bhastrika）。②這七種淨化氣脈呼吸法又各有好幾種不同的變化法（譯按，斯瓦米韋達曾說過，他所知道的交替呼吸法有上百種之多的變化型態）。

二・**內攝法**（Pratyahara），這是《瑜伽經》的八肢瑜伽（Ashtanga）中，最不為人所瞭解的一「肢」（anga）。如果我們對經文的理解是正確的，那麼根據《瑜伽經》（II.54），它的意義是：①首先將心靜下來，②接著將各種感官（指眼耳鼻舌身意六根）

的知覺融入已經平靜的心，因此，③感官才能靜下來。在教學實踐上，行者要學習某些特定的呼吸法，將覺知集中在「氣身層」（pranamaya kosha），就可以掌握攝心內斂。

如果經由勝任的教習師正確指導，內攝呼吸法要有系統地觀想呼吸是由某一個點游移到另一個點，學生能感覺到有股微妙的「氣風」（prana vayu）在其間流動，直到：①忘記了肉身的存在，②對氣身層的覺知更明顯，然後，③當「氣」開始回歸到它源頭的「意身層」（manomaya kosha），心就靜了下來，而感官也靜止了。下一步就是「瑜伽睡眠法」（yoga-nidra）。到此，行者可以接著練瑜伽睡眠法，或者選擇進入深層次的靜坐。如果時間充裕，則不妨兩個都做。

三・**昆達里尼呼吸法**（Kundalini breathing）：這是密法修行的第一步，覺知在脊柱中流動的能量，第一步是用觀想，繼而能感受到這個能量，彷彿脊柱是中空的而呼吸在其中流動。

①當今有許尚未入門的老師，自己還沒學通這個「須彌盧山（指人體脊柱）調息法」（sumeru pranayama），卻去指導學生如何「喚醒脈輪」（chakra awakening）。如果沒有接受過上師接引進入這個法門，就不可能引導別人如實體驗須彌盧山調息法。

②如果準備功夫不得法，例如，沒有能擺正脊柱，反而會傷害自己。

③再者，如果沒有配合特定的咒語（不是隨便什麼咒語都可使用），除了達不到所想要的效果之外，甚至由於無法正確導引能量的流動，可能會引起心理或生理的病態。

四・持咒調息法（Sa-garbha Pranayama）。一般對此的理解是：練習住氣法的同時，將心力集中在咒語上。喜馬拉雅體系中的「出入息憶持法」（pranapana-smrty-upa-sthana）則是指：在覺知咒語的同時，覺知呼吸在不同階段流動的情形。再次強調，這個法門要經過啟引來傳授。我們會在後面討論「持咒」時再介紹。

●持咒 Japa

持咒不是隨意挑選一個咒語，然後機械性地覆誦那麼簡單。咒語之學，是基於對聲音音頻振動的瞭解而建立；咒語的音聲振動，主要發自於沿著昆達里尼一線上的幾個定點；未經過啟引是無法正確掌握的。持咒的最終目的，在於進入絕對的靜默。練習持咒時，首先要將咒語由口中念誦的「外音」（vaikhari），轉化成心念層次的「中音」（madhyama）。接著，連心念形式的中音也要靜止，轉化成更精微的、不可聽聞的振動形式，進入「顯現音」（pashyanti）的領域，那是一種天啟的振動，到了這個層次，行者就可以成為天啟的渠道。由此，再進一層，行者便完全專注於「至上音」的最高超境界，所領略的是存於神性之內的智慧。由喜馬拉雅傳承所訓練的合格教習師，才可以依循密法系統的教法，引領學生循序漸進，完成九大階段的咒語修習。

幾種不同的持咒修習方式：

- 持咒時，同時覺知呼吸的流動情形。
- 在如煮飯、閱讀、書寫等日常的活動中，同時持咒。
- 在心念或心輪（anahata chakra）中，聆聽自己的咒語。
- 持咒時，同時做須彌盧山調息法。
- 將咒語融入某一個指定脈輪內種子字之點，然後再觀想咒語由該點浮現。
- 將咒語帶入心念中的寂靜斗室，再觀想咒語由靜默之處浮現。
- 將咒語與「蜂穴」（bhramara guha）內部的音聲融合，再體驗咒語從中浮現。
- 在內在的殿堂做「心祭祀」（manasa-puja）時，使用自己的咒語。
- 省思自己咒語的意義，這種省思要和：①「沉思默想」（manana）「吠檀多」中的「摩訶偈語」（maha-vakyas），以及，②自我淨化法門中的自我對話所得到的結論，達成一致。
- 視持咒為一種虔誠奉獻以及默禱的心靈經驗，如此則能將奉愛瑜伽（Bhakti Yoga）、持咒瑜伽（Japa Yoga）和禪定瑜伽（Dhyana Yoga）三種法門融合為一。

咒語還有許多其他的運用方法，但需要由有經驗的教習師指導。如此的教習師不只是能教授方法，更要能夠以自身的力量引領弟子的心念和能量，那也是一種啟引。

● 攤屍式（大休息式）　Shavasana

攤屍式的種種練習法，是進入自己細微身（Subtle body）的方式。這些內在的觀想法，既細緻又複雜，不只是簡單地放鬆身體而已。修練攤屍式可在肉身層（annamaya kosha）、氣身層、意身層等不同層面為之[7]，但是要循序漸進。種種攤屍式修練法的最後一步是瑜伽睡眠法，這又有許多不同的層次。例如，我們可以運用瑜伽睡眠法：

①來取代睡眠。
②自我治療。
③學習語言，輕鬆地記誦經文，從事科學發明，解決哲學問題，解決私人問題。
④即興賦詩，擬定計畫。
⑤掌握死亡之道。
⑥進入三摩地。

以上這些都需要學習特殊的修練法，並且需要獲得加持。

•專注 Dharana

此處的專注，是《瑜伽經》（I.35, 36）所謂的「極度專注」（pra-vrttis），八肢瑜伽中第六肢的「專注」，以及所引起的體驗。喜馬拉雅傳承中資深的教習師都受過不同的訓練以專注於：

①身體中不同的定點。
②脈輪中的點。
③各種不同的「諦」（tattvas，譯按，此處所指的是例如數論哲學所列出的二十四類「諦」）等等。

密法《實證百若瓦》（*Vijnana-bhairava*）教了百餘種不同的方式，可以用來催化進入特殊的意識狀態。另一本密法經典《馬里尼殊勝密法》（*Malini-vijayottara-tantra*）更列舉了將近一千三百種專注法。即使這些仍未包括所有的專注法。喜馬拉雅傳承所訓練出來的教習師，即使並未親自修習過每一種專注法，仍然需要知道有關這些法門的基本道理。

---

7 身套（kosha）：根據印度傳統理論，人有五層身套（kosha），把個體靈性的我（並非大我、真我）層層包住，最外層是最粗的肉身，為肉身層；其次是較細微的氣身層；再內一層是意身層；第四層是識身層（vijnanamaya kosha）；最內一層是樂身層（anadamaya kosha）。

●禪定 Dhyana

前述所有的禪修方式都是通往禪定所不可或缺的部分。然而，準確意義的禪定是始自於意身層（所以若未到這一身層者，都還沒做到準確意義的禪定）。要進入這一個身層的方式很多，比如：

①精益求精地持咒技巧。

②更精微細緻的步驟來覺知呼吸。

③專注凝神。

④啟引。

⑤對已經有相當程度的弟子，上師可以拉著弟子的心識進入更深邃的禪定。至於教習師可以藉由上師的恩典，帶領學生進入多麼高深的境界，則視乎教習師本身的程度而定。如果教習師已將學生帶至自己所到達的層次，便需要將學生引介給更高的教習師。

以上所舉幾項，只是說明之用，並非完整羅列了喜馬拉雅傳承所有的法門。

合格的教習師

依喜馬拉雅傳承，合格的教習師必須符合以下條件：

一・通曉各主要瑜伽典籍。

二・**經過啟引去**修練所有主要的瑜伽，如咒語瑜伽（Mantra Yoga）、昆達里尼瑜伽（Kundalini Yoga）、密智室利毗諦亞（shri vidya）[8]等等。必須精於其中幾種，其餘的則需要能通曉。

三・**要能夠見到**喜馬拉雅傳承與其他傳承互通之處，如回教的蘇菲派、道家、中國禪宗、日本禪道、佛教上座部、藏傳佛法、基督教等。要涉獵這些教派的基本經典和明瞭他們的歷史背景。

四・能依學生的程度和性格因材施教，可以指引學生：

①進入相應互補的法門（例如奉愛、智慧瑜伽等）。

②領受合適的咒語，專注於某個合適的脈輪。

---

8 見〈第10章室利毗諦亞：神明的智慧之學〉的介紹。

③有次第地學習合適的修行法門。

五・至少要具有一定程度的傳法（transmission）法力。

傳法

這是喜馬拉雅傳承的核心所在。千古以來，傳承只能經由師徒親證相傳，不絕如履。指導禪修的人，本身必須有一定程度傳法之法力，才能將夏克提（shakti）傳給被教授者。他在引導一群學生禪修時，要能夠導引眾人的心識形成一個集體的心靈場，要能因他在場以音聲帶領眾人進入靜坐狀態。但指導者所傳的，無法踰越自己本身修持程度，也不能傳授未經上師授權傳授的法。例如，除非指導者在某種程度上能啟動學生感應到構成心輪的能量，他就不可能讓學生學會如何專住於心輪。資深的教習師要用這種傳法的方式去傳授禪修，同時也用自己的音聲輕輕將學生帶入禪修境界。

喜馬拉雅傳承瑜伽禪修的特殊之處

- 是第一個禪修的傳承。
- 是最詳盡、最完整及最全面的修練。
- 為世界主要禪修傳承的源頭，持續充實其他傳承。
- 無需依附於任何信仰，然而，經由實證經驗可以做為形而上事理的佐證。
- 在禪修和啟引狀態中傳遞夏克提法力，確保傳承永續不絕。

喜瑪拉雅傳承的上師斯瓦米拉瑪，在他的講演和著作中，以科學的手法表述了我們的傳承，並且啟引了許多弟子，傳法得以不墜。

願讀者能得到喜馬拉雅傳承的加持，有朝一日成為未來法脈的傳法人。

（譯按，斯瓦米韋達在本書出版多年後，曾經另外為文，將喜馬拉雅傳承內的法脈源流一一列出。我們將此文附在本章之末，為原書所無。）

●上師傳承　Guru-Parampara

我們的根本上師[9]斯瓦米拉瑪，師承甚廣，有如百川匯流。他主要的師承包括了：

- 喜瑪拉雅瑜伽，是由他的瑜伽上師摩訶王者班加利（Bangali Maharaj）傳付而來。
- 吠檀多[10]哲理，我們「迅格利」這一脈是由商羯羅阿闍黎以及明林摩尼（Vidyaranya Muni）大師所封賜而建立的，往上溯源，可以直通遠古的吠檀多。
- 出家修行（Sanyasa）的傳承，可以溯及至吠陀時期。我們這一系的法號「帕若堤」，隸屬於迅格利寺，是商羯羅阿闍黎所封的「達西納尼」（Dashi-nami）寺派的一支。
- 基督教傳承，可以溯及耶穌的門徒聖彼得。這是個祕密，甚至連斯瓦米拉瑪最貼身的弟子都不見得知道。

---

9 作者原文是 gurudeva，字面直譯是「上師天」。

10 印度傳統六派哲學之一，源自紀元前時代之諸《吠陀經》，在西元八世紀之後，經商羯羅阿闍黎以及其後許多大師重新整理闡釋，乃成為主流哲學。

- 佛教傳承，當年斯瓦米拉瑪為我啟引時，他親口告訴我，我們傳承的任務是為未來彌勒佛降生人世而做準備。
- 西藏傳承，是從斯瓦米拉瑪所追隨的藏傳大師而來。
- 奉愛傳承，是從斯瓦米拉瑪的前世，十六世紀吠檀多大師，馬度蘇達納・薩拉斯瓦提（Madhusudana Saraswati，他將奉愛引進到吠檀多之中）而來。

此外，斯瓦米韋達在幼年的時候，就能夠為人解說所有《吠陀經》，以及帕坦迦利著作的經典。根據當時賢達人士的解釋，這種能力反映了他多生累世學到的知識。我們也因此繼受了吠陀和帕坦迦利的傳承。

如此多元化的傳承融合為一，成為喜瑪拉雅瑜伽最寶貴的心靈資產。

國際喜瑪拉雅瑜伽禪修協會

ASSOCIATION OF HIMALAYAN YOGA MEDITATION SOCIETIES INTERNATIONAL

（AHYMSIN）

（譯按，以下是斯瓦米韋達介紹這個標記所代表的意義，為原書所無。）

很多心靈組織的標記或圖案符號，就像是一種曼達拉，都有很深刻的意涵。這些圖案有著許多不可見的層次，往往不是言語文字所能表達的。已經開悟了的人，可以一眼「見」到圖案標記裡所有層次的意義。

要了解這些圖像的意義，我們可以「由外而內」，從外圍逐層解譯，進入中心。也可以「由內而外」，從中心向外逐層解譯。後者就屬於「室利毗諦亞」，是一套複雜的學問智慧，而所有曼達拉的來源都是室利毗諦亞，我們不可能以有限的篇幅來探討。所以，本文只是「由外而內」，簡單地介紹幾個層次。

靈蛇（Sarpa）

圖案的外圈是條蛇，它的尾巴啣在自己的口中。這是一個十分古老的符號，在世界上許多的古文明中都能見到它。希臘人叫它「ourobouros」。它代表所有的靈能是沒有始終、千古不竭的，因為它總是會回歸本源。

它就是在三摩地中的自我在對著自我。是本自圓滿，本自無求，本自俱足的。它代表著永恆、無邊的覺性。

靈蛇就是昆達里尼，就是當調息功夫到了超越呼吸的地步，昆達里尼回歸它自己，不會再由肉身感官的孔竅向外散逸。

耶穌說，「你們要靈巧如蛇。」（馬太福音 10:16）

靈蛇也代表了所有宇宙世界，在生滅的循環終了時就盤捲自身，回到內在均衡（samya）的能量。當世界的循環進入了漫長的「消」的階段，那時主管「生」的大神毗濕奴（Vishnu）就在蜷伏的靈蛇上歇息。我們自身宇宙的能量，也是蜷伏在脊柱的底部。

蛇又是醫療的象徵。舉世通用的醫療標誌「caduceus」，是兩條蛇纏繞在一根像是脊椎的棍杖上。此醫療標類似於瑜伽的人體氣脈圖，左脈（ida，月脈）和右脈（pingala，日脈）在身上好幾個脈輪處交會。此外，「caduceus」原本是個和平象徵，是兩股對立勢力處於均衡的標誌。

如果認為蛇會令人聯想起有毒的動物，就要記起阿育吠陀的座右銘：

vishasya visham aushahadham

毒藥者，乃解毒之藥

印度傳統有一種毒素醫生（visha-vaidya），是專門處理毒藥和有毒動物的人，是用毒素為人治療。同樣的，我們也應該把生活中那些帶有毒性的負面能量，轉化成正面能量，用來助己助人。

圓肚容器（Kalasha）

在我們的標記裡，靈蛇是繞成圓肚容器的形狀，這在印度常常於各種儀式中見到，用來表達愛意和敬意，是圓滿無缺的象徵。（譯按，要進一步了解這種容器的意義，請參考斯瓦米韋達所著的《哈達瑜伽》）

雙天鵝（Hamsa）

（譯按，請參考作者《拙火瑜伽》第一章，關於在靜坐時心念soham=hamso的說明。）

雙天鵝代表我們呼吸的純淨，要覺知到呼吸有若振翅的氣（能量，prana）。

雙天鵝就是用「影像文字」來表達這些說明，是以圖像來表達意念。

我們的標記中，有兩個圖案符號是代表了「既入世而又超世」的精神。天鵝的羽毛常常被形容是，能入水但能不被水侵，因為水不能沾附在羽毛上，水珠會立即滑落。所以，我們也應該是能入世，能住在世中，但是能不被世界所影響，能不沉迷於世。

因為如此，這個「二」，這個一切都是對立分化的世界，就成為我們走向「一」的氣以及心靈的臺階。

在古老的吠陀經典語言中，「Hamsa」也是太陽的名字，太陽天鵝，太陽之魂。

蓮花（Padma）

蓮花生在水底的污泥中，可是它能冒出水面，散播美和香味。它的根會淨化水。它面朝上，對著上天的光明。它在陽光下綻開。願我們也能如是，雖然生於濁世，但是能超脫濁世，得以見到上靈的陽光，因而綻放花朵。願我們能在世間散播美和芬香。願世間的水能不沾附在我們身上，而我們能從執迷的惡果中學會放開執著，得到自在。

蓮花生在水中，可是水不能沾附在它身上，水珠會立即滑落。因為蓮花有這些美德，所以古代印度的聖哲選用蓮花圖案代表著創世，也代表自己雖然入世，但又是超脫世間的。中國古代也大量使用蓮花的圖案，有著相同的涵義。

禪定中的人臉（Dhyana-murti）

在禪定中的人臉代表了一切有成就的修行者（siddhas）、見道者（rishis）、覺者（Buddhas）。禪定者的臉孔啟發我們，讓自己的面孔變得同樣清明，看不見一絲內心的糾結，只有那純淨、向內的笑容，是心靈重新拾回了那初始的純真。

火苗（Shikha）

人臉的頭頂上是一撮火苗，是由梵穴（brahma-randhra）中冒出。梵穴是「梵」（Brahman）所在之處，是最高的第七脈輪之所在。這個脈輪被喚醒以後，靈的能量會由此處釋放，射出智慧和慈悲的光。有成就的瑜伽士在捨棄肉身之際，就是由梵穴這個位置離去。因此，火苗也代表著能掌握終極的死亡之術。（譯按，關於死亡的神祕，斯瓦米拉瑪在他寫的《神聖旅程》（*Sacred Journey*）一書有更清楚的說明。）

從許多佛陀的雕像，也可以看到有個火苗從頭頂相同的位置冒出來。頭頂上這一點，在全世界講修行的心靈文化中，儘管說法不同，但都被視為神聖的。

若要詳細講解這個會標，每一個圖案都可以寫成一本書。前面只是簡單的說明。

會標底部的字句

yogah samadhih

yoga=samadhi

瑜伽三摩地

這是個沒有動詞的簡潔句子，是威亞薩（Vyasa）在闡釋帕坦迦利的千古巨作《瑜伽經》時，為第一句經文所寫的註解（譯按，請參閱斯瓦米韋達所著的《瑜伽經》。）

瑜伽就是三摩地。這句話是對瑜伽的終極定義。學習瑜伽，修練瑜伽，都要以這句話為基本。它為我們點出了瑜伽的目標，瑜伽其他一切定義，都是這句話的註腳，都要以這句話為歸依。

第2章

靜坐入門

緣起

（譯按，本章以及「緣起」一段，原是斯瓦米韋達昔年弟子整理翻譯而成中文，原譯者未具名。為了保持翻譯名詞的一致，在本書中就原譯文略有改動。）

「靜坐入門」原本是斯瓦米韋達的弟子們從其禪修教學紀錄中，擷選基礎法要彙編而成的小冊。這本應機隨緣的開示錄，雖然不像刻意成書那樣具周延性與涵蓋性，然而，次第分明，對於已經在傳承中學習修練的人而言，確實便利課後複習，同時也提供一般人認識傳承所教導之基礎靜坐。

至於按圖索驥、自修自練，則非本文所願，因學習的基本原則，須由傳承中可信之適格教習師親授指導，誠如本文所言「學習靜坐姿勢，應由專家指導」。畢竟個人學修背景、知識經驗殊別，對文義之詮解可能差之毫釐，失之千里。行門講求「實際到位」。功法要領在個人的身、息、心條件下，應如何確切把握和具體實踐，這都需要經驗豐富的教習師親授指導。

此外，一位具足經驗的教習師還會依習練者的學習進展，循序引導其深入下一個階段。至於每個階段所需的時間，取決於每個人的習練與轉化程度。如果前一個階段扎實，自然鋪就了更上層的階梯。如本文中所述：「在進入到『二比一呼吸法』之前，你必須先確實精練橫膈膜式呼吸法。唯有當你在一切時刻中的呼吸方式，都能夠保持橫膈膜式呼吸時，才能算是精通了橫膈膜式呼吸法。」斯瓦米韋達在平日的指導中也常強調：在未能完全做到放鬆、平順、均勻的橫膈膜式呼吸之前，不應練習改變呼吸節奏的各種呼吸法，以免傷害神經、心臟等生理系統，乃至影響情感、情緒等心理層面。斯瓦米韋達曾經單就呼吸覺知之禪修法，呈顯十種以上的次第與修法。以本篇章最後列舉之靜坐實例而言，當中也須經多方奠基，才能進入中脈呼吸（sushumna breath）之禪修法。

行門重實修，無法以知解代替行證和越級登頂。比如，讀了寶塔建造圖，心想：要搭建一個十層寶塔，不就像圖上所示那樣簡單，一下子就能建好了嗎？然而，只有具備實際建築經驗的人，才能體會光是深掘地基，就需要具備多少的專業知識與經驗，投入多少的時間與功夫啊！

為實修者建立靜坐的基本態度與觀念，並進一步提示功法關鍵，是本文珍貴之處。這些看似平淡的開示中，實修者能處處見其機要。例如，鱷魚式（makara-asana），稍加體會斯瓦米韋達與一般老師在指導要點上的差異，就能把握要領，使鱷魚式做為重建深長橫膈膜式呼吸的入門呼吸方式，同時又不失為舒展身心的基礎放鬆式。

又如，斯瓦米拉瑪大師在《冥想》（*Meditation and Its Practice*）一書中提示：靜坐姿勢須具兩大要素，首先是保持頭、頸、背脊呈一直線，同時要徹底放鬆全身以保持穩定。以現代人而言，除非懂得用坐墊適度墊高臀部，幾乎沒有人能做到如上的要求。本文則道出了其中的關鍵：「不是臀部整個坐上去，而是墊在坐骨下方，使雙腿或雙膝接觸到地板。」點睛之妙，不勝枚舉。

最後，謹就禪定之殊勝，引述斯瓦米拉瑪饒富禪意之一言以蔽之：「它把你介紹給你自己。」

願本文能為您開啟那回歸終極家園的道路。

靜坐的次第

●第一步

大體而言，許多行修法派都將「呼吸的覺知」視為修習禪定的第一步。

在此，我要介紹的是禪定入門的靜坐之道，人人都可以由此開始修習，而且不受時空環境所限。它並不常見於書籍中，即使能在書中找到相關的提示，人們也往往未能適切瞭解。然而，它卻相當簡易，即便幼齡孩童也能照著修習。

●靜坐的入門與步驟

我將按部就班、有系統地介紹靜坐的入門方法。這些是任何人在任何年紀都可以開始的習練，當然越早開始越好。能在我們有生之年開始，永遠不嫌遲。即使在重症的末期才開始，仍然會有一定的益處，姑且不論是否能控制病情，至少能帶來平和與安祥。這個習練每天至少要做一次，自己能空出多少時間就坐多久，沒有限制。

靜坐得力與否，並不在於你能坐多長的時間，而在於你能強化自己的覺知力，它就會漸漸成形。除了每天固定的練習之外，其他時刻也可以練習。例如，當你覺得累了，需要快速恢復能量時；當你生氣或沮喪，想要緩和情緒時；當你處於忙碌、受到壓力的狀態，想要放鬆以提升效率時；當你在機場、火車站等候，或搭車時，你都可以練習這些方法。它既沒有任何的約束或限制，也不會造成任何的傷害。

以下，我們列舉的靜坐步驟是依據王道瑜伽（Raja Yoga）的禪修系統，也是喜馬拉雅山的瑜伽行者們所傳授的方法。依照這些方法習練，便可打好靜坐的基礎。

有的讀者可能以為：「我已經打坐一、二十年了，我要的是更高深的法門，才不需要這些基礎課程。」其實，這種態度並不正確。

許多修行人士所從事的是屬於「如何將意念放空」的修練，或是在還未學會正確的呼吸方法之前，就像運動員那樣屏住呼吸。在我們的系統中，是要依據以下所介紹的步驟來檢視學生所做的修練。唯有在完善了這些基礎之後，我們才會給予進一步的指導。

●初階靜坐步驟

1 **橫膈膜式呼吸與規律之呼吸。**

2 **正確的姿勢：**脊椎挺直，同時腿部、背部和頸部沒有任何不舒適感。我們應該要能保持這樣的姿勢，使脊椎維持在正確的挺直狀態時，依然舒適無礙。

3 **系統放鬆法**（shithili-karana）：在整個靜坐的過程中，我們必須保持神經肌肉系統全然放鬆。

4 **呼吸覺知**：它包括了一些非常細緻的法門，必須循序學修。

5 **使用咒語（或任何靈修傳統所使用的神聖字語）**：起初，可以使用一個比較容易配合呼吸流動的咒語或音聲，例如「搜—瀚」（so-ham）。當熟練這種方法之後，就可以授予咒語啟引（mantra-diksha）。然後，再慢慢引入梵咒，只在心中持咒的習練方法。

讓我們進一步詳解上述步驟。

●橫膈膜式呼吸法

橫膈膜是人體中控制呼吸過程最主要的組織。它位於肋骨下方，是區隔胸腔與腹腔之間的一片肌肉。理想的呼吸狀態，是橫膈膜收縮向下，自然讓我們吸氣進來，甚至充分吸到肺臟的底部。而當放鬆橫膈膜時，它會往上推壓肺臟底部，使肺臟底部的廢氣能完全排除。嬰孩生下來就會使用橫膈膜式呼吸，只是後來忘記了這種自然的呼吸過程。因此，我們必須重新訓練自己建立正確的呼吸方法。

進行正確的深度呼吸時，肺部不應該感到壓力，也不會產生緊張。呼吸必須是放鬆的，你就能體驗那生機勃勃的感覺。

我們教導學生做橫膈膜式呼吸法所使用的體為法是，①先採用俯臥的鱷魚式，②進而用仰面平躺的攤屍式，以及在坐姿和立姿中練習。

鱷魚式體位與橫膈膜式呼吸

採俯臥姿勢，雙腿伸直，①腳跟略微分開相對，腳尖朝外，或②雙腳尖向內輕輕相觸，或③任何能使雙腿放鬆的方式皆可。雙手前臂交疊，右前臂在左前臂上，置於你的前方，所以上胸部能微微離地。再將前額枕在右手前臂接近手腕的位置。頸部不可偏斜，放鬆雙肩（譯按，此為原則，每個人要自行微調，找到能令自己放鬆的舒適位置）。

將你的覺知帶到呼吸過程上。在這個姿勢裡，自然就不可能用胸式呼吸。觀察呼吸的流動，觀察胃與肚臍區隨著平順的呼吸而溫和地起伏。

呼吸不要有急促不勻稱的情形。讓它像是一條小溪，平順地流著。讓它放慢下來。觀察這輕柔的呼吸之流，以及胃與肚臍區的起伏。注意觀察你的呼吸過程。下定決心在任何時刻，都要以這種方式來呼吸。

攤屍式體位與橫膈膜式呼吸

以鱷魚式練習五至十五分鐘之後，轉身為仰臥的攤屍式。繼續呼吸並觀察橫膈膜收縮與舒張的過程（胃與肚臍區的起伏）。

將你的左手掌放在胸口上，右手掌放在胃部。左手掌的下方不應感覺到有什麼動靜；右手掌下方則能感覺到平順的起伏，沒有急促不匀，沒有停頓。

保持這種規律的呼吸節奏，呼氣與吸氣要等長。當你能夠熟練此呼吸法之後，才可以進階到「二比一呼吸法」，讓呼氣長度是吸氣長度的兩倍，但此時還不要做這個練習。所謂熟練，是能在**任何時刻**，**只用橫膈膜式呼吸法**。

●正確的姿勢

靜坐時，最重要的是**保持脊椎正直**。如果你在其他時刻也能做到這一點，那是再理想不過。

遺憾的是，所有的椅子、沙發、現代的床墊、車輛與飛機內座椅的設計，都使人必須彎著脊椎就坐，以致無法正確地呼吸。

常常看到很多人在坐著祈禱、聽說書、聽聞開示時，脊椎彎得像弓一樣。不當的姿勢造成的不良後果有：

- 使我們不能正確而充分地呼吸，導致呼吸短促，縮短壽限。
- 引起疾病或使得疾病惡化，像是哮喘及心臟問題。
- 因神經系統流經脊椎區域，所以對整個神經系統都會造成不良的影響。

所謂正直的脊椎，並不真的是筆直如一條線，而是呈現微微的S形。脊椎下段三分之一的部分外凸（腰椎第一至五節），中段三分之一的部分凹入（胸椎第二至第十二節），背脊的上段外凸（頸椎第五節至胸椎第一節），頸部是直的（頸椎第一至第四節）。

要學習靜坐姿勢，應由專家指導。不過，以下提示的要點，對學修者仍有助益。

初習靜坐者在選擇坐姿時，沒有必要去試難度高的坐姿，例如至善坐（siddhasana）、蓮花坐（padmasana）。尤其對上了年紀、生理上有些障礙，或欠缺靜坐習慣的人而言，這些坐姿都太難了。坐在椅子上，或者採用舒服的盤坐，一樣有效。

問題是，當人們盤腿而坐時，人體的重心會致使他們彎曲背脊。解決的方法很簡單：將一條毯子折疊成整齊堅實的坐墊，但不是用來做為座椅，不是像坐在厚毯上那樣整個坐上去，而是**把它墊在坐骨下方，使雙腿或雙膝接觸到地板**，這樣能使臀部抬離地面。坐好之後，將上身打直。這時，如果感覺到背部或頸部有任何不適，就需要針對坐墊的高度做一番調整，看看是需要減少或是增加毯子折疊的層數。做幾天的試驗，直到你找到一個絕佳的高度。然後下定決心，在任何時刻都要保持此坐姿。

如果你無法坐在地上的話，你可以採友誼坐（maitreya asana，又譯高位坐），坐在一張硬椅子的椅緣，雙腳著地，但是要保持脊椎正直。要建立這麼坐的習慣，使它成為你隨時隨處自然的坐姿，你將會發現心理層面有所轉化，如：覺知力、專注力、不帶驕恣的自信，以及生命中的效能，都會因而增強。

以正確的姿勢坐好以後，繼續採取橫膈膜式呼吸。同時，在心中觀察呼吸的流動及胃與肚臍區輕柔的起伏。這時，胸部不應覺得有壓力，如果胸部覺得有緊張現象，那表示你的呼吸方式不正確。

●系統放鬆法

系統放鬆法是繼橫膈膜式呼吸法之後，以攤屍式進行的第二個練習步驟。有好多種觀想法門都是在攤屍式體位中去練，有一定的先後次序，越深越細緻，最後一步是進入瑜伽的睡眠狀態，入到細微身的層次。

在此，讓我們先從基礎的系統放鬆法學起。以攤屍式平躺，雙腳分開，雙臂平放身側，臂不貼身，掌心朝上。繼續採取橫膈膜式呼吸。現在，讓心念按下列的步驟到身體的各個部位，心念每到一個部位，就指示那個部位放鬆。

隨心念所至而放鬆肢體：

前額、雙眉、雙眼、鼻孔、臉頰、下頦骨與嘴角、下巴、頸部、頸關節、肩膀、肩關節、上臂、雙肘、前臂、雙腕、雙手、手指、指尖、手指、雙手、雙腕、前臂、雙肘、上臂、肩關節、肩膀、胸部、心窩、胃部、肚臍、下腹、骨盆腔、髖關節、大腿、雙膝、小腿、腳踝、雙腳、腳趾頭。

現在，反序而上，讓身體逐區放鬆：

腳趾頭、雙腳、腳踝、小腿、雙膝、大腿、髖關節、骨盆腔、下腹、肚臍、胃部、心窩、胸部、肩膀、肩關節、上臂、雙肘、前臂、雙腕、雙手、手指、指尖、手指、雙手、雙腕、前臂、雙肘、上臂、肩關節、肩膀、頸關節、頸部、下巴、下頦骨與嘴角、臉頰、鼻孔、雙眼、雙眉、前額。

記住這個順序，**依這個順序**掃瞄、放鬆全身的每一個部位，使之柔軟。比如，雙手應該變得像嬰兒的手一般柔軟。如果剛開始時，你無法做到放鬆，或者長久以來的緊張，使你忘了放鬆肌肉是怎麼一回事的話，你可以使用另一種稱為「繃緊與放鬆運動」的放鬆法，也是在攤屍式的姿勢中練。

「繃緊與放鬆運動」順序如下：

當繃緊肢體時，是由手指或腳趾開始往上繃緊。繃緊某一部位時，注意要避免讓其他部位也跟著緊繃起來。在每一段之間暫停、放鬆一下，做兩次呼吸之後，再繼續進行下一段。做完這整個順序之後就休息，做十次放鬆的呼吸。

- 先繃緊而後放鬆：右腿↓左腿↓右腿↓左腿。
- 先繃緊而後放鬆：雙腿同時，重複一次。
- 先繃緊而後放鬆：右腿及右臂同時↓左腿及左臂同時↓右腿及右臂同時↓左腿及左臂同時。
- 先繃緊而後放鬆：右臂↓左臂↓右臂↓左臂↓雙臂同時，重複一次。
- 先繃緊而後放鬆：四肢同時，重複一次。

在做完系統放鬆法或「繃緊與放鬆運動」之後，要繼續做橫膈膜式呼吸，並觀察呼吸的流動以及胃與肚臍區的起伏。躺幾分鐘之後，起身轉為靜坐姿勢。靜坐時，務必記得：

- **要以折疊的毯子墊高臀部的坐骨**。
- **保持脊椎正直**。

在轉變姿勢的過程中，可能又會引起一些緊張。所以，再次快速掃瞄全身，看看有無任何緊張存在。放鬆之後，再次採取橫膈膜式呼吸法。

●呼吸覺知法

讓你的呼吸和緩、均勻地流動，呼吸不急促，呼吸中途不要出現停頓，在呼氣與吸氣之間也沒有停頓，呼吸沒有聲音、沒有喘的現象，猶如傾倒一注油的流體那般平順。覺知你的呼吸之流，不要中斷這份覺知。

感覺鼻孔中呼吸的流動和鼻腔內壁的磨觸感，繼續這麼做，不急促，沒有間斷。吸氣將盡時，把對吸氣的覺知立即融入到對呼氣的覺知，反之亦然。其中，對呼氣的覺知尤其重要。

心念會游移不定，這是它累世以來的習性。這時，你就再次挺直脊椎，快速地放鬆全身，重新建立橫膈膜式呼吸，再繼續覺知鼻孔中的呼吸流動和磨觸的感覺即可。

●咒語或聖字

剛開始學習靜坐時，可以使用「搜－瀚」（so-ham）這個咒語。有些人喜歡念為「瀚－搜」（ham-so），因此它也稱為「瀚薩」（hamsa）咒語。

在你呼氣時，內心憶念「瀚」這個字音；吸氣時，內心憶念「搜」這個字音。「so-ham」的意思為「我乃彼」。有宗教信仰的人，則可以用自己的宗教所指定的字語代替之，但必須是由真正懂得那個宗教靜坐方法的人來教授。喜馬拉雅傳承所培養出來的老師，會依照學生的宗教背景（包括無神論者），指導他應該使用的靜坐方式。

靜坐時，對呼吸之流的覺知不要有中斷。咒語（或字音）化作的念頭，也要成為一股意念之流，對它的覺知也不要有中斷。觀察你的呼吸、咒語（或字音）、心念，三者如何同流合一。

慢慢地延長那個時間——這不是指靜坐的時間——而是說你對那一股流體的覺知能夠維持幾秒鐘。使勁只會徒勞無功。就像你決心努力入睡反而會睡不著，跟自己較勁同樣也無法進入靜坐的境界。由它任運無礙，由它自行來到。靜坐不是一種「作為」。靜坐是在觀察和體驗。

●咒語啟引

依前述的行法奠定基礎之後，下一步是找一位合格之人為你啟引，這就是「咒語啟引」，通常是指授予你一個專屬的個人咒語。在接受咒語啟引之後，老師可能會為受啟引者指定一套適合他的靜坐方法。

咒語及靜坐方法是基於下列的個別考量而授予：

- 累生累世積藏於潛意識的心印習性（samskaras）
- 靈性上之需要
- 靈性的「資質」（adhikara）

要精練修持咒語，有許多不同的方法，都能引領行者體驗到依次穿透人格的各個身層，終而入到究竟寂靜。所謂的「不持而持」（ajapa）境界也會發生。在那種境界中，原本需要用心來複誦咒語、以心來傾聽咒語的作為，成為了一種自動自發、自然而然的經驗，但是這需要有上師加持。

受啟引者可能會被教導，他的修行途徑是要依循內在的音聲（nada）或內在的光（jyoti），或者他該依循昆達里尼之道（是一種導引能量的瑜伽法門）。有的人則不定期會被指定要意守某一個特定的意識中心（脈輪），然而，唯有在啟引師以心念「觸及」受啟引者的脈輪之後，後者在靜坐時才有可能入到其中。

入到脈輪後，有的人會被指定在此觀想某一個圖案或物件，或者觀想自己所愛戴、所信奉「相應神明」（ishta devata）之形象臨前，比如，基督教徒可以選擇耶穌或聖母瑪麗亞，佛教徒可以選擇佛陀。這時，老師也會教他如何將其咒語和脈輪的能量相融合，以及如何做「明點穿透」（bindu-vedhana）脈輪的核心。這些修練法門的奧祕在某些特定的密法是有傳授，然而，唯有活的師徒傳承才能了解其中奧義。喜馬拉雅傳承傳法的意義，就是在教習師與學生的直接對應中傳輸覺性。

●重溫學習橫膈膜式呼吸法的步驟

只要你每次能用十至二十分鐘，做下述兩種練習法的其中任何一項，或者依序連續做完兩項，一天做二、三回，你生活的質感與基調就會出現各方面的轉變。

一・以鱷魚式練習橫膈膜式呼吸法

練習鱷魚式的目的，在於學習如何正確地呼吸，以及如何運用正確的呼吸來達到放鬆的效果。

俯臥，雙手前臂交疊，或雙手掌交疊，以前額枕於前臂上或手背上，頸部保持正直。雙腿打開，雙腳腳尖相對，腳跟朝外，腳踝貼近於地面。放平雙肩，腋窩貼近地面。收攝注意力。不想他處，僅僅覺知你臥身所在的地方。

僅僅覺知你身體所占有的空間，從頭到腳。

現在，覺知呼吸的流動。觀察這股呼吸流，彷彿你的呼吸正流貫全身，從頭到腳，從腳到頭。

保持呼吸輕柔、緩慢、平順。呼吸保持勻稱不急促，呼與吸要連續不停頓。呼氣時，呼出你所有的緊張與壓力。吸氣時，吸入飽滿、放鬆、平和與清淨的感覺。

現在，將你的注意力帶到胃與肚臍，覺知那個部位在輕柔地起伏。觀察那個部位，當你呼氣時，它是如何輕柔地升提起來；吸氣時，又是如何輕柔地推觸地面。

觀察那種運動與呼吸輕柔的節奏，這就是橫膈膜式呼吸法。沒有停頓，不急促。

繼續觀察胃與肚臍區，看它是如何配合呼吸輕柔的節奏起伏而動。觀察在動的過程所用到的肌肉；藉由這種觀察，你可以學會正確的呼吸方法，也就可以在日常生活中以這種方式呼吸。

你想這麼躺著做多久都可以。

繼續以這種方式呼吸，要注意到呼吸是如何帶動起伏。

二・以攤屍式練習橫膈膜式呼吸法

（鱷魚式之後）現在，輕輕地轉身成仰臥姿勢，雙腳打開，雙臂平放身側，臂不貼身，雙手手背放在地面上，掌心朝上。

讓整個身體完全放鬆。然後，再次以剛才的呼吸方式繼續呼吸，觀察胃與肚臍區輕柔地起伏。

觀察那個部位。當你吸氣時，它是如何輕柔地放鬆，微微膨脹；當你呼氣時，它又是如何微微地收縮。

將你的左手掌朝下放在胸口，右手掌朝下放在胸骨與肚臍之間的胃部。繼續用剛才的方式呼吸。

觀察左手掌下的胸膛應該沒有起伏，只有右手掌感覺到有起伏。

當你在呼氣與吸氣時，輕柔地觀察呼吸的流動。沒有急促；沒有停頓。

想要完全放鬆，你可以這樣躺著觀察自己的呼吸之流。一天做二、三次，每次做十至二十分鐘。

想要快速放鬆你的身心，一個好方法就是用五分鐘左右的時間做這個練習。任何時間、任何地方都可以做，只要方便，不論是坐在沙發上，辦公室的椅子上，還是坐在車上，在開會或獨處中也無妨。

●極度忙碌者的三分鐘放鬆法

收攝注意力，僅僅覺知你此刻坐著的地方。

心念內攝，僅僅覺知你身體從頭到腳所占據的空間。

僅僅覺知當下此刻。

很快地，放鬆你的前額。
放鬆你的雙眉與雙眼。
放鬆你的鼻孔。
放鬆你的雙頰、下顎與兩邊嘴角。
放鬆你的下巴、頸部與肩膀。
從肩膀順著手臂，一直放鬆到指尖。
從指尖間順著手臂，一直放鬆回到肩膀。
放鬆你的胸膛、胃部、肚臍與下腹部。
放鬆你的大腿、小腿、雙腳與腳趾。
再次從腳趾往上放鬆你所有的器官，然後將你的覺知帶到呼吸上。
觀察胃與肚臍區輕柔地起伏，看著那個部位，當你呼氣時，它是如何地放鬆下來；當你吸氣時，它又是如何微微地向外擴張。
觀察它，並感覺你鼻孔中呼吸的流動及磨觸感，
呼氣，內心數一……，
吸氣，數二……，
呼氣，數三……，
吸氣，數四……，

呼氣，數五……。
吸氣，數五……，
呼氣，數四……，
吸氣，數三……，
呼氣，數二……，
吸氣，數一……。

繼續數你的呼吸，從一到五，從五到一。感覺你鼻孔中呼吸的流動及磨觸感，緩慢、溫和、平順地呼吸著。讓你的呼吸之流沒有停頓，讓你的數息之流無有中斷。從一到五，從五到一，這麼繼續數下去。感覺你鼻孔中呼吸的流動及磨觸感，繼續這麼練習。你想做多久就做多久，想做多少回都可以。在不打斷數息之下，輕輕地張開雙眼。

●使用咒語「搜－瀚」的一分鐘、一分鐘靜坐步驟

- 僅僅覺知著自身，從頭到腳。
  觀想在自身周圍畫下三道光圈，環繞全身。下定決心，你的心念絕不逾越那三道光圈，也不讓任何思緒、印象由外入侵進來。
- 保持對自身的覺知，從頭到腳。用幾次呼氣，將四肢放鬆。

吸氣的目的是為了呼氣，因此你吸氣，才能跟著呼氣。

隨著每一次呼氣，將全身再放鬆一些。

- 現在，下定決心，未來的一**分鐘**，除了覺知呼吸輕柔的節奏，覺知胃與肚臍區的起伏之外，不容他念生起。

在這一分鐘內，維持決心不變。

- 現在，下定決心，未來一**分鐘**，除了覺知呼吸從肚臍到鼻孔，從鼻孔到肚臍來回流動之外，不容他念生起。

僅僅覺知肚臍與鼻孔間的呼吸之流，維持決心不變。

- 現在，感覺呼吸在比較流暢的一側鼻孔中流動的情形，下定決心，未來的一**分鐘**，除了該覺知之外，不容任何雜念侵入。
- 現在，感覺呼吸在另一側比較不通的鼻孔中流動的情形，下定決心，未來的一**分鐘**，除了該覺知之外，不容任何雜念侵入。
- 現在，下定決心，未來的一**分鐘**，除了覺知呼吸同時在兩個鼻孔中流動的情形之外，不容他念生起。
- 現在，配合你的呼吸，呼氣時心裡默想「瀚——」，吸氣時默想「搜——」。下定決心，未來的**兩分鐘**，除了覺知在你兩個鼻孔中的呼吸之流，吸氣想「搜——」，呼氣想「瀚——」之外，不容他念生起。

維持決心不變，所以在呼氣與吸氣之間，就不會出現停頓。

- 現在，下定決心，未來**另兩分鐘**，當你覺知呼吸與咒語時，你要觀察心念與咒語是如何融匯成為一股流體，心念之流自己化為咒語和呼吸。
- 現在，摒除一切左、右的對立，進入「中脈呼吸」。

在心中感覺鼻樑底端與人中頂端交匯的那一點。在心中感覺眉心的那一點。吸氣，彷彿你是從鼻樑底端那一點，吸入一股微細的能量向上流到眉心那一點；呼氣則反向流動。

保持這股心念、咒語、能量所匯合的流體。

在這兩點之間流動的呼吸，就是「中脈呼吸」。

下定決心，未來的一**分鐘**，除了覺知中脈呼吸之流，不容他念生起。

- 現在，以眉心那一點為入口，進入心念的斗室（譯按，此為眉心之後的區域，並非心臟的心室），並下定決心，未來的三**十秒鐘**，沒有外在雜念，只剩下絕對的靜默；彷彿你的心變成了靜默之湖，完全靜止不動，一道漣漪也沒有。

下定決心，未來的三**十秒鐘**，就維持在享受這一片靜止、靜默之中。

- 現在，讓你的心念從那靜默的心湖中生起，回到眉心的入口，下定決心，未來的一**分鐘**，維持做中脈呼吸，除了那一道中脈呼吸之流，別無他念。
- 現在，繼續在靜默中，在那靜默靜止的心湖面上，起了唯一的一道漣漪，那就是呼吸中的搜一瀚。

- 每兩至三分鐘，或每五分鐘，重新確立你的決心，不讓外面的雜念侵入。如果你做不到，可以重複做上述全部流程的某個段落或某個單一步驟。你想做多久就做多久。

第3章

何謂咒語：是什麼，為什麼？

（譯按，本章亦收錄在斯瓦米韋達其後於二〇〇八年出版的新書《咒語：神聖的唱誦》〔*Mantra: The Sacred Chants*〕之中，內容的編排次序以及文字都有所修正。此處極大部分是依據修訂的版本整理翻譯而成，故與原書不盡相同。）

斯瓦米拉瑪所言

我們從小所接受的訓練都是在觀看、審查和驗證外在的事物，然而，接受啟引、領受咒語，是向內在去觀看、去尋覓的第一步。啟引不是宗教的儀式。不要把咒語、靜坐當作是宗教；兩者截然不同。

咒語是一個音聲、一個音節，或是一組音聲。我們要以它的振動頻率，而不是它的含義，來認識咒語。它使得心有一個專注標的，領著我們覺知自己的內在狀態。它是一個了解自己的方法，可調和我們內在和外在的世界。

我們要視咒語為自己的朋友，因為它能幫我們的心專注於一點，漸漸地領我們進入深沉的靜默狀態，進入內在的「覺識核心」。它是一粒靈性的種子，播在自我的土壤中。它是一位療癒的嚮導，引領我們穿越生命的各個層面，終於抵達個體和「宇宙覺識」合一的境地。

在走向自性開悟的路途上，咒語是個重要的法門。你要長期有規律地練習靜坐，要經常憶持你的咒語，使它成為你生命的一部分。

靜坐時，要默默地、有意識地憶持咒語。在其他時刻，可以有意識或無意識地持咒。假以時日，就會發現是你的咒語在引導你日常生活。

——喜馬拉雅傳承　斯瓦米拉瑪

引言

「允我等誦唸火之咒。」在《梨俱吠陀》中，聖者如此禱告。所要啟動、引燃的火，是我們內在「火瓶」（kunda）中的火。

由咒語所引燃的火，燒盡我們內在所有的雜質和污垢，其後我們如同精煉過的純金。

唯有成為金一般的生靈，我們才能進入「金胎」（hiranya-garbha），宇宙之智場、宇宙之智海，那既是最初也是最終的上師。

唯有成為金一般的生靈，我們才能進入《阿達婆吠陀》（*Atharva-Veda*）所說的那個空間——在無等黃金寶藏中，住著無塵、無垢、無量、無間之「梵」（Brahman），其為眾光之光，皎潔而明亮，唯有知自性者知之。

知自性者才能夠一覽帕坦迦利所謂的「度智」（tarakam jnanam），也就是能幫助我們從此岸渡到彼岸的智慧，就是能帶我們超越「這個」俗世的「那個」。如此智慧的特性是：剎那間生起的、無所不包的、超越邏輯而無序的。在那個直覺智慧中，咒語的語句不是由字語所構成，字語不是由音節所構成，音節不是由音素所構成。所有的知識是瞬間閃現的，一剎那之間出現。剎那的定義，根據先賢對《瑜伽經》的釋論，是最微細的粒子在空間中移動它自身長度和闊度（空間中的一個點）所需要的時間。如此的知識，於一剎那間，在聖者的「布提」（buddhi）中，如同一個智慧之波瀾湧現，就叫做「咒語」。

願你不要滿意於口誦咒語。瑜伽士誦持咒語，是不容許舌頭和咽喉有絲毫動作；它必須僅僅是一個心識之波，只是個「憶念」（smaranam）。最後連那個波也要平息，整個人沉浸於狂喜的靜默中。

我祝福讀者能藉著咒語發覺那無邊的寂靜世界。

王道瑜伽

「王道瑜伽」是完美無缺的瑜伽，載於帕坦迦利的《瑜伽經》。寫哈達瑜伽著稱的大師，例如斯凡特瑪拉瑪（Svatmarama），對之都景仰不已。經過喜馬拉雅大師的詮釋，具體應用於實修、師徒啟引相傳，成為所謂的喜馬拉雅傳承。不過，若是不經過活生生的傳法，是無法理解帕坦迦利的。因此，給學生的第一次傳法，是授予咒語，用一個音聲的單元，讓他將心念集中在那上面。

何謂咒語、為何咒語

●「咒語」一詞的字義

咒語的梵文是mantra。這個字與英文字的man（人）、mind（心）、mental（心理）這些字有關，而這些字都源自拉丁文的mens（心），而mens又源自希臘文的menos（心）。以上的這些字：menos、mens、mental、mind、man，以及mantra，源頭都是梵文的動詞字根√man，意思是「深思、沉思、冥想」（meditation）。所以「人」（man）是能夠沉思的生靈，他有「心」（mind），是用心來「沉思冥想」。他集中於一個字，一個「咒語」（mantra），來「沉思冥想」。在印度，以及很多亞洲地區，咒語之於社會的文化、之於個人的生命都極為重要。人若沒有咒語，就像是食物中少了鹽，少了什麼東西。人若少了咒語，就像是件未完成的作品。

●何謂「咒語」

咒語是一個字或一組字；它是一個念頭；它是一個禱告，但是和一般所認知的「禱告」意義不同，它是我們較低的覺識與較高的覺識（即神性覺識或是神性的生命能）之間的一個連結。咒語是一個音聲單元、是一個念頭的單元。它是一個音聲或一串音聲，為了某個靈性的目的而授予瑜伽弟子不斷憶持。在構成我們內在覺識的網絡中，覺識的能量分為「音」和「光」兩種形態。到了某個階段，音和光的能量會交織在一起或合而為一。以我們目前進展的階段而言，音和光的經驗是截然不同的，所以我們一般都是先從咒語的音聲下手。用光來啟引，是以後的事。

剛開始，我們需要了解咒語有兩個方面：一方面，咒語是由音節所組成的音聲，對心會起某種效應，若是在心中重複默念則尤其明顯。第二方面，是咒語本身的意義。

●重複音聲的效果

咒語的理論基礎是，凡是音聲、字母或字母所構成的音節，它們都帶有某種集中心靈或心理的振動頻率。每一個音節中都帶有一股獨特的覺識。因此，當你在想著某些特定的字母，或是字母所組成的字，它們便會產生某些心念，某些心理的振動頻率。音聲有它特定的質感，或者說有特定的味道。心中想到了一個字，就是心中起了一股振動頻率，而每一股振動頻率都不同。不同音節的力量會讓人集中於不同的振動頻率。我們以某些字的發音為例，即可粗略地證實此一論點。比如說，我到一個沒有人會說英語的國家。我突發奇想，步出旅店走上街頭，見到有人朝我走來。我接近他，粗聲說：「Thud!」（「薩！」撞擊之意）。他不懂這個字的意思，但那個音聲對他的心念會有所衝擊。

隔天，我為自己用音聲衝撞別人的行為感到不安，想要補過。於是，我走上街頭，對見到的第一個人輕柔地說：「Lull!」（「勞！」安撫之意）。

這兩種音聲音有什麼差異？「薩」和「勞」的聲音質量不同。詩人和有才華的作家非常清楚這點，所以能充分將音效運用在他們的作品中。因此，音聲本身就帶有一種衝擊力，跟它做何解讀是兩回事。它會在心烙下印象。同樣地，每一個咒語都有它本身獨特的音聲振動頻率。

●咒語是一股能量力道

我們再深一層來看。這整個宇宙是由那些帶有意識的力量所操作，有些人喜歡稱這些力量為天使、神祇、下生、神的示現等。種種咒語的音聲所代表的，正是這些覺識所顯現的各個方面。因此，在喜馬拉雅傳承中，我們視咒語有如神性力量顯現為音聲的形式。在一些基督教、蘇菲密教、猶太教卡巴拉（Kabbala）的傳統裡，他們也說：「神的名字就是神自身。」

更具體地說，每一個「被隔離的心」[1]都有各自的成分。我們的心中貯藏著多生累世以來的「心印」（samskaras）。我們所從事的一切行為，所有一切我們感受到的欲望，我們內在所生起的種種衝動，都是由這些心印所引起的。這些過去心印的總和，形成了我們的人格。如果我們想要改進自己，就必須學會改變這些心印的模式。假若此處有半杯冷水，我將熱水灌進其中，杯中所有水的性質就不同。假若我的心印會為我引起苦澀的念頭，我就將某種能引起甜蜜心思的音聲灌進其中，做了又做，做了又做，每天如此做好幾個小時，十年、十五年、二十年之後，心內所有的心印必然會變得不同。咒語就是這樣使我們的本性產生轉變，變得更為細緻、柔和、寧靜。假使某個人的心印，總體上會為他帶來煩惱不安的念頭，就會給他一個入靜的咒語。太被動的，就會給一個能激發他動力的咒語。若能一再、一再地憶持咒語，重複同一個咒語所形成的心印，就能為人格帶來某些正向的轉變。

咒語是神的「名字」和神的「音身」，它能牢牢印入心識的深層，使得其中的「人性」服從歸順於神性。靜坐時持咒，即是在體驗無言的祈禱，體驗那份至精微的情意，就是在實踐對神的奉愛，沒有比這更好的方式來對神說：「沒有我的」、「一切都是祢的」、「唯有祢」。整個人因而變為神的殿堂、成為神的工具，今後此身之行為唯在順遂神意。

不要急於一時，時機自會到來，當你不再需要有意地去持咒，當咒語自動從你內在的深處浮現，而你只需要專心去聽它，那時就是開始如此修行的契機。

●因應人格和目的授予咒語

有些人或許會反駁：「嘿，我就喜歡自己這個樣子，才不想改變人格，也不需要別人來插手。」如果你沒打算接受啟引，即使只做簡單的靜坐配合呼吸法和默想「搜－瀚」，也會帶來轉變。不過，效應終究不能和個人咒語相比。傳授個人專屬的咒語（或稱為「上師咒」、「根本咒」），就叫做「啟引」（diksha），這好比是將傳承之集體心識的一滴、一粒種子，種入受啟引者的心識。之所以稱為「啟引」，是因為無論它多麼細小，某種形式的能量可是經過了一代又一代的師徒相傳，才傳給受啟引者。我們讀《大森林奧義書》（*Brhad-aranyaka Upanishad*，約在西元前十四世紀成書），其中詳細列載了法脈的傳承，由誰傳誰，誰又傳誰，共列出六十九代的祖師，源頭是「自在初尊」（Svayambhu Brahman）。《奧義書》云：「頂禮皈依彼自在初尊。」因此，咒語的由來，是古代的「瑞

1　斯瓦米韋達說，「心」只有一個，就是「集體心」。可是每個人誤以為自己的心是獨一無二，是分離的，將自己與他人分隔開來，所以成為了他所稱的「被隔離的心」（individuated mind）。

悉」（rishi，受天啟而成為各種學問始祖的聖賢）在最高三摩地境地、最深沉的禪定時，因天啟而在覺識中閃現的音聲、意念、字語。咒語先是因天啟而被喚醒於靈中，然後才順著法脈相傳下來。

個人的咒語會因人而異。這是什麼道理？此處，我們需要先談一下瑜伽傳承的歷史。有時，人們會問：「超覺靜坐如何？它算是瑜伽的傳承嗎？」「超覺」（Transcendental）是個現代語彙，肯定不是梵文，誰知是從何翻譯來的。也有人問：「禪宗[2]靜坐如何？它和瑜伽靜坐相比如何？」

大約在西元前三千年時的印度，正處於類似十八世紀墾荒期的美國。來自各方的移民分散而居，他們砍伐森林建立家園，陸續興起城鎮和宗教。不過，有些深思自省的人，為了展開自我征服和自我探索的歷程，便隱居於深山森林或洞穴中。當城裡的居民厭倦塵囂，嚮往內心安寧時，就四處尋訪這些隱居的靈性導師和偉大的上師們，跟著他們生活一些時日，在內心回復一定安寧，從大師那裡得到了一些指引和智慧之後，就重回世俗的日子。這些隱士所居住之地，有些變成了崇高的學府，例如塔克夏—希拉（Taksha-shila）即是其中之一。西元前四世紀，古馬其頓的亞歷山大大帝入侵印度時曾經一度迫近當地，當時學院中就住了超過兩萬人。在當時，學習和靈性是不可分家的，它必然要關乎人格的養成。每個人在學生時期（brahmacharya stage，梵行期）所受教育的重點是在行持，是以服務社會、完成人生的使命、在靈性方面有所成長為目的。

喜馬拉雅的大師們建立了瑜伽的體系，他們的直覺知識和智慧至今流傳不絕。他們有直覺的知識，也拿自己來實驗。我們一般人的人格特質，是由我們所思維的念頭造就出來的。通常我們不會停留在同一個念頭上。我們的思維無法連貫一致。我們的念頭雜亂無章，東一個西一個。做咒語的修持，就是在用單一個念頭，連貫一致地停留在那同一個念頭上，如此來改造我們的心。

因此，瑜伽傳承的偉大上師可能會說：「孩子，你內在的火還有待加強。因此，我們要給你一個火的咒語。坐在燭臺前，注視著燭火；呼吸的同時要專心憶念，或是向內聆聽這個特殊的火咒。六個月內，你的人格就會有某些極為正面的轉變。」對另一位弟子，上師可能說：「你唯一的不足，是不能冷靜和流動如水，因此我們要給你水的咒語，你適合在流水旁靜坐。」假以時日，視覺的效果加上持續專注憶持那個單一的念頭，就能為弟子的人格帶來非常非常隱約的轉化。

●人格轉化是漸進的

人格不可能在一夜之間轉化。你今晚入睡前，在鏡中看看自己的臉。明早醒來，檢查

2　此處應該是指日本禪宗。

你的臉是否在一夜之間變得不同？不，沒變，還是同樣一張臉孔。明晚你再看一次，從早到晚，它都是同一張臉。再經過一天的早上、晚上，還是同一張臉。五年或十年之後，拿出你今日的照片來看看，你究竟是在哪一晚入睡後隔日醒來臉變得不同？人格的變化是非常隱約，不易察覺的。有的人才開始靜坐和領受咒語不久，就失去耐性，因為心的轉變是緩慢的。有次某人打電話問我：「我是三個月前領到咒語的。我什麼時候才會開悟？」靈性進步的過程，以及有規律地從事某種特定的習練，我們稱之為「修行」（sadhana）。一般而言，這是個緩慢、溫和、漸進的過程。因為需要吸收消化的太多了，所以急不來。可是，人就是缺乏耐性。

●各種使用咒語的方式

通達覺識中心有種種不同的門徑。這正是靜坐的意義所在。有許多不同的門徑都可以領我們去到真實的本我，靜坐也有許多不同的法門和技巧，可適應各種不同的人格根性。有人適合凝視燭火。有人適合使用某種呼吸法，別人則適合另一種呼吸法。有人可以去聆聽咒語的音聲。有人則適合用音樂中某一個特別的音符來配合持咒。有人則要教他在持咒時需專注於某一個指定的意識中心點，等等。

如今，針對大多數人，我們會教他們由簡單的咒語入門，以後才會給一個比較複雜的咒語在某一段特定的期間內去修。有時，為了某種靈性的目的，會指定用一定的期間來修某一個咒語，同時要配合專注於內在的某一些點，或者配合火供來修則效果會大上十倍。這就是將某一個特殊的意念刻印在心識中的方法。有了如此的心印，某處有一道門將會為他開啟，無論他已經到了哪個地步，離自己的下一個地步就更接近了一些。

●王道瑜伽及其分支

開創喜馬拉雅瑜伽傳承的偉大上師們，都精於各種修行途徑以調伏自我、探索自我，臻至我們最高的覺識中心。但是，他們座下的弟子並非人人都能掌握禪修的所有法門。有些會長期從事修練身體的瑜伽。有些對於專注於音聲的修持比較相應。有些則因專注於光而成就。這些弟子日後在那個大的體系之下，成為他們各自所擅長法門的大師，自立門戶開班授徒。因此成了今日種種門派的瑜伽，如：哈達瑜伽、音聲瑜伽（Nada Yoga）、樂耶瑜伽（Laya Yoga）等等。學生們去到不同的道院，要住下來，用上相當的時間去嘗試該道院所傳授的法門。結果，有的學生會覺得：「這才是最佳法門。」為什麼會有這種反應？因為這個法門跟他們相應，對他們有益。他們會說：「我學這個法門受益最深。」但是，另一個人說：「喔，那些人真是的。我也去過那裡，試過那種法門，卻一無所獲。」那些偉大上師們的弟子雖然各有所長，但是只有非常少數如鳳毛麟角的弟子，才能夠精通整個王道瑜伽。你要知道，王道瑜伽乃是主幹道系統，含攝了其他各種瑜伽體系。王道瑜伽內有許多不同的法門，它們都源自同一個大的體系，屬於同一把傘蓋之下的分支。這個大的體系則無所不包，各個人都可以在其中找到適合自己修練的法門和咒語。所以，我們傳承的入門，就是王道瑜伽——王者之道。

前面提到，常有人問我：「你們的瑜伽體系和這個或那個靜坐體系相比如何？」這真讓人無從答起。我只能說，這沒有高低的問題，只不過有的法門是專精於某些特定方面，如此而已。依我的觀察，有的體系法門從感受下手，學生容易停留在「名—色」（nama-rupa）的層次。有的體系法門從參究下手，學生容易停留在「想」的層次。其實，他們應該考慮結合吠檀多的摩訶偈語沉思法，以及咒語靜坐法。這兩者到了某個境地是相互融合的，我們一定要親證那個境地。喜馬拉雅傳承之美，就在於它能融合所有的體系。這並不是說各個體系原本是獨立分離的，我們要以人為方式去整合它們；而是說它們都源自同一個總的體系，是後來分了岔，才各自有不同的取向。

啟引

●啟引是什麼

瑜伽的行修，能將我們生命所有的層次結合為一體。同樣地，啟引我們生命的各個層次——身體、心理、靈性的層次，都有所作用。現在，就讓我們來認識啟引對各個層次的意義。

●身體層次的啟引

就身體層次而言，啟引是象徵我們人生轉折點的一個儀式。經由啟引，我們成為某一位瑜伽上師的學生，直接接受這位心靈大師以及同門其他老師的教導。在某種意義上，接受啟引就如同成為家庭的一份子，其他的受啟引者是自己的兄弟姊妹，這個心靈家庭中的長輩則是自己的師長。

●能量層次的啟引

就能量層次而言，啟引有兩個方面。它讓我們瞥見自己的目標，然後它能幫我們開始朝著目標從事修行。

一般人都有這樣的經驗：在一個處於情緒強烈發作之人身旁，我們內在也會升起相同的情緒。比如，在一個處於驚恐狀態的人身旁，我們可能也會感到恐懼。在暴怒的人身旁，我們也可能感到氣憤。如此，不難想像當我們靠近一位心境完全平和的人時，對自己會有什麼影響。坐在這樣的人身旁，能暫時安撫我們的情緒，使我們體會到另一種自處之道。然後我們可以自己去努力達到類似的寧靜。

啟引不只是告訴我們人生的目標何在，它更推著我們朝這個目標前進。啟引是一種能量的灌輸，來自「靈性本源」的能量。這就是為什麼世界各地的宗教藝術對啟引的描繪，常是一叢光束由上方灑落在受啟引者身上。就這層意義而言，啟引是一種靈性的外來導電，讓我們的靈性引擎得以發動。靜坐功夫深厚的老師，能夠將些許這種狀態傳輸給學生，助其開啟修行之道。我們在此很難以文字對啟引的這個方面做更深入的說明，因為這必須要個人親身體驗、探索，才能確實領會。

●心理層次的啟引

啟引除了有生理層次和能量層次的作用之外，因為有咒語，所以對我們的心理也會有所作用。啟引時所傳授的咒語，是一種特殊的音聲，能引導我們進入內在的平靜。為什麼咒語會有這樣的作用？我們的心通常充滿著雜亂無章的各種念頭，有些是痛苦的，有些是歡喜的。如果將心集中在那些痛苦的念頭上，我們就會感到痛苦。如果將注意力轉換到那些歡喜的念頭上，我們就會覺得喜悅。因此，選擇將注意力放在什麼念頭上，決定了我們會感受到痛苦或喜悅。

瑜伽採取了這種邏輯，並且更進一步地運用它。如果我們專注於寧靜平和的咒語念頭上，就能平撫自己的思想和心態，抵達一種超越苦樂的寧靜境界。咒語是一種清淨的音聲，能喚起我們心理上的某些特質。不同的咒語，就像不同的音樂一般，對我們具有不同的作用。啟引時所傳授的咒語，要能夠提供受啟引者之所需。

受啟引者在靜坐和日常生活中不斷地複誦咒語，咒語便會對其心理產生作用。經常聽搖滾樂，比起經常聽柔和的音樂，所起的影響就會不同。同樣的道理也適用於咒語。咒語就像是鑰匙，一把通往我們生命核心的鑰匙。我們不斷地複誦咒語，就是在轉動這把鑰匙。

啟引對我們的心理還有第二個作用。對於走在靈性道路上的人而言，磨利自己圓融處事的能力、少給自己製造障礙，無疑是很重要的本事。磨利自己的能力，就是要提煉自己的理解辨識能力，這種能明辨的心力在梵文稱之為「布提」。靜坐時專注憶念我們的啟引咒語，就是在提煉布提，提升我們不受外界干擾的靜觀能力。長時間下來，我們對自己思維模式的觀察力，分辨自心投射和真實的區別力，都會得到提升。所以說，啟引對我們的心理層面所起的作用極為有益。

●靈性層次的啟引

最後，啟引對我們的靈性層次也會發揮作用，開啟通往智慧終極本源「金胎藏」的那扇門。金胎藏是我們的內在導師，或者說內在的上師，它是「非人」，然而，卻是所有靈性導師之人的光源。啟引就是讓我們能連接上這位「上師」。

●啟引——期待與真實

有時，求道者對啟引懷著非理性的期待。我們必須記住，咒語啟引是瑜伽之道的第一個啟引，而非最後的。有些初學瑜伽之人以為可以立即開悟，實情絕非如此。雖然，確實有人能夠頓悟，然而，我們絕大多數人都需要長時間習練靜坐，才有開悟的可能。即使像解脫者難陀（Muktananda）那樣偉大的瑜伽士，他在接受上師啟引之前就已經是很有成就的瑜伽修行者，也需要禪修十幾年之久，才覺得自己算是證悟了。

更何況，有什麼好急的呢？我們要學的東西那麼多，成長的途徑也不止一條，為什麼想要在瞬間完成一切？我們可以將啟引比喻為獲得閱讀的能力，而你正是一位能夠享受閱讀樂趣的人，現在給你機會去讀遍一座巨大圖書館中的所有藏書。當然，你期待完成任務，但是你可以選擇用某種閱讀速度去品嚐每一本書。

我們必須明白，單靠啟引是不足以讓人開悟的。若要實證自我，我們必須沉浸於靈性的修行中，致力於自我淨化。這就需要以禪定靜坐來了解情緒、避免忿怒、克服恐懼。時下有種很有力的慈善募捐機制，贊助單位就所收到的每筆善款，會加碼認捐二倍或三倍的數目。在靈修之道上，你每做一分努力，冥冥之中給你的回報也是以倍數計。但你必須做好該做的事，那才會發生。近代有位知名瑜伽大師巴巴・哈里・達斯（Baba Hari Dass）在他那本《不用燃料的火》（*Fire Without Fuel*）書中寫道：「只想依賴命運和運氣，整天呆坐而不知努力的人，就像是坐在海邊等待珍珠被海水沖上岸的人。」

還有一點，接受啟引並不意謂著生命會突然變得順遂，所有的問題從此消失。記住，啟引會有助於靈性的成長，而靈性成長是在超越了自我的局限才發生。因此，接受啟引之後，我們往往發現自己涉入了那些在過去會想要逃避的事。然而，發生在很多人身上的經驗居然是，我們發覺自己內在有股以前所未知的力量，而就是這股力量在支撐我們度過難關。此外，其他的受啟引者、求道者和我們，都是道上相互扶持的伴侶，我們的靈性導師和傳承中的聖哲都在鼓舞我們、啟發我們。力量來自勇於面對自己的恐懼，來自甘於為人服務、來自於愛，不會來自被動的、一廂情願的想法。

啟引除了是靈性成長之鑰，它還帶給我們其他的好處。老師的責任是要引導學生走上開悟之途。能夠和有經驗的老師討論個人修行上所遇到的問題，是修行道上極為珍貴的助力。他們的忠告，往往對我們的幫助最大。有需要時，老師會指定學生從事某種特殊的修行法門，以協助他靈性的進展。

●啟引的咒語是如何擇取而來

啟引的咒語，是利於某一個特定人使用的一個音節或一串音節。也許有人會問啟引師：「你連我的名字都不熟，你要怎麼幫我擇取咒語？」取得知識的途徑有二，一是理性的過程，一是直覺的過程。

別的先不說，「你是誰？」很多人會認同名字，以為他就是他的名字。不過，你的名字並不是你。你的名字是怎麼來的？如果你出生在未來三千年後的某個先進文明，那地方的人類或許只使用號碼，或者那地方人的名字要絕對保密。有很多種可能。不過，絕不會你甫出娘胎就自動報名：「我是瑪莉。」名字是要等你長到一歲半或兩歲時，一些蛛絲馬跡會讓你有所感悟：「大家一說到瑪莉這個詞，就會望著我。瑪莉，過來。瑪莉，來做這個。瑪莉，去做那個。這麼說來，我應該就是瑪莉了。」因此，當有人問起：「小女孩，妳叫什麼名字？」你便回答：「瑪莉。」這其實是被設定的反應。你的名字不是你，明白嗎？

人格分為很多種型態。究竟為什麼會如此，就是一門學問。每個人都會有某些優點、某些缺點。通曉瑜伽之學的人都學過如何辨識不同的人格特質，因為不同的人格特質需要不同的咒語。為人啟引者，要通曉咒語的學問，還要明白人格特質分哪些方面。

然而，啟引的過程遠遠不止於此。啟引師是用直覺去領受咒語的。為你啟引的人，必須有非常純淨、清明、開放的心地，他才能在靜坐中領受到適合你人格特質的咒語，然後將咒語傳授給你。這個部分我們比較少討論，因為許多人無法接受它。有的人可能說它是個謎。接受與否，乃個人自由；信或不信，也由你決定。很多人無法接受這種感應有可能存在，所以他們就不會去求個人咒語。他們可以盡其所能地將所學到關於靜坐的一切落實在自己的習練中。他們已經學到了很多，還有一些其他的有用課程，他們都可以去學，可以繼續習練瑜伽。只不過，在我們的傳承中，高階的靜坐法門在還未領受個人咒語之前，是絕對無法傳授的。

為人啟引的老師很少會主動說：「我要傳咒語給你。」它必須是發自你內心的念頭。如果你感到那樣的渴望，你才會開口。老師訂了時間後，就會有個非常簡單形式的啟引。

不過，那種渴望必須是來自請求啟引者本身的意識，必須是來自內在的一股衝勁。不過，話說回來，即使你尚未生起這樣的衝勁，至少也要設定一個規律靜坐的時間。就算你只是在固定的時間靜坐，就能和那個源頭保持連繫。

●啟引的過程

啟引和其他的儀式沒有不同，啟引師（老師）和受啟引者（學生）都有要遵守的儀軌。在喜馬拉雅傳承中，學生在啟引的前一天要淨化自身，只吃清淨悅性（sattvic）的素食、培養寧靜的心態。啟引儀式當天，要沐浴更衣，換上潔淨舒適的衣著。學生也要備好鮮花水果和獻給傳承的供養金（dakshina）。這些獻禮象徵人的五種感官：視覺（rupa）、味覺（rasa）、嗅覺（gandha）、聽覺（shabda），也代表學生的虔誠決意——願意將感官之樂居於發展靈性這更重要的利益之後，但並不是棄絕感官上的體驗。

在啟引的地方，受啟引的學生要先靜坐片刻，然後才會被帶至已經在靜坐中的啟引師面前。老師可能會先指導學生正確的坐姿以及如何放鬆，然後在學生的右耳輕聲傳授咒語。師生一起靜坐片刻，老師為學生祝福之後，啟引儀式便圓滿結束。

啟引是個付出的儀式。老師付出祝福，付出咒語，付出承諾要照應學生的靈性成長。學生回報的付出是保持開放的心胸追尋真理。

●讓咒語成為生命中的定力

咒語乃是植於你內心的特殊字音。有些門派認為一天只需持咒二十分鐘。然而，根據斯瓦米拉瑪所傳授的王道瑜伽修持法，你的咒語會成為你私人的朋友。你要時時刻刻憶持咒語——無論是候車、等人、開車、任何需要靜定集中的時刻。你的咒語屬於你，它會跟隨你。它就只是一個字、一個短句，要保持讓它時刻與你同在。你要知道，此刻你心中有許多雜念和印象，每一樣都是你以前從外在所收集而來。這些來自外在的，有的會使你興奮，或者觸怒你，或者使你不安，或者令你恐懼。但是咒語是你內在的。它是由裡面發出來的。所以，縱然整個世界不停地用令人不安的印象轟炸你，你內在總是能保持住某個東西，你始終將心放在那個上面，須臾不可或離。要做到這個地步，當然會需要長時間練習。但是它會成為一位安靜的朋友，你會從它那裡得到支應，來對付那迎面襲來的種種刺激和焦慮。只要你能時時憶持咒語，它就會成為你潛意識的一部分。咒語是心念的集中點，因此它是你通往禪定的門戶。如此，修持咒語就變成是在靜坐。

學習使用咒語時，如果你能和啟引師或靈性導師保持連繫，他可能會在適當的時機，另授他法，讓你更進一步：「過去你是這麼做的。從現在起，你要換另一個方式。」有時候也可能好多年都不叫你做任何改變。你可不要跟別人攀比，不要覺得別人換了新方法，自己也該換個方法。你目前所用的方法，對你而言可能已足夠有效。這完全視乎①每個人的具體情況，以及②他與傳承、教法本源之間所維持的關係而定。

●咒語要保密

一旦領受咒語，就要將它保密。咒語是你的祕密，不必向他人透露，你就只管持續不斷地練習、練習、練習。在心中默持咒語的方法有很多步驟，會越來越細緻，要慢慢傳授給你。守密的行為，即是一種形式的「靜默」（mauna）的習練。咒語只能用在往內專注。字語要是說了出來，就失去其力量。因此，咒語只能放在心裡。把它牢牢地放在你胸中，放在你的心地。讓它成為你不出聲的朋友。無論你在行走、行將入睡、行將醒來、如廁、沐浴，乃至在愛人的懷中，咒語都伴著你。能如此，咒語就成了你心念的精髓。你有時會意識到它，有時你又不會意識到它的存在。

當你準備好了，你的啟引師、老師、教習師就有責任引領你繼續前行，告訴你下一步該怎麼走。如果老師是出自真正的喜馬拉雅傳承，只要學生準備好了，就能給予啟引或導引進入內在的光，或是脈輪意識中心，或是昆達里尼。

學生應該要與傳承保持連繫。這種連繫不是靠書信來往、傳真或電子郵件，而是靠著你每天都規律地在固定的時間靜坐。你會因此感受到一種非常細微、無形的連結。有時候，學生在領受啟引後幾年之間都一直保持連繫，爾後因人生所遭遇的波欄而中斷。十五年、二十年後，他們又感到有股想與老師、傳承重新連繫的渴望。他們或許會寫信或直接說：「你一定記不得我了，不過我的咒語從未離開過我。」咒語會成為一粒種子，它會長出你的靈性之樹。

第4章

咒語：啟引後又如何

咒語的來源

咒語是以連串的音節或文字所組成的音聲單位[1]。宇宙是由能量所構成，這能量包括了兩條束：聲束與光束。這兩者是互動的，少了其一，另一個也動不起來——在內在的靈性空間中更是如此。我們所謂「咒語」的這種音聲單位，並不是靠耳朵聽聞相傳的；耳朵能聽到的音聲，只不過是咒語顯現於外在的現象而已。

在靜坐冥想的最高境界，人的靈性之我與神性是完全合一的。神性是全知的，是一切知識智慧的源頭。古印度的語言哲學家稱之為「字神」（shabda-Brahman），「字」就是神。神性的智慧是開放給靈性之我去探取的。

在天啟狀態當下的知識，被稱為「至上」（para）語，是超越世間言語之言語。

當這個非言語之言語、非文字之文字境界的知識，流進了個人的靈性之我，它就被稱為「顯現」（pashyanti，或「見者」）語。

由此，發出一道覺光，觸及心識中朝內、向著靈性之我的一面（而不是朝外、向著感官和外界的一面）。這個內在的心識層面稱為「內具」（antah-karana），是直覺功能所在。那道覺光流至此處，然後由靈性之我起了一股心念的振動頻率。心識因此一覺而驟動，猶如一道閃電。跟著在極微的一瞬間，可能短至十的五十七次方之一秒（$1/10^{57}$秒，），全部《吠陀》（Veda）的三億三千萬咒句一下子都啟現出來。這個經驗可以比擬成一粒種子（bija），或是一個點（bindu），其中藏有衛星拍到地表廣大面積中所有的細節。而這個點還沒有被放大成照片，所以此刻它裡面的細節也沒有顯露。有人形容說，如同孔雀羽毛上所有的顏色都隱藏在孔雀的蛋中。在這個階段稱為「中」（madhyama）語。

當那個知識從「布提」的深處，浮現到理性心識的表層時，就形成了字語的念頭。字語不是別的，只不過是一種開顯的過程，過程中每一個階段的振動頻率都逐次低於上一個階段的頻率。這種字語的心念，被古代文法家與哲學家稱為「粗」（vaikhari，或譯為外音）語，表示它是一種多樣而粗糙之音。到此還只是粗語的第一階段。

這個從布提、心識、較低頻率字語念頭所產生的振動，使得瑜伽士的「生命能量」（prana，又譯「普拉那」）動了起來，這股生命能量接著就啟動了言語器官而發出音聲，這就是最終的成品，成為弟子在傳法、啟引、教授時耳中所聽到的音聲。

所以，一般人所謂的「天啟字語」，不過是一種不清晰的字語所表達出來最低頻率的知識。它之所以不清晰，是因為被個人心識中層層的紗幔所遮蓋。真正的啟示（或者說揭

---

1 在開始閱讀本章前，建議先閱讀本書〈第3章何謂咒語：是什麼，為什麼？〉。本章主要針對已經接受啟引、領取個人咒語者而寫。

開紗幔），只有在最高的禪定境界才會發生，那是一種個人靈性之我與神在做無言的對話交流境界。這好比有個很深的洞穴，最深處有間小室，是光的寶藏所在，有一人拉著一團線球從藏寶室朝洞口走，當他走出洞口，就把線的一端交給弟子，交代弟子循線走入洞中，直到尋寶者到達裡面寶藏的所在——叫做「金胎藏」，那就是最初也是最終的上師。弟子得到咒語之音聲傳授以後，就使用咒語逐步抵達洞中各個不同的中途站，直到他抵達了純粹覺識所在的胎藏寶室。

不同的音聲單位，對心念之場和生命能量氣場會有不同的影響。因此，不同的音聲，對你內在不同的身心系統具有不同的作用。因為如此，要啟動某種覺識境地，你必須要能抓得住某種咒語中相對應的音聲單位。此後多年的練習中，學生要試著循那個音聲單位去到它在生命能量氣場中的原始振動，由此進入心識中。在這個過程裡，咒語改變了我們的心印，改變了我們的心識狀態，能將生命能量氣場和體內脈輪阻塞的部位打通。

什麼是持咒？

持咒（Japa）是在心中背誦咒語，更貼切地說，是在回憶咒語，會逐漸喚醒心地中能量的振動。靜坐，實際上是要經過咒語啟引才能算是真正開始，而啟引必須是由一位來自某個傳承、某個法脈，具備傳法資格的老師、啟引師，來傳授個人的咒語。在啟引以前所做的靜坐，只能算是在做準備的功夫。

持咒有許多種不同的練習方式。有的人採用每天高聲背誦咒語的方式。唱誦（kirtan）也是一種持咒形式。也有新手會書寫自己的咒語十二萬五千遍，當作持咒。不過，我們傳承很少會建議使用這些方式。光有個咒語是不夠的。從事持咒，從初學到非常高深的地步，都有一定要遵循的步驟。所有這些步驟構成了持咒的級級臺階。

持咒的最高形式，是在心中持咒到了整個人就只沉浸在內心的靜默中。心中持咒可分為四個階段，以下是對各個階段的解釋和練習方法的說明。

●心中持咒的四階段

第一階段：作意持咒

坐下。調整至正確的姿勢。放鬆身體。若尚未做鼻孔交替呼吸法則此時可以做。保持橫膈膜式呼吸。

感受呼吸流動的狀態。同時在心中默誦通用咒語「搜—瀚」（與還未接受啟引時相同）。

感受呼吸的流動有兩個方式。一是感受呼吸似乎是在肚臍與鼻孔之間的流動。另一種是只感受呼吸在鼻孔中流動。

用心去感受呼吸的流動，不急促、不中斷，平順地流動，靜靜地流動，呼吸之間不要停頓。消除呼吸之間的停頓，往往是整個過程中最困難的部分。暫停的片刻就是外在雜念進入心中的入口。所以，呼氣之後馬上吸氣，保持呼吸平順而緩慢。

現在，開始加入你的個人咒語，但仍然保持對呼吸流動的感受。這一個步驟，對某些單字咒語，或種子字（bija）咒語，並不困難。但是有的咒語比較長，比如五個字、十二個字或音節。若是對自己的咒語還不夠熟悉，長的咒語做起來就會比較困難。遇到這個情形時，我們會建議學生主要保持對呼吸流動的覺知，聽由咒語以自己的步調隨著呼吸出現。你可能要分幾口氣去默念一句咒語，不要勉強保持一口氣一句咒語。比方說，你的咒語是「om namo bhagavate vasudervaya」，你可以在呼氣時默念 om namo，在吸氣時默念 bhagavate，呼氣時默念 vasudevaya，以此類推。如此，就可以讓咒語流暢，每個字隨著呼吸的覺知無縫融入下一個字。你在心中持誦咒語，同時要保持感受呼吸在鼻孔中接觸與流動情形，或是感受呼吸在肚臍與鼻孔之間的通道中流動，或是其他由啟引師指定你要感受呼吸流動的方式。

第二階段：由它去

接著，你要去體驗的是，讓咒語變成為僅僅是個字語的念頭。在喜馬拉雅傳承中，所謂持咒，首先要忘卻咒語是文字，接著要將字語轉化成振動。

第一步，先學會做閉住嘴唇持咒。第二步，持咒時連舌頭也不動。第三步，不要讓自己在其他的言語器官中（比如喉嚨）持咒。

這是個一步步消除的過程。你會發現，一旦不能維持放鬆的狀態，或是起了干擾的雜念時，咒語就會跑進言語器官。即使發生這樣的情形，就讓那個字語的念頭自己在心中生起，無論它是什麼速度，無論它的次數多少，重點是你要覺得輕鬆、自然就好。此時，你不用去注意呼吸。如果你在啟引前就已經好好練過，就算你不去注意呼吸，它仍然會保持橫膈膜式呼吸，保持平順，不急促，不中斷。如果做不到的話，表示你的呼吸還沒有練好，你必須繼續練習。此時，你仍然偶爾要觀察一下呼吸流動的情形，因為它能顯示出你是否仍保持在專注的狀態。

持咒功夫有所提升的轉折點是微妙的，它是發生在當你停止去「做」持咒的時候。咒語不是「你的」念頭，也不是你「做」出來的。咒語是「心念之精髓」（manaso retaha），是上師心識之一滴，種入了你的心識。咒語將你和整個傳承連結起來，所以你只要放手，傳承自然會接手。經歷了前面在心中作意持咒的第一階段之後，這個階段就讓咒語自己浮上來，你只要觀察它在現前；由它去。如果你繼續用自己的意志去做持咒，就會擋住神意或上師意在你裡面作用。所以，讓咒語自己來到，你唯一要作意的就只是去觀察它在現前。於是，覺知咒語現前便成為真正是在持咒。

第三階段：深化

要深化咒語，請先瞭解什麼是心。目前你對「心」這個詞的印象，只限於它提供粗顯和動態念頭的一面。但心不是只有一個層面。心有很多、很多層面，各有不同的振動頻率。因此，在我們稱為「心」的這個力場裡面，層面越深就越微妙。

一般人的印象認為，心是那個用來思想具體念頭的東西；但是這種看法實在連最淺層的心都不算，那只不過是大海的幾股拍打著沙灘的波浪而已。在沙灘上玩耍的孩子，對大海的認識僅止於拍打著沙灘的浪潮。同樣地，我們對「心」這個大海的認識，也僅限於那些具體念頭浪潮所發出的雜音。但是海洋的深度可是大得多了。在菲律賓以東太平洋中的馬里亞納海溝，是海洋最深的地方，深度達三萬五千英尺。如果將世界第一高峰珠穆朗瑪峰沉入馬里亞納海溝中，峰頂會在水面六千英尺之下。從沙灘到那樣的深度，會是一段漫長的旅程，要潛得非常深。

對潛水者而言，海洋分為很多「溫層」，每個溫層中海水的溫度，和上面較淺的一層以及下面更深的一層，都會不同。當潛到兩個溫層交界的深度時，人會突然感到身體有一半是在較低的溫度區，而另一半則是在較高的溫度區。

潛入心識的大海洋也一樣。在心的深層區域，振動頻率會逐漸高過淺層區域的頻率。每一個心層內的念頭或字語，都會以這個心層的頻率在振動。當你潛入心的更深層——或者說更高層——咒語自動會變成更高的振動頻率。你要持續觀察自己此時所處的層面，然後穿越它，進入下一個深度。

靜坐時，無論去到哪個階段，能持續觀察到自己所在的狀態，就是一個能讓你得力的祕訣——覺知那個階段的心的層面。此刻你是醒著的；但你不覺知自己是醒著的。當你在作夢時，你不覺知自己正在作夢。當你睡著時，你不覺知自己正在睡覺。若能覺知，這些狀態便成為進入神性意識的臺階。

* * * * *

到此我們應該重溫上述三個階段，更要精益求精：作意持誦咒語，讓咒語的記憶自已浮現，深入聆聽咒語。在每一個階段，似乎都會有些別的念頭和影像同時跟著咒語跑出來。在仔細觀察自己的心念之後，我發現了這可分為兩種不同的現象：

一•咒語和其他的念頭好像是同時起的，但實際上兩者是斷續交替的。比如，「咒語—我飛機航班是幾點—咒語—聽見鄰居除草機的聲音—咒語—這裡的噪音實在太多。」可是因為心念活動的速度太快，我們沒有意識到這些念頭是斷續交替發生的。解決之道，是不要讓呼吸之間出現停頓，還要下決心讓咒語連續不斷：咒語—咒語—咒語—咒語。例如你可以決心在未來的一分鐘之內，除了咒語，不准起其他的念頭。

你不妨現在就試試看。試一分鐘。只要坐著，身體放鬆，讓呼吸安穩下來，對自己說：未來一分鐘之內，除了咒語外，我不會起其他念頭。現在開始。

一分鐘後，讓咒語持續保持在心中，再慢慢睜開眼睛。

用這個方法，去訓練自己的心，一次一分鐘。只要專注夠強、夠深，那個一分鐘可以等同於十分鐘靜坐的效果。靜坐的關鍵不是時間的長短，而是靜坐的強度與深度。你就用這個方式，每次決心做一至二分鐘，漸漸地你就可以合上呼與吸之間的缺口，以及咒語和咒語之間的缺口。

二・咒語的確會與其他念頭同時進行。但是，其他念頭是發生在心的某一個層面，而咒語則是在另一個層面振動著。在海洋的表面，海浪正拍打著沙灘發出聲響，但是十英尺以下則是寂靜無聲。你必須把注意力從表面移到這個較深的層面。你要運用觀察的原理，當你觀察到較深的層面時，表面的波浪並不會平息，只是漸漸變得無關緊要。

我們每進到一個新的層次，都會遇到前所未有的干擾。當念頭才停了下來，影像就起了。當影像也停了（如果你能克服這個階段的話！），某種形態的心境及情緒就來了。到這裡，有的人會開始哭；有人想笑；有人感到憤怒；有人則覺得恐懼；有人性慾亢奮。當任何一種這類的心境情緒產生時，你需要去找有經驗的教習師求教，因為你正到了一個很可能走錯方向的地步。例如，有的人到了這個地步會說：「我開始感到恐懼，所以我不敢再靜坐下去。」這些問題是有對治解答的，一位訓練有素的教習師可以領導你度過這些階段。

第四階段：靜止

靜坐的第四階段，如果你做到的話，是內心能有五秒鐘的絕對靜止。大多數人都做不到超過一秒鐘的絕對靜止。你進入寂靜之室，心就變得好像是座水晶之湖，沒有一絲漣漪。接著，從那靜默的片刻中，有一絲漣漪，那是你咒語的漣漪所起的振動。讓它保持那個高頻率，此刻它幾乎不成字語，但又不是字語，僅僅是個振動。此後，你持起長咒來也不用花上很多時間。到了這個地步，你才會知道持咒原來是門非常微妙而細緻的藝術。

不同人所經驗到的那種靜止狀態會有所不同。有的人覺得此刻內心有如一片廣闊的原野。有人到此進入了渾然忘我的境地。有人會不覺時間飛逝，不知道自己坐了多久。

有人或許會認為：「啊，我到了最終極的平靜。」但這種靜止狀態還不是最終極的靜止。它不過是波浪停止了拍打海灘。然而，心印的暗潮依然活躍。當那種靜止到來時，藏在我們生命微妙深處的那些經驗也隨之而起。有的人可能會看見一道光，但不是所有的光都是靈性之光。它可能是生命能量（prana）的光。也可能是身體的熱轉化成你所經驗到的光，甚至有可能是某些比這還要不如的東西。

覺識中心

有些個別的情形下，啟引師在第一次啟引之際，就會指定學生將咒語的音節，或是其中某幾個音節，置於某個覺識中心。例如，假設受啟引者所領到的個人咒語是「namah shivaya」，在持誦整句咒語時，每個音節所對應觀想的覺識中心有可能會是：

上升，呼氣	
音節	覺識中心
na	會陰部
mah	肚臍
shi	心
va	喉
ya	眉心

下降，吸氣	
音節	覺識中心
na	眉心
mah	喉
shi	心
va	肚臍
ya	會陰部

實際持誦時，並不是像前面所顯示的那樣斷開，而是要用呼吸將音節連續，將脈輪串連起來。

然而，大多數的情形是要等到咒語完全吸收之後好幾個月或好幾年，才會指定受啟引者該專注於哪一個覺識中心，用什麼樣的方法去觀想那個地方某種能量的形態和力道。

或者，如果受啟引者的覺識已經能夠承受的話，會指導他開始昆達里尼修練。如今很多人喜歡去玩弄他們所謂的昆達里尼，但如果不知道使用正確的咒語，也沒有受過如法的教導該怎麼專注，很可能會造成自己身體乃至精神上的傷害，因為能量是要由音聲所形成的咒語來導引規範。

要精練心中持咒是有很多方法的。只要受啟引者能發心精進，維持和啟引師之間的連結，就會陸續學到更深的方法。

靜坐時間

在固定的時間靜坐，是成功的一大祕訣。保持固定的時間。這關乎決心（sankalpa）是否堅定。除了那個固定的時間一定要去靜坐之外，一天當中不論你在何時何地，五分鐘也好，兩分鐘也好，甚至一分鐘都行，把你的心放在咒語上。不過，有些典籍則允許例外的情形，它們說：「為了解脫而持咒的求道者，則沒有規定的時間。女性也不受時間限制。」（mumukshunam sada kalah, strinam kalascha sarvada.）所以，還是有自由的。不過，這並不是說你可以不用保持固定的靜坐時間，而是說你時刻都要在靜坐狀態中——不論你在做什麼，心中持咒總是不停。

咒語自轉

凡是得自瑜伽傳承啟引的人會發現，理想而言，不需要去「做」咒語，而是應該學會「由著」咒語。當然，我們還是常常需要去「做」咒語，但是在其他時候我們只需邀請它、啟動它來到，讓咒語在心中自行起來及進行下去。有很多時候，連啟動、連邀請都不需要。你在夜半時分醒來，發現咒語在進行中；你如廁時，咒語在進行；連你在愛人的懷抱中，咒語也依然在進行。

學習聆聽咒語在自心中，然後忘情聆聽即可。

在瑜伽傳承中，咒語被稱為「種子」（bija），種子播在心地中，是上師心識之一小滴播入了弟子的心識中。因此，咒語往往自有主張。就算你從現在起，六年乃至十年都不再持你的咒語，到了某個點它就會自己跑出來。瑜伽的傳承有種說法，給你的咒語會一直跟著你，連死後也不分離。我們傳承所教授的「死亡藝術」[2]，則是要訓練大家在必須離開這個肉身的那一天到來，當我們步入死亡時，咒語能伴著我們。

淨化

咒語是為了要穿透心印的重重紗幔與垂簾，不只是為了對治既有的心印，也為了防止產生新的、該避免的心印。

心印是過去所有行為留下來，被儲存在心的無意識中的印記。用帕坦迦利《瑜伽經》的話來說，咒語是要①防止產生煩惱、不善的心念（klishta vrittis），②培養並保持一個單一的非煩惱、善的心念（aklishta vritti），③所以能夠有「淨化」（shuddhi）、「布提」（buddhi，喚醒純潔悅性的覺性）、「悉地」（siddhi，持咒的成果，超凡能力），以及——由於天恩或是業力成熟——「解脫」（mukti）。

我們必須要穿透心印的維幔；穿透「五身層」：肉身層、氣身層、意身層、識身層、樂身層；穿透「三身」：粗身（sthula-sharira）、細微身（sukshma-sharira）、因緣身

---

2 在斯瓦米拉瑪為斯瓦米韋達的著作《禪定與死亡之道》（*Meditation and the Art of Dying*）所寫的引文中，斯瓦米拉瑪對瑜伽傳承所教授的生死之道（The Art of Dying）做了更多的解說。同時可參閱斯瓦米拉瑪所著《神聖之旅》（*Sacred Journey*）中，標題為〈戰勝死亡〉（Mastery Over Death）的章節。

（karana-sharira）；進到布提的最深層。若能更超越了布提，就連咒語也去不到，到了那一點，就要捨下咒語了。

念珠的使用

不同的咒語可能需要使用不同材質的「念珠」（mala）。有的啟引師會建議學生配戴某一種念珠，在持咒時則使用另一種念珠。這都是學生與啟引師之間的私事。

較大顆珠子所串起來的念珠會讓你持咒的速度變慢，你從一顆珠子轉到下一顆珠子可能就要用上兩秒的時間。大顆珠子的念珠只適合配戴之用，持咒時最好使用較小顆珠子的念珠，而以珠子與珠子間打有小結的念珠為佳。

使用念珠是否有必要？持咒可以有兩種不同的方式為之。兩種皆有其助益。一種是要借助使用念珠來養成持咒的紀律，為自己立定目標：「我要持咒（多少）遍。」在從事持咒時，在某個遍數以內藉著使用念珠來維持基本的紀律，使習慣成形。接著便放下念珠，在心中做剩餘的遍數。好好體驗進入那微妙深度的歷程，將念珠放下，進入心中，再深入，更深入，更深入。

修咒

我通常都會建議剛接受啟引的人，隨即開始著手「修咒」（purash-charana）。這個梵文字面的意思是「向前邁一步」。比方說，剛開始修咒時，可以定下要使用念珠持咒十二萬五千遍的目標。此後咒語就會成為一種慣性，已經被吸收入心。你先要找出自己每持一串念珠持誦需要多少時間，然後決定一天共有多少分鐘可以用來進行修咒，就能定出你每天需要做幾堂修咒。其中至少有一堂要在固定的時間進行，其他則可以彈性依自己時間的限制去安排。

當你如此持咒完成了十二萬五千遍，告訴你的啟引師，他會建議你是否需要繼續用同一個方式做下去，還是要換一個方式。在你修咒的過程中，啟引師可能會指定你：

- 持咒時要使用特殊的呼吸法
- 持咒時觀想某一個脈輪（覺識中心），有時還會再加上
- 某種觀想，或者在心中做某種儀式。

啟引師也可能指定要你特別去做「修行五柱」（詳見〈第7章靈修五支柱〉）其中的

一種：

- 靜止
- 齋戒
- 靜默
- 禁慾
- 伏眠（不同程度地克服睡眠）

你要和啟引師保持連繫，以得到這部分的指導。每年試著挪出三天、五天、七天、十天，或一整個月和外界隔離，去享受密集持咒和守靜的自由。[3]

3 例如，本傳承在印度瑞斯凱詩（Rishikesh）有兩個道院，是進行這種靜修的理想地點。

深化咒語靜坐的助益

當身體疲累時，心也會變得遲緩，因為心的能量，部分是取自生命能量。當生命能量是以緩慢的頻率和不規律的模式運行時，心也會變得遲緩而不規律。因此，對於提升修行心切的人而言，休息是最重要的一件事。休息不只是要有足夠的睡眠，還要能用攤屍式做有意識地休息，逐步進展至瑜伽睡眠法的修練。休息也意謂著要能在日常忙碌的活動中，訓練出心能夠經常處於休息狀態，才不會讓這些活動消耗過多的身體能量。靜默能提供最佳的休息效果。

然而，單靠休息是不夠的。我們還要經由肢體的瑜伽練習去啟動、校正生命能量，讓生命能量和諧地流動，進而轉化為較高的振動頻率。當你做了哈達瑜伽，生命能量被啟動之後，要接著做放鬆法和其他攤屍式的練習，然後坐起身進行鼻孔交替呼吸法，進一步平衡左右能量之流。

我們也需要在日常生活的各個方面訓練自己。《瑜伽經》所列舉的夜摩戒律（yamas）和尼夜摩善律（niyamas），例如非暴（ahimsa）、不放縱等，都是情緒淨化的準則。如果不然，我們的情緒會製造出許多雜亂無章的念頭，既會讓心變得遲緩，又會消耗身體能量。情緒淨化本身就是個很重要的修行法門，是另一個大題目，要和持咒的修行法門同步進行。情緒淨化的修行，是終身要努力精進於自我觀察、自我淬鍊。人往往被情緒所困，使得我們的靜坐無法進步。不過，你持咒越是精進，情緒也會開始緩慢地淨化，反之亦然（精進於情緒淨化，也能提升持咒功力）。

以前的咒語該如何處理

在印度，在咒語啟引之前或之後，人們常會問：「我以前領到的咒語該怎麼辦？」在西方和印度，人們都習慣接受許多啟引。西方人只是因為喜歡嘗試這種或那種咒語，或是這位、那位老師，想多方體驗，所以會接受多次的啟印。印度人則以為如果能累積許多的啟引，就會增進他們的聖潔或神性。對於這兩種心態，我們的回答是，接受許多啟引，就像是有很多個妻子或丈夫，只會造成分心。咒語的目的是要讓心力能集中，咒語一多反而幫倒忙。

印度宗教傳統十分注重儀式，有著繁複的祭祀儀軌等，會誦唱許多的咒語和誦禱。這些都屬於外在的作為。許多密法典籍中，除了關於儀軌的規範以及關於日常生活紀律的規範等章節之外，通常還有所謂的「瑜伽章節」是關於內心行持的規範。外界很少人熟悉，更不用說精通我們此處所描述種種關於咒語內在的意涵以及咒語的修持。所以他們只能用外在的行為來滿足自己。基督教或猶太教的教堂中所做的外在儀式，比如祈禱和唱頌聖歌，和印度人去廟裡朝拜的行為一樣，都是在滿足信眾的需求。兩者間除了細微的文化環境不同外，概念是一樣的。

在印度，咒語的授予、接受或持誦，有許多不同的方法。以下列舉常見的幾種。如先前所說，它們都是外在儀式的一部分。

一・教士／祭司給予的咒語

比如，某些種姓的人到了一定年齡，會由祭師為他授予〈蓋亞曲神咒〉（Gayatri）。此後，領取咒語者在有生之年會盡可能地持誦〈蓋亞曲神咒〉。

二・祭司或占星家給予的咒語

有的人想開始採取某些靈性的生活方式時，會去向祭司或占星家求教並被授予咒語，我在國外的印度人社區中也曾經看到這種情形。那麼，祭司和占星家是如何選擇咒語的呢？這有多種不同的方式。

①運用數字學（angka vidya），這是印度非常古老的數字科學，主張數字與字母有著極密切的對應關聯性。這個傳統也存在於猶太教，他們全面分析了希伯來文聖經的內容，以數字學解讀音節，發現了例如預言的密碼等等。占星家會用姓名或生日的數字，來決定應該給予什麼樣的對應咒語。

②有別於現今的西方，占星學在印度不僅僅是提供預言的學問。如果占星家不懂化解的方法，是沒有人會去求教他的。因為，既然能根據星象位置做出預言，也表示該力量是可以改動的。所以如果某個星是落在災位，占星家就會告訴你適合用何種咒語來化解，以及該搭配某種拜祭之類的行為。這要視個人的星座來決定該召用何種力量來抵消該星座的缺陷，或是去強化另一個星座的優勢。

③通常不屬於任何宗教的祭司會詢問受啟引者：「哪一位是與你最相應的神明（ishta devata）？」有的人會選家族所信奉的神明；有的人則會選一位他們最喜愛的神明。祭司會根據受啟引者的回答，決定給予適當的咒語。

三・從家族傳承而得的特定咒語

家族內的咒語是由父親傳予兒子，母親傳予女兒。有時，媳婦也會因婚姻而從婆婆那兒受領夫家的家族咒語。在印度人的觀念中，兒子是父親的延續，媳婦則是婆婆的延續，因為女兒並不會延續自己雙親的家庭，她在婚後成為夫家的延續。所以，很多新娘在結婚時會改用一個新的名字，許多女性則是在結婚時從婆婆或是從新家庭的祭司處得到咒語。

四・教派咒（Sampradaya）

這是每個人從各自不同的宗教教派所得的咒語。有個故事說，聖人羅摩努闍（Ramanuja）從他的師父阿闍黎南比（Acharya Nambi）受傳得到咒語。阿闍黎（Acharya，意思是大師）說：「咒語不可以對他人公開。」但羅摩努闍卻爬到屋頂上對著全世界喊出他的咒語：「om namo bhagavate vasudevaya，我收到如此珍貴的寶貝！」阿闍黎十分不悅，對他說：「我告訴過你要保守祕密！」羅摩努闍回答：「收到這麼珍貴的寶貝，讓我想要跟每個人分享。」所以，他那個傳承的每一個人都有相同的咒語。另外，有個柴坦尼亞・瑪哈帕布（Chaitanya Mahaprabhu）傳承，每個人的咒語也都相同。這就如同成為基督徒之後會領受〈主禱文〉（Lord's Prayer）一樣。

現在，假設你已經領受了某種教派咒，那是你所屬教派使用的咒語；或者你在做某種儀式時，就要唱誦那種儀式所規定的咒語。究竟這些咒語和瑜伽修行者的傳承有何不同？無庸置疑，每種傳承都有各自的靈性力量，只不過他們的重點是其所崇敬的那種形態的神明，咒語不過是用來引導你趨近於所崇敬的神明。

在瑜伽的傳承——首先我們必須要明白——啟引師是使用直覺為人指定咒語。經過特殊授權能給予「咒語啟引」之人，必須要學會進入到一個精神狀態，能夠以直覺去接收所要傳授的咒語。這是為了要將個人的心理衝突降到最低程度，以及由專注來統一心念場。瑜伽傳承所給予的啟引咒語，不是為了儀式慶典的用途，而是為了要融入自己的內在；是為了如前所述：要穿透「五身層」以及「三身」的重重布幔；直到咒語達到如同《希瓦經》（*Shiva-sutras*）所言「心即咒」（**chittam mantrah**），整個心都成為咒語的地步。再進一步，到了「無心瑜伽」（**a-manaska-yoga**）的狀態時，不只咒語放掉了，連心也放掉了。

我們還沒回答該怎麼處理之前收到的咒語。如我所說，瑜伽傳承所給予的咒語，是為了要融入自己的內在。如果你已經有了自己所屬教派或家庭的咒語，當你要做禮拜祭祀等外在行為時，就繼續持誦適合在那個儀式中所使用的咒語。這完全沒有問題。你唱誦這些咒語，不論是教派咒語、家庭咒語，或是婆婆傳給媳婦的咒語，是用來榮耀他們，表達敬意的。就像你買了一件美麗的珠寶，你不會將舊的珠寶就此丟掉，而是會把舊的和新的一起收藏。但這些咒語都不是你日常靜坐中要使用的咒語；它們的用途不同，是為了讓你和你所屬的教派連結，讓你家族的傳承延續，為了做外在的禮拜和祭祀的儀式。這都是可以的。

因此，如果你除了從瑜伽傳承所領到的上師咒語（**guru mantra**，就是啟引咒語、個人咒語），還有其他的咒語，甚至你的啟引師要你做某種特殊練習而給你的新咒語，每當你坐下開始靜坐時，進入你的內心，把你所有的咒語默誦一至三遍，用以憶持它們、向它們致意。默誦五遍、十一遍更好，甚至可以在結束靜坐時再次默誦它們。但是，你每天那次主要的靜坐──以及你一天中的其他時候──所持的咒語應該是你個人的上師咒語。在瑜伽的傳承中，你應該要學會能分辨，什麼是能公開持誦的咒語，什麼是該隱密的、在靜坐時使用的咒語，以及它們各自不同的目的用途。

如何快速持誦長咒

常常有人提出一個問題，如果個人的時間不充裕，如何能在有限的時間內最有效地持誦長咒。比方說，許多人持像是〈戰勝死亡咒〉（Mrityunjaya）或〈蓋亞曲神咒〉的長咒，一串念珠（一〇八顆珠子，每完成一遍咒語撥動一粒）就要用上半個小時左右的時間。用這樣的速度，如果要進行前文所提到最起碼的「修咒」，也就是持咒十二萬五千遍，外加百分之二十的次數[4]，豈不要花上幾年的時間？所以該怎麼去持這類的長咒才能節省時間？

●唯半原則

有一種原則叫做「唯半」（ardha-matra），也就是半個 mora。一個 mora 指的是人們發出一個短母音所用上的時間。現在，我們要學會只用一半的時間來發音。我們在此說的不是用嘴巴發音；甚至也不是說使用發聲的器官但不發出聲音。很多人在默持咒語時，即使嘴唇緊閉，仍會用到發聲器官，比如喉嚨、喉頭，或者會動到舌頭。在口中快速持咒，只會增加緊張感，無法達到深入靜坐的目的。

唯半的原則，只有在我們知道了心的本質並不是只限於一個層次，才能明瞭。心由許多、許多層次所構成，它們分別以不同的頻率振動著。我們所謂的心，是一整個能量場，越深的層次，就越微妙，層次越深，心念的頻率就越高。每深入一層，心念振動的頻率就倍增。

根據密法的教導，要將咒語精益求精，共有九級層次。也就是在進入第一層時，持誦咒語一遍所需要的時間會減半，到了第二層會再減半，成為原本時間的四分之一。類推如下：

$$\frac{1}{2}\quad\frac{1}{4}\quad\frac{1}{8}\quad\frac{1}{16}\quad\frac{1}{32}\quad\frac{1}{64}\quad\frac{1}{128}$$

4 參閱本書〈第6章特殊咒語〉。

$\frac{1}{256}$ $\frac{1}{512}$

（譯按，根據斯瓦米韋達在《咒語與禪定》（*Mantra and Meditation*）書中所說，一般人持咒純熟，在心中默誦一次咒語所需要的時間，功夫高的人只需要一半時間即可。如此層層減半，到了最高明的瑜伽大師，最快只需要五百一十二分之一的時間。換言之，常人持咒一遍，同樣時間內大師可以持咒五百一十二遍！而這層層減半以第九級為極限，因為「九」是數的極限。）

即使是在生命能量和覺識最微妙的那一點所在，在「頂輪」（sahasrara chakra，又稱千瓣輪）內，在那千道光芒最高的中心點，甚至在那個「點」中，裡面都分九層。這一切都是那唯半學問的一部分。你從發一個短母音所需要的時間開始，不，是從你在心中記住一個短母音所需要的時間開始，然後將之減半，再減半，再減半，它的振動頻率就越來越高。

●默默在心中下決心

當你坐下來要靜坐時，讓心中起一個「決心」（sankalpa）之念，默默下個決心。不是大聲地下決心，而是非常、非常安靜地下決心。像是當你決心要去愛什麼人之時所感覺到那種堅定、安靜的意念。就只需要用那個方式去覺知內在的那個。在靜坐的每個步驟中、每個狀態中、每個階段中，都不斷重新下這個決心。不是一次就下決心去爭後面半個小時，而是一次一分鐘、一次一分鐘地下決心。不要用：「我絕不允許……」如此嚴厲的語氣，而是溫柔地告訴自己：「在未來一分鐘以內，不會生起任何打擾我的念頭；我只去感受自己均勻的呼吸之流。」如同我們在前面學過的「一分鐘、一分鐘靜坐法」，決心未來一分鐘內，呼吸之間不要有停頓。

現在請讀者試著默默下決心：「未來一分鐘內，不要有任何干擾的心念進來。」

剛才那一分鐘如何？好，現在你心中再下一個決心：「未來一分鐘內，心中只有我的個人咒語，不會有任何干擾念頭進來。」讓你的咒語像一波又一波重複的心念之浪來到，在未來的一分鐘內，那波浪中不雜有任何干擾念頭。

現在，再次在心中下決心，未來的一分鐘內，不會有干擾的念頭進來；你只去感覺你的咒語，以及鼻孔中呼吸的流動。

現在，保持這種心念的狀態，默誦兩遍〈蓋亞曲神咒〉。下決心，在這一分鐘內重複這個〈蓋亞曲神咒〉兩次，不會有別的念頭進來。現在開始：

om bhur buvah svah
tat savitur varenyam
bhargo devasya dhimahi
dhiyo yo nah prachodayat

在那一分鐘內，如果是瑜伽士，因為他能進入高頻率的心念，就可以複誦二十一遍或更多遍的〈蓋亞曲神咒〉。

現在，試著去持誦長咒語，即使文字與呼吸同步都可以，將整個咒語分幾次呼吸持誦一遍。以「om bhur buvah svah」這個片段為例。先做一遍，看看需要多久。對於剛開始練習之人，在一次呼氣中只做這個片段，不必在乎能重複幾遍。以同樣方式，再去練第二段「tat savitur varenyam」、第三段「bhargo devasya dhimahi」，和第四段「dhiyo yo nah prachodayat」。跟先前練習短咒語時一樣，每一段在做的時候都要下決心不讓任何干擾念頭進來。干擾念頭不僅會將你帶入較低頻率的淺層心念，同時，它又會在咒與咒之間岔進來，讓你持咒的速度慢下來。因此，我們先學習用連續的短暫決心、短暫決心來摒除干擾念頭。你要記住自己在那一分鐘、一分鐘期間進入較高頻層次時所體驗到的狀態，不斷運用那樣的狀態。慢慢地，把決心期間延長到兩分鐘、三分鐘，等等。

●整個咒語一次全部閃現

現在完全放鬆。讓你的呼吸靜下來。讓你的個人咒語進入心中。不要讓咒語一個字、一個字或一個音節、一個音節地進來。要讓整首咒語成為一個單元，一次閃現，就好像你的心是一片澄澈天空，有一顆明星在閃爍、閃爍、閃爍。

現在，讓〈蓋亞曲神咒〉的第一段用這個方式閃現。接著，讓這咒語的第二段閃現，然後是第三段。接著是第四段。每一段變成一個單元。

現在，讓第一、第二段變成一個單元，一次同時閃現。

換第三、第四段如同心念的波浪一般閃現。

現在，整個咒語一次閃現。

用這種方式去練習，你的心將慢慢地學會進入較高的頻率層次，你的功夫就會進步。

●以心觀心

要深入靜坐以及學習持誦長咒語，還有一個祕訣，就是觀心。讓心去觀心。觀察咒語在心中。目前你用來體驗念頭之波的心，只是全部心識的一小部分。心識的其他部分都在四處遊蕩，而我們其實應該要把那個部分的心用來觀察；然後，慢慢地，作為者與觀察者會合而為一。接受啟引專注於某一個脈輪的人，會發現該脈輪內有某些振動，就能學會把自己的意識融入其中。靜坐時，沐浴在那份恩賜中，徹底歸伏。你單靠一己之力是無法得到完全的平靜和開悟。你一己之力只能淨化這個容器。將你的身體、氣、心識全部放下，上師靈才會進來，所以上師靈能觸碰你的心，讓你的心成為上師靈的坐墊，讓上師在你心上靜坐。

不過，只靠研讀這裡所描述的「技術方法」，是無法練出成果的。你要找到一位合格的教習師單獨為你，或是在一個小團體中，將這個「振動」傳給你，幫你打開內在的某些門戶。

我們用〈蓋亞曲神咒〉所做的練習方法，也同樣可以用在〈戰勝死亡咒〉或其他的長咒上。

願你潛入心識的最深層，進而超越它。願神賜福予你，Om。

兩組咒語的靜坐練習

●練習一：持咒靜坐

一・坐姿：保持頭部、頸部與身體呈一直線，脊椎挺直。

二・將你的心從其他地方收回來，就只覺知你此刻所坐的地方。

三・將你的心從其他空間收回來，就只覺知你身體從頭到腳所占據的這個空間。覺知你的整個身體，從頭到腳。

四・將你的心從其他時間收回來，就只覺知現在這個時間。你的覺知放在此時、此地。

五・放鬆你的額頭，放鬆你的眉毛和眼睛，放鬆你的鼻孔，放鬆你的臉頰，放鬆你的下顎，放鬆你的嘴角，放鬆你的下巴，放鬆你的頸部，放鬆你的肩膀，放鬆你的上臂，放鬆你的前臂，放鬆你的手，放鬆你的手指，放鬆你的指尖。呼吸的時候，感覺你的呼吸好像一路流到指尖。

六・放鬆你的指尖，放鬆你的手指，放鬆你的手，放鬆你的前臂，放鬆你的上臂，放鬆你的肩膀，放鬆你的胸部，放鬆你的心窩部位。輕輕地呼氣、吸氣，緩慢、平順地呼吸。

七・放鬆你的胃部，放鬆你的肚臍，放鬆你的腹部，放鬆你的大腿，放鬆你的膝蓋，放鬆你的小腿肌肉，放鬆你的腳，放鬆你的腳踝，放鬆你的腳趾。現在，呼吸的時候感覺你的呼吸流經整個身體，從頭頂到腳趾，輕柔、緩慢、平順地流動。

八・放鬆你的腳趾，放鬆你的腳，放鬆你的腳踝，放鬆你的小腿肌肉，放鬆你的膝蓋，放鬆你的大腿，放鬆你的腹部，放鬆你的肚臍，放鬆你的胃，放鬆你的心窩部位，放鬆你的胸部，放鬆你的肩膀，放鬆你的上臂，放鬆你的手肘，放鬆你的前臂，放鬆你的手腕，放鬆你的手，放鬆你的手指，放鬆你的指尖，放鬆你的手指，放鬆你的手，放鬆你的手腕，放鬆你的前臂，放鬆你的手肘，放鬆你的上臂，放鬆你的肩膀。保持脖子正直，放鬆頸部肌肉，放鬆你的下巴，放鬆你的下顎和嘴角，放鬆你的臉頰，放鬆你的鼻孔，放鬆你的眼睛和眉毛，放鬆你的額頭，放鬆你心念盤踞之所在。保持呼吸輕柔，呼吸時好像你的呼吸流經全身，從頭頂到腳趾，輕柔地、緩慢地、平順地。

九・觀察你胃部和橫膈膜肌肉輕微地起伏。觀察這些部位在你吸氣時如何輕微地放鬆，又如何在你呼氣時輕微地收縮。觀察這個部位是隨著你呼吸輕柔的韻律而活動。

十・保持橫膈膜式呼吸。

十一・讓你的咒語以最容易、自然、舒服的方式進入你的心識中。呼氣、吸氣。讓咒語以它自己的速度進行。如果咒語和呼吸同步，就讓它同步，或者就僅僅讓心用最容易、自然、舒服的方式去憶持咒語。繼續感受橫膈膜式呼吸。

十二・感受呼吸在鼻孔中的流動和磨觸的情形，保持呼吸輕柔、緩慢、平順。呼吸不要出現停頓，不要有喘動，也不要發出聲音。繼續感受呼吸在鼻孔中流動和磨觸的情形。讓咒語以它自己的步調進行，隨它自己去調整、去適應呼吸，不論是每次呼吸有幾遍咒語，或者將一遍咒語分成幾口氣，都由它去。保持如此的呼氣、吸氣。

十三・如果你的心開始遊蕩，就檢查自己的脊柱和頸部是否彎曲，輕輕地調整回到正直姿勢。放鬆你的腹部、胃部、胸部和肩膀。放鬆你的下顎，放鬆你的前額。提醒自己保持橫膈膜式呼吸。

十四・再次在鼻孔中感受你呼吸的流動與磨觸的情形。持續讓咒語自己進行，隨它自己去調整、去適應呼吸，不論是每次呼吸有幾遍咒語，或者將一遍咒語分成幾口氣，都由它去。

十五・現在不要管你的呼吸。讓你的咒語以容易、自然、舒服的方式進入你的心中。讓你的心去憶持咒語。一遍又一遍重複。

十六・觀察你的心在憶持咒語。

十七・心念不要離開咒語。放鬆，放鬆，放鬆。讓心一遍又一遍憶持咒語。

十八・現在放開持咒語的念頭。一切都放下。心中只有一片寧靜、靜止、靜默。

十九・從這個安息的靜默中，讓你的咒語再度浮現。感覺它的脈動，脈動，脈動。

二十・再一次感覺你鼻孔中呼吸流動與磨觸的情形，你的呼吸和咒語好像融合成為一條寂靜的溪流，流經你的靜默之池。

二十一・觀察呼吸的流動以及咒語的存在。

二十二・繼續保持對咒語的覺知，輕輕用你的雙手罩住雙眼。保持對自己內在的覺知，慢慢地在掌中張開雙眼。感受那內在的平靜之樂，然後慢慢將手放下。願神祝福你。

●練習二：一分鐘、一分鐘的咒語靜坐練習

首先，利用呼吸將身體以鼻子為準來擺正，接著做橫膈膜式呼吸。

練習的重點，在於能決心在一或兩分鐘的片段內，只專注於某個特定對象，而不讓其他的雜念進入心中。現在，決心自己將如此去做：

一・感覺呼吸，好像是用整個身體在呼吸，從頭頂到腳，如此呼吸一**分鐘**。

二・在肚臍中心，感覺呼吸一**分鐘**。

三・感覺肚臍與鼻下人中頂點之間有條通道，呼吸在其中上下流動，一**分鐘**。

四・感覺呼吸在比較通暢的那一側鼻孔中流動，一**分鐘**。

五・感覺呼吸在比較不通暢的那一側鼻孔中流動，一**分鐘**。

六・感覺呼吸同時在兩個鼻孔中流動，**兩分鐘**。

七・感覺呼吸在人中頂點與眉心之間的通道中上下流動（就是「中脈呼吸法」），**兩分鐘**。

八・做中脈呼吸法的同時，在心中憶持自己的咒語，**兩分鐘**。

九・不管呼吸，只感覺咒語在你的眉心，**兩分鐘**。

十・覺知進入完全的靜默，**四分之一分鐘**（十五秒）。

十一・感覺呼吸和咒語同時在兩個鼻孔中流動，**一分鐘**。

十二・張開你的眼睛，保持對呼吸的覺知，並繼續聆聽咒語，**一分鐘**。

十三・結束靜坐，可以移動身體、伸展、放鬆。

第5章

修行人每日作息

哲學是空談，資訊也是徒然，唯一重要的是練習。練習其實很簡單，非常、非常簡單。

你唯一要做到的就是：有規律、次數夠、長時間、深入、放下。別的都不用。

關於靜坐

●規律靜坐

靜坐必須要保持規律，否則你是無法從中獲益的。如果三天打漁兩天曬網，到了下次靜坐時，又要由原點開始。

●靜坐次數

保持每天靜坐兩次的頻率。有規律之外，次數也要足夠。要試著養成每天靜坐兩次的規律。

●靜坐的時間長度與深度

靜坐的時間長度，可根據你的時間、意向、體能和心理狀況來定。如果你靜坐兩個小時卻不能真正地靜坐，反而任由心思遊蕩，那麼你並沒有花任何時間在靜坐。反之，如果在這兩個小時當中，你能夠有兩分鐘的時間保持在真正的強烈專注中，而且呼吸沒有中斷，你可以算是有所進展。如果在早晚兩次的靜坐中，各有五分鐘的時間裡能夠不間斷地保持專注，你算是有所成果。否則，什麼都談不上。

●放下靜坐

然後是要放下。這是最重要的一點：要放下、深入。能夠結合了「規律」、「深入」、「放下」這三項，你就行了。所謂放下，是說你在靜坐中要放下一切，不要跟別人相比較、不要較勁、不要想完成什麼、不要想做到什麼地步，這一切都放下。只管去坐，任運自如。把你的身體放下，放鬆身體；把你的心放下，空卻所有思緒。

●修行人的財富和道德

你的財富是與生俱來的。這筆財富並不是以錢幣去計算，而是用你整個人一生的呼吸次數去計算。我告訴你，你用在靜坐狀態中的呼吸，是被善用的財富。每一次不是用在靜坐狀態中的呼吸，就像是被丟進了垃圾桶的財富，是你在把自己的鑽石珠寶、一疊又一疊的紙幣丟進垃圾桶裡。只有靜坐狀態的呼吸，才是善用的呼吸，其餘都是在浪費生命。

我對於道德只有一個定義，那就是：對你的每一個念頭、每一句言語、每一個舉動，都要自問：「這對自我證悟有無幫助？這是否有助於我達到完人境界？」如果你有信仰的話，則要問：「這是否能讓我證悟到神？」如果答案是否定的，就不是道德的，就沒有用處，就不值一顧。如果我所吃的食物、吃的方式、吃的份量，會阻礙我向那個目標前進，那麼這樣進食就是不道德的。如果從我口中說出的言語，能夠帶我前往內在靜默之中心，那就是合乎道德的言語，否則它就一無是處，就是在浪費口舌。如果累積財富、賺取金錢，能夠讓我在未來的人生可以有更多時間用於靜坐，那就不妨勇往直前，去聚集財富。否則，啊，天知道這地球上曾經有過多少富人，卻沒人記得他們。大家都記得耶穌基督，沒人記得他那時代的富翁。

每日作息建議

以下是給想改變生活模式之人的幾個建議提示。要有個作息時間表，要以正確的心態去過每一天。縱然你們不見得會照著去做，可是我有責任提點大家。

一・起床

除非你是被孩子的哭聲所叫醒，否則你應該試著用自己內心的鬧鐘叫你起床。晚上就寢時做放鬆法，放鬆法快結束、即將睡著之際，將注意力集中在腦內和心窩中心，對自己說：「清晨五點半。」「某某（自己的名字），清晨五點半叫我起床。」「五點半叫我起床，好嗎？」對你自己的名字這麼說。你的細微身到時候會將你喚醒。你可以預先把鬧鐘調到五點三十五分，這麼一來，萬一你五點半沒有自然醒來的話，還有一個外力可以幫助你起床。

在五點半醒來後，馬上從床上坐起，立刻起身，不要躺著翻來覆去，想著「再過五分鐘我就起床。」有時五分鐘會變成兩小時！你給自己兩分鐘寬限，很容易就延長成兩小時。所以，不要給自己兩分鐘或五分鐘寬限。一旦睜開眼睛，起床！告訴那個在你身體裡睡覺的人：「來，起來，坐起來。」

然後，你可以做下面的三件事情：

①在枕頭下放一面小鏡子。當你醒來，在還沒有看見別的東西或別人的臉孔前，取出這面鏡子。坐在床上，看著你自己的臉，然後收起鏡子。這是一個方法。我自小，大約從四歲半到八歲的那四年之間，我每天第一件要集中注意力的對象是我自己的臉。我最大的關注是自己的臉。早上醒來第一件事，就看著自己的臉。

②如同在靜坐結束時要張開眼睛一樣，慢慢張開雙眼，緩緩改變你的意識，從裡面出來進入這個世界，張開眼睛時，將你的注意力放在雙手掌中。試試看。閉上眼睛，將你的雙手展開像一本書一樣放在眼前，張眼去讀你的手掌，從左到右、從上到下，像讀一本書那樣。注意力集中在每一個部分，除了你目光所及的那一部分，不看其他的部分。然後，輕輕地呼吸。什麼也別想。接著把手放下。

③還有一個練習叫做「鶴式印」（baka-mudra），這是同時做到「非禮勿視，非禮勿聽，非禮勿言」的身印（譯按，這並非體位法，而是一種音聲瑜伽）。試著連續三個星期，每天早上都做這個練習。以蹲坐的姿勢在床上做（不建議在柔軟的褥墊上做）。以雙手大拇指蓋住雙耳，輕壓著耳屏軟骨；以食指輕覆在眼皮邊緣上，但不要壓迫到眼珠；雙手中指輕輕壓住鼻翼兩側，但不要壓實到無法呼吸。雙手無名指和小指

輕放在閉起的嘴唇上。保持根鎖及舌鎖。然後，傾聽你內在的哼鳴聲。每天早上，如此把耳朵、眼睛、嘴巴閉上後，坐個五分鐘，看看自己有什麼反應。什麼也不要想，除非你的咒語自然地從心裡浮現，甚至也不要去想個人咒語。保持對你所起反應的覺知，是什麼樣的聲音、景象或感覺。也許什麼也不會發生。也許你會看見鑽石，也許會看見光，或者看見色彩，或者聽到某一種奇特的聲音。不論如何，保持覺知即可。

二・祈禱

在我們印度的道院中，每天早上會誦唱某些禱詞。如果你記不住它的文字，可以只閉上眼睛，想著它的意思。

prātaḥ smarāmi hṛdi saṁsphurad-ātma-tattvaṁ
sac-cit-sukhaṁ parama-haṁsa-gatiṁ turīyam,
yat svapna-jāgara-suṣuptim avaiti nityaṁ
tad brahma niṣkalam ahaṁ na ca bhūta-saṅghaḥ

黎明時分，我念起，在心窩內閃耀之本我實性，

它是實有—覺識—至喜，是至聖所希求之「第四」，
那永恆遍及醒、夢、眠三個境地，
我即是那永恆之梵，而不是這些物質元素之合成物。

這是晨禱的其中一段。你坐在床上，對自己肯定你那純真的本性。然後對著你的手掌睜開眼睛，也就是將你的知覺官能（知根）對著行動官能（作根）。眼睛是知覺官能中最為活躍的，因此絕大部分的知覺能量是花在眼睛上；行動官能中最活躍的則是雙手。當你將自己的知覺官能對著行動官能，就是在知覺官能和行動官能之間形成一條覺知的通路。

你的床應該是硬床而不是軟的。軟床是懶人或病人睡的，是軟弱者（rogi）的床，而不是瑜伽士（yogi）的床。軟弱的人懶惰，好逸惡勞，想得禪定卻不願意付出。軟床會讓你生病，所以「rogi」也是病人的意思。你應該睡硬床，枕頭可以是軟的，但不要太高。在印度，瑜伽士是睡在木板上，有的更以石頭為枕。我自己有好多年就枕在一塊磚塊上。

三・個人衛生

以下所講的話總是會冒犯人，所以容我先表示歉意。現代社會的孩子欠缺正確的如廁訓練。我真不知道你們是怎麼教孩子的。我們是從孩子一歲大開始，就教他早上起床後第

一件該做的事就是去排便。沒有排便，你就無法完全清醒。你體內還留著前一天晚上的東西，會像廢氣一樣上升到你的頭裡。所以為什麼很多人頭腦不清，就是這個緣故。因此，早上第一件該做的事情是排便。

到了你現在這個年紀，或許要花上幾個月才能養成這個習慣，但這是值得的。如果有困難，可以喝水，喝上兩、三大杯的水，然後快速地走動，直到你養成這個習慣。現代的坐式馬桶是不健康的，除非你行動不便，最好的如廁姿勢是蹲姿，能有效對下腹施加壓力，尤其是左側的大腸部位，如此就可以好好地排除污穢。如廁後沖洗比用衛生紙好，婦女尤其要注意。

你先排便，然後才刷牙。牙刷其實不是清潔牙齒最有效的工具，但現代人都只習慣使用牙刷。在我年輕時，只有城市裡的人才知道牙刷是什麼東西。我們小時候用的是青綠的樹枝，大約和食指一般粗，長度大約和手掌相同（從中指指尖到手腕，也可以再稍微長一些）。這樹枝必須是青綠的，而且要取自某些特定樹種，比如芒果樹或楝樹（neem）。因為這些樹含有某種特別成分的樹液。一般認為楝樹是最好的。你不必自己去摘取新鮮的樹枝，在街上就可以一捆一捆地買到。我們將樹枝的尾端放入口中咀嚼，唾液因此產生。咀嚼運動對牙齦、牙齒都有好處。經過不斷咀嚼後，樹枝的根部變得像刷子，就用來刷牙。這種樹枝牙刷只能使用一次，每天早上要用一段新的樹枝。我記得多年前曾經有一個世界牙醫會議的報告說，經過實驗之後得出結論，認為這是清潔牙齒最有效的方法。

接下來是清洗，清洗你的食道和鼻腔（需要經人指導）。還沒有試過這麼做的人，應該要試試看，你會發現這是非常、非常有益的。

然後是沐浴。當然最理想的是能夠在流動的河水裡沐浴。別以為沐浴只是在洗你的身體。要感覺是神聖的母親之水流在你身上。讓沐浴成為你每一天的受洗禮。沐浴時，你應該開始唱頌。沐浴時想要歌唱是每個人與生俱來的本能，就利用這個機會進入靜坐的心態。我們靜坐就從沐浴時開始。有活力地擦洗你的身體，為它按摩。在我年幼的那個時代，即使是非常貧窮的印度人家，嬰兒幾乎是從出生那天起，母親天天會先用芥子油或椰子油為他按摩身體之後才洗澡。按摩有一定的步驟和技巧，我們自小就從母親那裡學到，所以能為自己按摩。家人間也常常會為彼此按摩，這是情感和愛的表現。

然而，按摩和另一個祈福的行為是兩件不同的事。按摩是以手掌、掌側和指尖進行。祈福是另一回事，有時候到了晚上，兒女們要對父母表達他們的敬意和愛意，或者只是想討好父母，從他們那裡得到什麼，或者我希望我的上師賜給我什麼東西，例如他那件美麗的披肩，就會去按摩父母或上師的腳。當他躺了下來，我就知道該去為他按摩雙腳。在東方，我們真正學到東西不是靠在課堂上聽講，而是從長輩的身教、從自己動手服侍學到的。我從上師那裡學到的是，如果我親自服侍他，為他代勞，奉獻給他，令他滿意的話，我會得到一些東西，他會與我分享他的想法。這也是我們從父母那裡得到東西的唯一方法。奉獻服侍，充滿愛的付出。

普通人如果能夠每星期至少做一次按摩是最理想的（譯按，此處所指似乎是家人間的相互按摩）。這並不容易，我知道。生活是忙碌的。但是，按摩後你會倍感舒暢，整個家庭也會倍感溫暖。如果你沒有時間在沐浴前按摩，就在淋浴時按摩自己的身體。有某些重要的穴道和部位是應該要天天按摩的。所以，記得在洗澡時為自己按摩，以指尖、毛巾在身體上快速擦動，喚醒每一塊肌肉，每一個毛細孔。

以不帶情慾的方式接觸別人身體，是件好事。但大多數人在觸摸他人時，會將那人的頻率帶到自己的身心中。我小的時候受過一項非常、非常特別的訓練，即使在印度也非常少見。我父親從小就不讓我把衣服掛在可能會碰到別人衣服的地方，因為你不知道會在無意間拾取到什麼樣的頻率。即使到今天，我已經周遊世界這麼多年，我還是會覺得很難安睡在別人的床上。你有同感嗎？你進入一個陌生的房間，那房間總是會給你某一種感覺。你坐進一張椅子，這張椅子就帶有一種既看不見也難以解釋的什麼。所以，每一個希望自己的靜坐能夠有所進步的人，都應該要學習如何為自己的身心做聖禮，以免太容易被別人的頻率所影響。前面提到，早上醒來第一件事是去看自己的臉，就是這同一個祕密。在印度，如果有人整天諸事不順，別人就會調侃他：「今天早上你下床第一眼究竟看到了哪一張臉？」因為你早上看見的第一樣東西，會在你的心中留下它的痕跡。所以，在洗澡時按摩自己，以指尖、毛巾在身體上快速按摩，喚醒每一塊肌肉，每一個毛細孔。就是這麼做。

四・靜坐

在按摩之前或之後，你可以加入做哈達瑜伽。我們小時候在按摩之後會做哈達瑜伽，再洗個澡，然後開始靜坐。但這些順序僅供參考。你可以根據自己的情況來安排。當你的習慣養成後，這些行為會對你的靜坐有助益。你的心思變得較為澄淨，當你坐下時，會覺得更舒服，身體比較不會反抗，心念較少會四處游移。

此時，你已經準備好要靜坐了。靜坐時，你的衣著必須是寬鬆的。非天然的材質，例如合成纖維，最好能避免，因為它們容易刺激皮膚，就會分散你的專注力，同時也不利於你毛細孔的呼吸。像棉、毛等質料都很好。然後，以你慣用的靜坐姿勢坐著。不管你靜坐的時間多長，都要將這段時間的效益發揮到最大。比方說，如果你只有五分鐘時間，就要讓這五分鐘能坐得深，不要給這樣那樣的念頭岔進來。

五・平日的作息

①早晨

做完早晨的靜坐，在吃著早餐時，請把心放在你的早餐上。感覺每一口食物，保持靜坐時的那份定靜，再保持半個小時，再保持一個小時。延續這份定靜和心情，保持對呼吸的覺知，保持對個人咒語的覺知。

然後準備出門。我個人有個習慣，我哪一側的鼻孔比較通暢，就會先跨出那一側的那隻腳。當我坐進車子裡，我會看著我的手，把自己拉近自己，我用心念在自己周圍畫一個圈。我包在自己的能量中，像蠶繭一樣。我每天要見的人、談話的人總數要以百計，我的生活毫無隱私可言，唯一能夠保持一點隱私的地方，只在自心中。當我身在人群中，如果需要的話，我能夠覺知到它。

你要學會這個本事，不管你站在哪裡，坐在哪裡，你不必感覺自己坐在一群人之中。有的人不喜歡參加集體靜坐，因為他們在人群中感到不自在。你只要在自己的四周畫個圈，用心念畫，乃至拿一點點水，將它灑在你的四周，像是用粉筆畫下的線。這就是你的屋子。讓你的心待在裡面，只有你單獨在裡面（譯按，請參閱〈第12章我的靜坐小屋〉）。

帶著自己清晨靜坐中的心態出門，搭乘交通工具到達上班地點，進入你的辦公室。任何人都不應該一早就把煩躁不安的情緒帶進辦公室。如果你有這個情形，就要改變自己的情緒。常有人對我說：「我早上在家中靜坐之後去到辦公室，突然間有一個念頭閃進腦海裡：我要辭職不幹了。」那不是靜坐帶給你的靈感，你不是真正在靜坐。如果你是帶著那份平靜的心態來上班，就能讓別人也感受到平靜，那你才是真的靜坐過了。你要帶著一點靜坐的心態出去，入到世間。當電話響起時，接起電話，用一種傳遞你內心平和寧靜的語調與人交談。同樣一個電話，你可以讓它是使你慌亂緊張的工具，或者是讓它成為一個幫對方放鬆的工具。

②中午

中午，在用餐前先放下手邊的事，做一下鼻孔交替呼吸法，可能要用到二、三分鐘。如果有人笑你，你就以笑回應：「你瞧這些人，連怎麼正確呼吸都不懂。」

③晚上

晚上回到家時，把白天在外面所遭遇的都留在門外。當你進入家中，就像再度回到一座廟宇中一樣，場景不同了，你的態度和感覺都不同。進入廟宇時，就得把這一路過來鞋子所沾到的都留在入口，而腳穿在鞋子裡是乾淨的，所以要脫下鞋子，以乾淨的腳、乾淨的步伐走進去。

晚餐過後，可以做沉思步行，在自己房間中，在你的院子中，在住家附近都可以，你要走在你心中劃下二條平行線之間的走道上。走的時候，你要選一個特定的念頭，將這個念頭一直放在心上，思索著它。這念頭可以是一個心智上的論點，可以是你的個人咒語，也可以是你一直以來所夢想的事，或者是你想要解決的某件事。帶著這個念頭步行，逐漸、逐漸你對身體的覺知變得越來越清晰，身體是放鬆的。讓那個念頭繼續留在你的心頭，不過你思索它的速度變慢了，連你身體的動作也慢了下來，你走路的步調越來越慢，越走越慢，最後你完全融入那個念頭中，然後坐下來。這就為你夜晚的心態定了調。夫妻可以一起這麼做，兄弟姊妹可以一起這麼做，整個家庭都可以一起這麼做。

晚上靜坐前，如果沒有時間沐浴的話，就可以做簡單的五浴：清洗雙腳、臉，以及雙手。先洗腳。在靜坐前，在準備做任何神聖活動前，先清洗這五個部位：雙腳、雙手、臉部，並且以手沾些清涼的水在頸背以及耳後輕拍。這幾個部位常會因為積聚緊張情緒而變得很熱，所以需要降溫。然後你可以開始晚間的靜坐。

每天晚間在你最喜歡看的電視節目之前或之後，都應該會有一段時間可以用來靜坐。最好是之後才靜坐。當然，要完全遵照這樣的作息時間是很不容易的，對於有幾個孩子的父母尤其更難；但即使只能讀上兩、三頁乃至兩、三行啟發人心引人入靜的文字，你也要找時間去做。在那字裡行間，你可能會找到某些句子能與你產生共鳴，能觸動你的心弦。也許，你好幾年都找不到這樣的句子。但是，在不經意間，你會找到那一頁。你忽然翻到某一頁，讀到某一行，某件事情的答案就在那裡。

要就寢時，你先躺著做放鬆法，然後入睡。你的呼吸狀態會告訴你，該翻向左側睡，還是翻向右側，自動轉向那一邊。

* * * * *

你讀到這裡可能會認為這些規矩也未免太多了，因而萌生退意。這也的確發生過。有位學生來上過我的課後，突然消失了。過了三年，我接到一封信，「親愛的潘迪吉（Panditji。譯按，斯瓦米韋達未出家前，他的頭銜是「潘迪」〔Pandit〕，意思是學者），我曾經上過你的課，你教我們好多要遵守的事，當時我的心態準備不足，以為自己不會再回來了。但是現在，我覺得自己已經準備好了。」如果你想的話，可以跟這位學生一樣，等準備好了再回頭。另一個辦法是，在讀完這一段之後，看看有哪些是你能夠輕鬆做到的，就只遵守那個部分。有這麼多選項可以挑，一定有你可以做到的。這也是一個可行的辦法。但是，如果你覺得規矩實在太多，難以決定，那不妨就只練習呼吸覺知。靜坐時就管呼吸的覺知，其它一切都不用理。

最重要的是覺知，帶著覺知走路，帶著覺知呼吸，一切作為都帶著覺知。乃至於你的情緒上來了，都要帶著覺知，去留心它。學習保持對自我的覺知，學習對自己身體狀態的覺知。「我此刻的坐姿如何？是斜靠著坐嗎？我的呼吸狀態如何？我的額頭是什麼狀態？」你此刻是不是很放鬆，所以前額都不起皺紋？要學會觀察你身體的每個部位、你的呼吸、你的動作、你的情緒、你的念頭。

第6章

特殊咒語

持咒的動機

咒語的持誦可分為帶動機和不帶動機的。帶動機的稱為「薩卡瑪」（sa-kama），字面意義是對成果「有所求」；而不帶動機的稱為「尼希卡瑪」（nish-kama），是「無所求」，只希望能藉著自我淨化而得到自在。「有所求」又分兩種，一是為了滿足個人的願望，比如：願我先生的本性能改變、願我的財富增加。另一種是比較微妙的，比如說，我希望平日能時常祈禱、禮拜或服務眾生，卻有種種現實上的障礙；我不能去做禱告或擔任義工，因為我先生會感到不快。為了改變這種情況，你所做的持誦和「有所求」相同，但是你最終的目的是屬於「無所求」的。在這種情形下，「有所求」的，是在為「無所求」的目的鋪路。更高一層的，就連那種為了求自在的念頭也放下，持誦咒語就只是「為了取悅於上師」（guru-prity-artham），為了讓上師為我感到寬慰，為了得到上師加持。

「有所求」持咒可以是為了某種特殊的目的而持咒，比如，要預防或治療某種疾病、防止已經可預見的意外、延長壽命、解決財務問題，或是為了成就某些特定的目標，例如，能買得起房子、要取得權力、改善機構的運作、重建友誼，或者消除某人對自己的敵意等。

這裡要再理解另一個微妙的區別。持誦咒語可分為：①只為了自我淨化與得自在；

②為了得到想要的結果；③成就某種咒語的能力（siddhi，佛經中又音譯為「悉地」，也有譯為神通）。比方說，有個公式：「將咒語的音節數乘以十萬，再加上百分之二十。」這就是在求咒語得以成就，得到某種能力。得到能力是說，已經擁有這個咒語所含的力量，所以只要複誦咒語一遍、三遍等極少的次數，就能夠替自己，或者替自己的學生、靈修者求得想要的結果。

有時候，上師出於慈悲，會把咒語的力量賜給某個弟子，所以後者就不需要持誦。我記得在一九七二年的某一天，我在美國為上師開車，我們開在明尼雅波里市的漢尼平大道上時，我向上師抱怨：「你有好多傑出的弟子能待在喜馬拉雅山中從事苦修，而我卻要在美國的城市間奔波，這叫我怎麼能進步呢？」他以一貫慈悲的語調說：「你需要做那些嗎？我都幫你做了。我已經把一千萬次〈蓋亞曲神咒〉的功德都給你了。你感覺不出來嗎？」「是的，我的確有感覺了，真的太感激了。」我回答道。

我的同門師兄弟也有過類似的經驗。

如何修持咒語

在喜馬拉雅傳承中，我們一向建議大家每隔一段時間，或者在特定的期間內，要做一種特別的「功課」（anu-shthanas），就是持誦特殊咒語若干遍。通常，是以「十二萬五千遍再加上百分之二十」為一個計算單位。這還只適用於初學者。真正完整的「修咒」所遵守的原則是這樣的：先數所要持誦的咒語共有多少音節（如〈蓋亞曲神咒〉有二十四個音節），而需要持誦這個咒語的數目，就是它音節的數目乘以十萬。因此，要完整地持〈蓋亞曲神咒〉，就要在心中默默誦持兩百四十萬遍，再加百分十或二十的遍數（下文會解釋為什麼要追加）。

讓我們看看，持誦十二萬五千遍再加上百分之二十，要花多久的時間。這相當於數完一千五百串念珠的時間。我們可以先計算自己持某個特定咒語，要花多少時間才能數完一串念珠。有些初學者也許每十分鐘才能數完一串念珠，再算進偶爾會有分心的時候，所以得出平均每個小時可以數完五串念珠。假設自己每天可以騰出若干小時持咒（即使要分為幾次去做），就可以得出一共需要用多少天才能完成目標。例如，某人每天靜坐兩次，每次一個小時，那麼一天就能數十串念珠，所以需要一百五十天才能數完一千五百串，等於總共要花五個月的時間。

對具足時間、能夠全心全意用來修行的人而言，可以在最短的時間裡完成一回十二萬五千遍的「修咒」，縱然是位懶惰的修行人，通常也不會需要超過三個月的時間。至於有家庭負擔，或者肩負重任的人，則最好不要訂下時間的限制。以我自己目前的狀況而言，要花上整整兩個月的時間才能完成一回十二萬五千遍的火供。設定期限會帶來不必要的壓力和焦慮，因為總是會發生種種外界事務的干擾，比如：孩子生病了、必須要參加婚禮、有位在做心靈探索之旅的不速之客從北極來到學院，然後你要趕著持咒，希望能夠在期限之內完成，這都是一種分心。我們只要對自己許下這份心願：「我想要在如此如此的時間內完成。神啊，上師啊，請為我祝福。」然後就盡自己最大的努力去完成。

那麼，如果某人有充裕的時間和極大的意願，有可能在非常短的時間內完成嗎？除非你真的是一位非常有成就的修行人，請不要冒然去嘗試。我們說「神明」，也就是咒語內那股具有意識的力量，是不希望受到催促的。一下子對那另一個次元的微妙世界做出太多調整，所帶來的強烈後果可能是你承受不了的。因而最好採取中道。

如果你對靈修生活是認真的，想要有所成就，就應該減少從事像是：社交派對、看錄影帶、讀小說等等會使你分心的事情。若你持續持咒，所需要的睡眠會自然減少。如果再加上練習「瑜伽睡眠法」（這是另一個題目），還可以進一步減少睡眠所需的時間。如此去調整自己的生活，通常一天就可以找出三個半小時用於靜坐。時間分配大致如下：早晨坐一個小時；下班後回家坐半個小時；夜晚坐兩個小時（中間可以休息）。

眾多有心人之中，只有少數幾個真能發心去持誦兩百四十萬遍〈蓋亞曲神咒〉，或者三百二十萬遍〈戰勝死亡咒〉（共有三十二個音節），再加上百分之二十的遍數。這些人大多是已經沒有特別的世間俗務纏身，或是已經退休的人士，能慎重地為自己訂下一個為期五年的靈修計畫。他們是有決心者。這些極少數的人能發心為自己訂下功課，並且在老師的指引下依各自精進的程度修行。而老師會為他們祈福，祝他們能如願完成。能完成這種修行功課的人，就會具有一種靈性的魅力，自然會吸引學生前來。

依照上述的計算方法，〈蓋亞曲神咒〉或〈戰勝死亡咒〉之類的長篇咒語，「修咒」的大願可以在三到五年之內完成。這和上班一樣，你是到神的公司上班並做滿所需要的時數，如此而已。

如果動不動以百萬遍來計數的概念讓人生畏（如果不是咒語，而是鈔票，就好了！），你可以用化整為零的方法。一次只做十二萬五千遍，停一陣子，再重複同樣的遍數，一直重複這種「縮短版」的功課，直到你累積成為「百萬富翁」！這麼做可能在心理上比較容易接受。

在「修咒」的過程中，若是出現了意料之外的起伏、阻礙、不想要的改變，都是很正常的。這就像是順勢療法。有些過去所造的業（karma）以及心印習氣（samskara），本來要用上漫漫一生或多年的時間，才會結成果實。「修咒」之後，卻在很短時間內浮現。

如果出現這種情形，請不要半途而廢，不要心想：「這個咒語為禍之大！我的老師不懂這門學問，把我給害慘了。」千萬不要為此而放棄修行。這是重獲新生之前必須要消解的過程，是一種調整。當危機過去了，你會見到那個不同的、更美妙的新生；業債也償還了。

這整個過程是基於「贖罪」（prayash-chitta）的原理，是自願地去清償業債。實情是，若某人發覺自己違犯了普世律法，做了違反良知的事，比如傷害他人之類，他就可以去贖罪，會有自我淨化的效果。贖罪的方式不一而足，有些人會做匿名的捐款，有些人會為長者服務一段期間，有的人去朝聖，或者禁食，或者守靜一段日子。根據錫克教（sikhism）的傳統，有時會叫你把所有進入廟裡的人所脫下的鞋子擦乾淨，或者在廟裡掃地數日。但最具淨化效果的，還是持咒。

在進行修咒的功課時，內心會經歷許多不同的階段、情緒和感覺。比如，感到倦怠、無聊、疲累、爆發出來的活力和熱情、前所未有的平靜，緊接著又興起要放棄的衝動等等。這些都是習氣在作用，它們浮現到心識的表層，然後又退去（關於習氣作用的全貌，請參考本書作者在加拿大卡加利所做的《瑜伽經》授課內容，可以向喜馬拉雅瑜伽學院的出版社洽詢。）不要掙扎，不要放棄，採取中道。原諒自己，接受自己。堅守完成修行課業的決心。就算在某些日子裡，身體極度疲累，以至於你一天只做上一串念珠，還是要持續下去。這樣的情緒會過去的，你會快樂起來。當一個人疲累的時候，進度總是會慢一些。一旦休息夠了，進度就會快一些。適時給自己適量的休息，這都需要安排，不要強求。

用悅性的食物來補身是需要的。為人做這些儀式的祭師們，經常會需要每天多飲用牛奶和印度「酥油」（ghee）。

在印度，人們常喝熱杏仁奶來補充體力。將杏仁粉倒入牛奶中加熱飲用。有些人會在熱奶裡加一點印度酥油，西方人士在牛奶裡加上半茶匙溶化的酥油，應該就夠了（但如果你有心臟或體重過重等問題，就省略酥油），接著再加入兩、三粒黑胡椒。若要均衡營養，這是非常有用的吃法。到了晚上，可以喝加了番紅花煮熱的牛奶。要知道確切的作法，可以去問任何一位印度婦人，她們都懂得。這是最溫和的催眠劑。

現在，讓我們講回到修持咒語。

一位大師有可能使用某個咒語一次，就能在另一個次元的精微世界中做出必要的調整，從而能完成他濟世的目的，或者能使他的學生和追隨者獲益。他之所以這麼做的原因，無非是為了讓受到加持的人在靈性上或多或少能有所增長，或者是為了讓受到加持的人可以更有效地為他人服務。他不是街上隨便什麼人都能幫，唯有願意為人服務的人，或是為了達到更高修行層次的人，才可以接受他的加持。

一個接受過瑜伽傳統的啟引，但尚未成為大師的祭師，可能要持誦咒語達一定遍數之後，才能達到他所要的效果。過著世俗生活的在家人，可能要花上更長的時間。在要開始做長時間的持咒修行之前，如果能夠有一位合格的瑜伽啟引師為他啟引，他的個人咒語將會更為有效。有時甚至可以僱請一位帶有悅性特質的祭師每天靜坐持咒，將功德歸於「祭主」（yajamana）。很多年前，每當我需要為了我們傳承的一些項目以及我所鍾愛的學生祈福，可是又沒有時間親自修咒時，我就會僱請這樣的祭師來幫我做持咒。如此的費用不低，因為祭主必須要照顧祭師的生活。他幾乎每天從早到晚都幫你坐在那兒做你的功課。

如果你這麼做，建議你還是要同時親自數念珠，至少要到百分之十的遍數。

如果你持咒十二萬五千遍而沒有做過火供，你可以選擇在做火供時，再多持百分之十的遍數；或者你可以多持百分之二十的遍數，但不做任何的火供。換句話說，每十二萬五千遍的修咒，最終加起來都有十五萬遍。

如先前所說，你要計算數完一串念珠要花多少時間，你一天能坐上幾個小時，就可以得出完成功課所要花的時間。持咒十萬遍即表示要數一千五百串念珠。

初學者總是擔心持誦長咒要花太多的時間。但日子久了，當你學會加快持咒速度的特殊技巧，所花的時間就會越來越短。這和舌頭活動的速度沒有關係，而是關乎能否進入更高頻率的心靈層次。你能進入更深的層次，速度自然會進步。我曾經針對「如何快速持誦長咒」開過特別的課，這其中有一些特殊的方法，可以去找相關的錄音紀錄，也可以找一位合格的老師，向他學習加速持咒的完整技巧。

我建議你，每天要有一次坐著持咒是在固定的時間為之，其他的持咒，在時間上則可以有彈性。當然，你可以隨自己的意願，做多少次都可以，長短不拘，但不要在白天的正午到下午三點，以及半夜十二點到凌晨三點之間去做。

即使你生病了，或者在旅行，或者忙著照顧生病的孩子，還是要在固定時間坐上至少一串念珠的時間。這種每天必要的連繫一定要保持。如果你在數某一串念珠時，心沒有辦法定下來，那麼最後總計時，這一串就不要算。寧願多做，也不要失掉。像你在計較自己該有多少退稅時那樣地貪心就對了。要立誓成為咒語的百萬富翁。

要做特殊咒語的修咒，只有坐著修的才算數，不像「上師咒」（guru-mantra, mula-mantra）是在行住坐臥之間都可以持誦的。

這個特別修法是由立下決心、發正願（sankalpa）開始，就是針對時間、地點、人物、動機所下的決心。發正願是要朗誦一段既定的文字，本文最後附有一篇從梵文翻譯而來的正願文摘要。

正願自然要提及細微的動機和目的。同一個〈戰勝死亡咒〉，我讓人持誦的目的可以是為了祈求健康，或是為了祈求心靈的解脫。或者這兩個目的可以合而為一，我想要達成的是，如果此「修行者」（sadhaka）因為完成了持誦而擺脫病痛，他就可以全心全意追求心靈的解脫。或者，我可能想要讓他能活得久一些，好完成追求解脫所需要做的功課。或者，因為他除了求解脫，其他的欲望都能捨棄的緣故，過去那些自私的業力就被淡化了，所以他能夠在求得解脫的同時，連帶得到痊癒。對於另一個人，我可能給他一個咒語，效力是①治好他的長年病痛和②利用這延長的壽命來服務他人。在這個情形下，如果此人的內在沒有奉獻之心，他的壽命就不會延長。

我們在解決問題之前，需要先決定該用什麼方式來解決。例如，有一樁纏訟多年的官司，原告是個滿懷復仇心理的人，被告是個無辜的人。這個受害者必須決定，他是要①贏得官司，還是要②從改變惡人的性格下手來贏得對方的心。比起前者，後者要花的時間比較長，但是由此帶來的改變卻更深。可是，如果對方只是陷入一時的不快或氣憤，那想要去改變對方，就不會花太長的時間。

再說一次，我發現，如果你希望藉著改變對方的性格來解決問題，這種改變只是暫時的。激起這個人的「善心」（saumanasyata），能夠解決眼前的問題。但習氣的力量如此之強，這個人在另一段關係中又回到他的本性。那麼，我只好繼續重複同樣的實驗，明年繼續持同樣的咒，直到他的習氣完全被抹掉為止。上師們為了要改變我們的習氣，就是如此持續去做的。但是，話說回來，上師有像飛彈一樣的「飛劍」（astras）。而我們持的咒語僅屬於「外在語言」（vaikhari）的層次，最多到「心理語言」（madhyama）的層次，沒有辦法替所有學生挑起全部的擔子。只能感嘆事情是無限之多，光陰卻是有限的。

當你企圖用持咒來改變某個人，或者改變某個情況時，不要對這個人說破。不論他有什麼樣的行為，你的反應都一樣以禮貌待之。這時，不要給什麼提示，最好也不要告訴任何人。咒語就是要守密，而不要曝光。甚至不要去詢問：這個人有沒有什麼改變？你不要心急。只要放下一切。

但是，僅僅持咒是不夠的。你本身的行為應該要合乎你所希望對方能生起的淨化效果。你要做的是把「敵人」變成朋友，使他成為一個更「純美」（saumya）的人，一個有著如明月般特質的人。那麼，你必須先培養完善你本身的「慈心觀」（maitri bhavana）。不要只祈禱對方能有所改變，而自己心中卻還牢記著所有他對不起你的地方。持咒若不能保持內心的清淨，則不可能達成目的。在做慈心觀時，不僅要保持內心的清淨，還得祕密做些善行，比如：①暗中幫助這個人；②誠心誠意向其他人說這個人有什麼長處。慢慢地，你就能學會讓持咒變得越來越有效。

有一次，我給某人一個咒語讓他去念，幫他度過一個難關。持咒的這個人非常憎恨另一個人，而這憤怒的思緒在持咒時也不停地干擾他。結果出現了反效果，不但他的憎恨心念沒有改善，他所憎恨的對象也開始受到負面影響。我只好要求持咒者停止持咒，另外暗中僱祭師來完成持咒，並且負擔因此而生的費用，終於為他改善了情況。所以，老師必須要一直留心這種情況，否則你可能無異於犯下謀殺罪。這麼一來，請問你還想當上師嗎？

不要試圖挽回無可補救的事。如果你明知病情已經到了末期，那麼仍然要試著做〈戰勝死亡咒〉就沒有意義。如果你還是想為病人做，可以去做，但是要把它當成是在祈求解脫，是在為臨死之人祈求心靈的平靜，而不是祈求療癒。針對不治之症，我給的是〈百字蓋亞曲神咒〉（shatakshara gayatri），以幫助病人的心境得到平和。如果病人無法持咒，我就讓他們帶起耳機聽錄音。有一次，我的上師教了我一種治病的方法和咒語，但是他隨後便警告我不要用在末期的病症上。他說：「有一次我把它用在一個末期的病症上，之後我花了七年時間才把自己因此得來的病痛治好。」此外，這種恩惠也不應該賜予那些不會把生命用於靈修或服務奉獻的人。

經由親身實驗，我發現一點，如果一直重複去做，遠超過完成某個特定目的所需要的數量，反而會有抵消的效應，最後什麼也沒有達成。這就像是在說：「媽，給我吃的。」她回答道：「我不是正要拿給你嗎？」你卻一直說：「媽，給我吃的。」這是徒勞的。

我們怎麼知道達成某一個目的需要持多少咒呢？這都寫在《咒語釋論》（*Mantra-shastra*）這部書中。根據我的經驗，主要還是得從實驗中學習而來，以及靠自己不斷地在「技巧」上精益求精。你也可以請教自己內心的那位上師，但這又要考功夫了，因為我們不容易分辨，究竟真的是上師在回答，還是自己那愚蠢而迷惑的下意識心在回答。

如果你持咒不是出於任何私心的動機，比如持的咒是〈摩訶妙喜天咒〉（Maha-lakshmi-mantra），你就可以發這樣的正願：

Guru-pritya maha-lakshmi-prity-artham

願因上師歡心，而取悅於摩訶妙喜天。

這樣就夠了。不要再定下條件，比如「給我一百萬元」。不過，卻應該給自己許下這樣的願：「若得女神歡心，我將捐出她所賜予的百分之十。因為自己的負擔得到減輕之故，我將得以落實我那無私為他人服務的心願。我將奉獻自己百分之十的時間和精力，為神、上師以及一切神明和眾生服務。」否則的話，你是在要求神明為你做事，卻不給予任何回報，這並非神明樂見，那你就得付出代價。所以，要細細地審視自己的動機，盡可能地淨化它、精煉它，然後用持咒為神明服務。

另一個經常被問到的問題是，每天最好在什麼時候做修咒？答案是，任何你方便的時候都可以。固定時間的修咒最好放在早上，其他修咒時間則可以有彈性。

有某些日子特別適合開始修咒，可以找一位好的占星師給你指引。但對瑜伽師來說，日期並沒有那麼重要。我修咒都是為別人而修，我也不求教於占星師。有句話說：「mumukshunam sada kalah strinam kalash cha sarvada.」意思是：求「解脫」（moksha）的人，所有的時辰都是好時辰。對婦女而言，任何時候也都是合適的。

不過，要真的能夠不受時間拘束，先決條件是自身已經相當純淨了。

修咒最好是能同時舉行「亞將」（Yajna），意思是火供祭祀。這是最有效應的持咒，但也相當耗費時間與金錢。做一次十二萬五千遍「投擲」（ahuti，投祭品入火中）的火供，需要使用的酥油、撒馬格利（samagree，投入火中的祭品，有現成的可買，是混合了多種具有治癒和排毒等功效的香草，以及一些取自草本植物和樹木的部分）、柴火、助燃物等材料的價值不菲。如果是請祭師代勞，還要供養祭師，可能需再加上祭師種種「拜神」（puja）的費用。

一九九〇年，我還是一個在家人，曾經積欠下一筆四萬美元的債務。我根本無法還清這筆債，因為所有的收入都已經用在支付家庭開銷以及傳承的費用上，還有孩子們在國外讀書的龐大學費，以及我自己要負擔的旅行費用。當時，我請了幾位非常資深的祭師，到家裡修了一次十二萬五千遍的〈妙喜天—蓋亞曲〉（Lakshmi-gayatri）神咒，額外再加上百分之十遍數的「火壇」（Havana / homa，佛經中譯為「護摩」）。其後大約三到六個月，就收到了一筆意外的慷慨捐款，讓我不僅還清了債務，還有少量餘額可啟動瑞斯凱詩基金會（Rishikesh Foundation）。不只如此，那筆捐款在我剃度「出家」（sanyasa）之日還有剩餘，讓我貢獻於上師足下，用來補貼醫院的運作經費。

要進行修咒，你要特別鋪設一個座位，下定決心在修咒期間每天至少要上座一次。如果要做密集的修咒，則要空出一個房間，光線越暗越好，只能點一根蠟燭，或只用一個瓦數最低的燈泡。窗簾要用暗色系的。如果你容易受外界聲音的干擾，就盡可能做好這個房間的隔音。

不過，如果你持咒是為了某個家庭、某個學院或機構而做的話，最好能夠在那個地方舉行。舉例來說，如果某機構的成員之間有隔閡的話，可以由一個合格的老師在這個機構的所在地持咒，這會為機構的集體心念場營造出一股平和之氣。如果有一百位該單位的成員同時來持咒，效果可以增強一百倍。

不然，你可以住到自己上師的修道院去修咒。這樣做有個特別的好處，就是一旦有什麼問題，你可以隨時獲得上師的指引。上師在身邊時，通常也有助於學生確實遵守修行的紀律。

此外，有些神聖的地點對於修持特別的咒語會有殊勝的效果。比如，位於瓦拉納西城摩尼卡尼卡（Mani-karnika）河濱階梯的火葬場，特別適合修〈戰勝死神咒〉；在加耳瓦（Garhwal）的喜瑪拉雅山區，靠近戈佩希瓦（Gopeshwar）的阿納蘇亞（Anasuya）廟宇，適宜祈求子嗣；在印度最南端的卡尼亞庫馬瑞（Kanya-kumari）廟宇，適合修持一種特別版本的〈戰勝死神咒〉，以求得理想夫婿；在奈納天（Naina-devi）廟宇祈求治癒眼睛疾病，或者可以在巴追納特（Badrinath）唱誦〈毗濕奴千名頌〉（Vishnu-sahasra-nama）同樣也有治癒眼睛的效果；要持誦〈上師脈輪〉（guru-chakra）的特別咒語，就到加耳的喜瑪拉雅山區裡的塔拉克希瓦（Tarakeshwar）等等。

還有一點，這是我很少強調的，乃至根本不提的，因為擔心會被人誤解。那就是要做任何的火供、做任何的神聖儀式，供養（dakshina）是必不可缺的。在印度，對自己的老師或祭師們做供養是一種傳統，在其他地區的靈性傳承裡也是非常普遍的。最理想的作法，是把自己在修咒期間收入的百分之十，乃至百分之一，做為供養。通常我們也會隨同供養獻上一些布料、水果或任何東西。這不是在做買賣、談交易，持咒是不講條件的。隨你的意願，也可以捐贈給你所選擇的慈善團體。千萬不要覺得這是一種負擔，而應該當成是無私愛心的表示。這是一種致富的祕密，要無私地將自己所有的百分之一，能有百分之十更好，做匿名的捐獻。條件是，不要期求回報，你就會得到十倍的回報。記住，祝福是得自於自己的內心。

傳統上，也有非常多的人會把修咒和其他不同程度的苦修結合在一起。比如，守靜、禁食、禁用某些食物、禁慾一段時間等。有些非素食者會在這段期間裡成為素食者，或者避免食用動性（rajas）食物和惰性（tamas）食物，像是洋蔥和大蒜。或者有人會戒鹽，或者只用白水煮食而不加調味香料。事實上，在印度和泰國這樣的地方，人們總是會先詢問，在修咒的這段期間是否還有其他應該遵守的戒律。在西方國家教學時，我們並不特別強調修行人要守什麼戒律。但是，每個老師的內心深處，都希望能夠找到會主動要求遵守這些戒律的學生和弟子。要深入瞭解戒律，請參考〈第7章靈修五支柱〉，以及關於守靜和禁慾的授課紀錄。

有的人即使沒有刻意去遵守這些相關的戒律，卻經常在修咒期間發現自己的習慣出現改變。在無須督促之下，他可能就會少睡一些、少吃一些、少說一些話、少縱情於性關係。這種習慣的轉變成為愉快的經驗，是自然的而不是強迫性的戒律。於是，這會更強化了咒語的修持，使它會結出更多的果來。

「修咒」這個名詞的梵文字義是「往前邁進」。若能如實修行，就是在心靈旅程上躍進了一大步。

我們的大家長，喜馬拉雅傳承的斯瓦米拉瑪說過：「外在世界所發生的任何變化，微妙世界在六個月之前就已經會發生某些變化。」我經常發現，修持任何特別的咒語，可能要用上六個月的時間，效果才會滲透到外在世界來。所以說，不要今天持完咒，就期待今晚的道瓊斯指數上漲。放下一切，就好像你什麼也沒有做似的。這是重點所在。

無所求。放下自我。

正願文摘要[1]

假設我的好朋友，已故的烏夏布阿利亞博士（譯按，斯瓦米韋達出家前的名字，因為出家人視出家前的身分已經不再，所以此地用「已故」來形容），於一九九三年十二月二十五日的中午，在瑞斯凱詩舉行一個吠陀儀式，或者要開始一段特別的修行，他會唱誦所發的正願。正願文大意如下：

於此地，

萬物既為彼想所生，既為彼所知，彼，乃一切之本——

乃獨一無二之大我，相容存在、覺知與喜樂之本質。

與彼之至尊「夏克提」嬉戲，其亦即彼原本所俱之女性本質，

1　此篇附錄中對「時空」的敘述，是古印度的創世觀、宇宙觀、時間觀（其後多為佛教所承受，因此佛經中亦不乏類似之記載），乃發願者於發願時先做一番鋪陳，以明自己的時空處境，以示慎重。

秉賦不思議、無量、無盡之勢與力，
偉大主，「那拉亞納」（Narayana），於水濱冥思之神靈，
無盡力之彼，
旋轉於浩瀚之能量海中，有彼不可數宇宙，
此段宇宙，受蓋於未顯現物質以及其所顯現者：
宇宙智慧，宇宙自我，地，水，火，風，空，等；
托住成千銀河系者乃：萬蛇之王「蛇剎」（Shesha）之諸首，
於此成千蛇首銀河系內，其中一首之上
有一微粒芥子：乃此地球居中，上方有七世界，下方復有七世界
得八方之八護持力
為「須彌盧」軸山（Sumeru）等持固，
中有七大洲，外圍七大洋，經緯相連。
於此「瞻部洲」（Jambu-dvipa，又名閻浮提）內復有九州；
內中「波羅多」（Bharata）[2]獨特而倍受神明鍾愛，
其有四十六省，林地遍布著者有九，另有二十四大川。

地處赤道之北，聖地「庫魯」區（Kurukshetra）之西，
「亞穆納河」（Yamuna）、「恒河」（Ganga）之間，
位「巴堆那特」（Badri-nath）等修道院轄區之內，
聖城「瑞斯凱詩」內，於斯瓦米拉瑪學院中；

於此時，
依智者「加卡」（Garga）和「瓦拉哈」（Varaha）所定之曆法而計，
於日，為「梵天」（Brahma）日午前[3]
於生滅循環之劫，為名為「白豬」之劫（Kalpa of the White Boar），
於世，為十四世「曼努」（Manu）之第七世，稱為「韋瓦斯瓦塔」世（Vaivasvatha），

---

2 波羅多（Bharata）：為印度古名，在當今印度憲法中，國家的官方名稱為「印度」，亦即波羅多（Bharata）。此處，你可以用自己的國家名稱來代替波羅多。

3 印度的時辰將一天做非常精細的劃分，不是英文的早晨、午前、午後、晚間等區分可以表達的。

於「時」（Yuga），為第二十八「迦利時」（Kali Yuga）之第一「刻」（Quarter），值佛祖下生，

於年，為本劫初生後第十九億五千五百八十八萬五千零九十三年，「迦利時」已計五千零九十三年，距始皇「維克若瑪地提亞」（Vikramaditya）大帝時代兩千零四十九年（你可以自行選用其他國家或地區的時代），

於名為「帕提瓦」（Parthiva）之年（一九九三至一九九四年）

值日離赤道北移，

於月，為第八月宿（Lunar mansion）

於日，為陽曆「第八」（Pushya）「畢宿五星」（Aldabaran）星座月份之第四日，

亦為獵戶星座（Mrga-shiras）月份上弦月第十二日之週六，

昴宿星團（Krittikas）位於黃道帶之天蠍宮（瑜伽以及藝術上有更為精細的計算，在此略過），

太陽位於射手宮，月亮於白羊宮，火星於射手宮，水星於射手宮，木星於天秤宮，金星在水瓶宮，「拉戶」（Rahu）[4]在天蠍宮，而「克途」（Ketu）

在金牛宮，

於日夜三十時辰中第七，彼為一切「吠陀神祇之時刻」（Vishve-deva-muhurta）

於此人，吾，

屬智者「巴若德瓦加」（Bharadvaja）之血脈，

世代傳習《夜柔吠陀》（*Yajur-veda*）之「瓦加薩內亞」（Vajasaneya）考證派，

乃（某某）之曾孫，（某某）之孫，（某某）之子，

茲付授善業予前後各十代，合共二十一代，

以諸神祉，聖火，祭師，上師為證，

4 「拉戶」（Rahu）以及「克途」（ketu）分別是北方的月交點（Lunarnode）與南方的月交點，它們組成了吠陀星象系統裡的第八及第九顆星球。吠陀星象學並不承認天王星、海王星或冥王星。

為吾一脈上師之悅，為博吾「本尊」（Ishta-devata）[5]之悅，
為善成就「美德」、「資糧」、「欲求」、「解脫」（dharma, artha, kama, moksha）[6]，
吾發此宏願，誓守莊嚴諾言，
伏願以奉梵天。

---

5 自己選擇相應之神明。
6 此為人生四諦（Purusharthas），是人生所追求的終極目的，亦即：追求美德、資糧、欲求、終極解脫。

第7章

靈修五支柱

（譯按，本章原是斯瓦米韋達昔年弟子整理翻譯而成中文，原譯者未具名。為了保持翻譯名詞的一致，在本書中就原譯文略有改動。）

本章我們要談的主題是靈修的五個支柱或五個階梯，內容如下：

- **靜止**（Stillness）
- **齋戒**（Fasting）
- **靜默**（Silence）
- **淨慾**（Celibacy）
- **伏眠**（Conquest of sleep）

靈修的支柱或階梯並非僅這幾項。只是，這次我想針對這五項加以闡論。其實，每一個支柱都包含了許多階段，如果一開始就想跳到最高的階段，你可能會因而受到傷害。因此，你必須要在老師的指導下來從事這些習練，而且一次只練其中的一個步驟。同時，你所擇定的習練法必須要量力而為，頂多稍微超過自身能力的百分之五為限度。如此一來，你的能力自然會隨著這樣的習練而增長。

再者，所有的支柱都是相互依存的。你不可能只練其中一項而捨棄其他四項。當你能正確地習練其中一項時，其他四項就會自動到來。你可以說，靜默是主要的支柱，其他四項是在支持它的。或你也可以說，靜止是最主要的支柱，其他四項是用來輔助它的。正因為如此，我們也可以說這些靈修的支柱有如一朵花上的五個花瓣。

靜止

我們先從「靜止」這一支柱談起。靜止可以分好幾種：

一・整個身體的靜止

例如，當你完成某個哈達瑜伽體位之際的靜止，就是在體位中全身靜止。我們可以在所有三種類型的體位中來練習：臥姿、坐姿和立姿。

體位中的靜止，一種是在禪定靜坐體位中的靜止；還有是在哈達瑜伽體位中的靜止，在做任何的哈達瑜伽體位時，都應該要來到某一個點，你完全定在那個位置中，完全靜止不動。習練的人應該要把那個靜止點，以及將體位帶進那個靜止點的動作過程，做個對比，分清楚。

二・行動官能的靜止

例如手的靜止、腳的靜止等等，此類的靜止屬於行動官能的靜止（譯按，行動官能都是能造業的官能，也譯為「作根」，共有五個：言語的口、攫取功能的手、移動的腳、大小便器官、性器官）。

當你站立時，你的雙腳是真的完全靜止或者老是在換邊移動身體重心呢？有一天，我在德里的荷蘭駐印度大使館申請簽證，他們一次只讓一、兩個人進去，其他人則站在大門外等候。大門的下面那一截是透空的，因此我能看到站在門外等候的人的腳，都不停地在移動。單單觀察人們的腳或手的動作，是一件很有趣的事。由此，你可以瞭解他們的個性。以前我的上師要教我什麼才叫做行動官能的靜止，他會召我來跟他談一些事，然後故意說些會刺激我的話。我受到刺激，雙手就不由自主地抬起來。這時，他就只看著我的手，什麼話也不說。我即刻明白，自己又被刺激到了以致做出不必要的反應。

行動官能的靜止可分為三類：

①所有五個行動官能同時保持靜止不動。

②某一個行動官能在活動時，保持其他行動官能靜止不動。

③身體所有的行動官能中，一側活動，另一側完全不動。這種習練法叫做「繃緊與放鬆運動」或稱為「無動之動」，像是讓一手繃緊，同時另一手則完全放鬆等等。試問：你

是否能快速移動右手，同時讓左手始終保持全然放鬆？

三・知覺官能的靜止

知覺官能（譯按，亦譯為「知根」，也有五個：見覺的眼、聽覺的耳、嗅覺的鼻、味覺的舌、觸覺的身）的靜止亦可分為：

①所有的知覺官能同時保持靜止。

②保持某一、兩種知覺官能靜止不動，而其他的知覺官能活動自如。有人可以只動一隻眼睛而保持另一隻眼不動，那不是此處所形容的境界。這裡的修練是例如，當我們集中於內在的音聲時，能夠關閉左耳而只以右耳聆聽。這並不是說你要拿棉花塞住左耳，而是要能用心念斷掉與左耳的連繫，只用右耳來聽。

四・呼吸的靜止

呼吸的靜止有兩類：

①第一類是我們通常在靜坐時要先做到的，就是讓呼吸的流動盡可能平順、微細。

②第二類是在做調息法的時候，到了某一階段就住氣（屏息），屏住呼吸。這在例如

哈達瑜伽之類的傳承是幾乎必修的，如今也非常普遍。然而，在喜馬拉雅瑜伽傳承中，對此卻有所保留，尤其不建議初學者去練。在此我要對「住氣法」這個題目再度提出忠告：住氣法乃是非常強力的修練法。大家常犯的第一個錯誤，就是在尚未掌握正確的呼吸方法並練到純熟的地步之前，就開始練住氣法。正確的呼吸方法是從橫膈膜、胃與肚臍的區域來呼吸。如果還是慣於使用胸式呼吸的人，急著開始住氣法的修練，那麼所屏住的不是呼吸之氣，而是喘息之氣，是在喘不過氣來的狀態下用強力壓制氣息。在這樣的過程中，他們的心不但無法因住氣而靜止下來，反而會變得躁動不安。其次，住氣法會強化人格中原本存在的心印習氣。因此，原本就不正確的呼吸習慣，會因為不正確的住氣法而使那壞習慣變得更為頑強。從心理角度來說，人格內原本存在的負面能量也就變得更為強烈，易怒的人會變得更為易怒，好色的人會變得更加好色。在我們的傳統中，對於尚未能夠自然而然做到用正確方式呼吸的人，是不會建議他們去練住氣法的。應該要先學會正確的呼吸方法，來淨化內心。

因此，就我們當前的目的而論，所謂呼吸的靜止，就僅僅是依正確的呼吸方法，使呼吸變得緩慢、平順、微細而已。

五・心的靜止

心的靜止是我們由放鬆法、心念集中法與沉思法而進入靜坐之狀態。此處所討論的修行五柱，有一個值得注意的要點是，它有兩種修練方式：「由外而內」與「由內而外」。比如，由靜止身體而靜止內心，這是「由外而內」的方式。

比較容易的途徑是由心的靜止下手，然後只需配合少許肢體的修練，就能使身體自然達到靜止，這是「由內而外」的方式。

我的上師斯瓦米拉瑪對於部分學生，從來不鼓勵他們去練哈達瑜伽傳授的內部清洗法等等。我就從來沒有做過那些方法。我問過他：「上師，我需要做那些，學那些方法嗎？」他說：「不，你不必，你要走的是內在的修行途徑。」因此，我學會從心的靜止做到身的靜止。其實，我從來就沒有刻意去靜止我的身體，也從來沒有刻意去靜默。我也不曾為了淨慾的問題而掙扎過。我的上師於一九六九年來到我的生命中。在那之前，我常做齋法的斷食修練。他問我說：「你為什麼要去練那些呢？我早已為你做好了！」很多學生或弟子遇到他們的上師之後，都必須要從事某種苦行（tapasya）。而我不用吃苦，因為上師已經為我做了。我的修行方式一直是由內而外的。當你的內心真能做到靜止，其他支柱就水到渠成。

在「八肢瑜伽」的體系中，第五肢叫做「內攝」（pratyahara，感官收攝）。大家不瞭解內攝的定義，或者它究竟有何不同。它是說，當心靜了下來，感官的能量融入了那靜止的心，這才是內攝。我們教大家練的功法中，有一門是「點對點呼吸法」，在瑜伽的典籍中也叫做 pratyahara，就是因為這個功法能使心變得靜止，使感官融入於心。

因此，由靜止內心從而靜止外在的支柱，乃是隨順而成，也是較為容易的途徑。就像當你的心完全融入齋法之中，你對所有的食物就失去了欲望。又如，我發現當我從事靜默的時候，口味的欲求也會隨之消失。

相對而言，由外而內則是較難的方式。

不過，由外而內或由內而外往往會相互影響，例如，先是由外而內——由於言語的靜默使得心平靜下來；然後由內而外——這平靜的心自然使得我們的口腹之慾變淡。但這不是每次都能如此，也不是每個人都能做到。有些人修練這五支柱中的一支，結果卻演變成縱情於另一件事物來彌補某種缺乏。比如，有的人在斷食齋戒期間會變得特別多話，就是在以多做嘴部的講話活動，來補償所減少的嘴部進食活動。反過來，有人是在禁語期間吃得比平常還多。所以，你必須注意一點，這五個支柱的任何一支，都不只是生理層次的修練。我們必須使之內化成為心的修行，這樣的心自然能生起其他四個支柱。你可以用這個法子、依你所喜歡的順序來修練任何一個支柱。

靜止最高的目標是三摩地。有個說法是：只要你能完全靜止地坐上三小時又三十三分鐘，你就可以進入三摩地。所謂完全靜止，是到了連眼睛都不眨，身體一點細微的抽動都沒有的狀態。但如果不配合許多其他的修行，就無法達到這樣的境界。

齋戒

接下來，我們要討論的支柱是斷食齋戒法。

齋戒法是一種靜默，是一種淨慾，是一種靜止。它是「味覺」這個行動官能的靜止。它是內部一個臟腑器官的靜止，也是整個內分泌系統的靜止。而這些都是彼此關聯的。

齋戒法可分為以下好幾類：

一・最好的齋戒法是有節制地吃

阿育吠陀（ayurveda）醫學及瑜伽等典籍給我們提供如下的建議：以半個胃裝食物，四分之一的胃裝水分，另外保留四分之一的空間以便呼吸。

二・比吃到飽少吃五口的量

這是最難的齋戒法。

有些內科醫師建議：在飯前、飯後半小時，不宜喝水，當然，在這期間小口啜飲的水，以及你正在進食的食物本身所含的水分，不在此限。以我個人的經驗而言，這的確非常有益健康，但你仍然需要親身試驗與體會。

三・部分齋戒法

不論何種文化傳統，都會在一些特別的節日裡奉持齋戒法。這是放諸世界共有的習俗。比如，基督徒有其特定的齋戒日。在四旬齋（Lent）期間，他們會奉持部分齋戒——在那四十天中，他們會刻意少吃一、兩項食物。在印度，當朝聖者前往哈瑞德瓦（Haridwar）及瑞斯凱詩朝聖，或行經這些聖城到深山中朝禮聖地，在抵達目的地途中，他們除了一路從事祭祀之外，也會發願永遠禁食一種自己最喜愛的食物，比如馬鈴薯或芒果等，以此表達虔敬之心。這是一種十分普遍的修持，也是部分齋法的型態之一。

回教有三十天的欽日齋戒（Ramazan）。在齋戒期間，他們只在日出之前及月升或日落之後進食，所以這也是一種部分齋戒法。在齋戒期間內，即使身在最熱的阿拉伯沙漠，他們仍然滴水不進。有一次，我搭機從新德里飛往紐約，那是一段長達二十四小時的飛行旅程，有幾位回教乘客在整個行程中，一直不吃不喝。飛機在下午三點抵達紐約，所以他們還要等上好幾個小時之後才能進食。這種齋戒法的修持，會增強內在的力量。

修持齋戒的目的也有差別。不論是修持完全齋戒或部分齋戒，人們都是為了增進生理的健康或潔淨身體，或以齋戒做為懺悔罪愆修持的一部分。在印度有一個傳統說法：如果你知道自己犯了某種過錯，不想任由它在未來的某一生中，因業力成熟才承受果報，而想使它現在就提前成熟去承受果報，可以經由修持齋戒去達成。在此提出與此一理念相關的兩個名詞，一個是「事後熱惱」（pashchat-tapa），指在犯錯之後，人感受到內在的燒灼與煎熬。西方人稱之為「罪惡感」，此乃不當之翻譯。其實，這其中並不含有罪惡的概念，而是在承認我不完美、我有缺失與我該負起責任。另一個字是「懺悔心」（prayash-chitta），是心的進步，我願意修養自身，提升心性以清淨惡業，因懺悔而得到解脫。行懺悔心可以去朝聖，或從事長期間的靜默，或是以各種型態的齋戒法來磨礪自己的心性。

四・為集體之善而修持齋戒

聖雄甘地首開風氣，使斷食齋戒法變成一種國家級的靈修法門。當舉國人民不肯聽從他的建議時，他就公開宣告自己不夠完美，要以齋戒斷食的苦行來淨化自己。他的理念是：如果他能變得更為清淨，或許人民就會願意聽從他的意見。

這其實是源自印度一個非常古老的傳統。家人之間也會有這種情況發生，而且最常被用來做為情感上的威逼或要脅。比如，某人生氣時，他索性不吃不喝，這乃是十分普遍的行為表現。他不吃不喝一、兩天之後，所有的家人就會開始圍在他身邊，問他：「你怎麼了?你說說話啊？」這種行為表現，可能具有正面效用，也可能被誤用、濫用。但最常見的效果是，整個家庭因此經歷了一番淨化。由此我們看出印度的民族性，或者說亞洲的民族性，大體而言他們比較不傾向對別人做出侵犯挑釁的行為，而是將那股力量轉向自身，所以做出某種型態的自我犧牲。

五‧在特定神聖節日的齋戒

在印度，某些特定的日子被定為神聖的節日。每個家庭中，也有各自的神聖日子。例如，占星家說：「對你而言，火星是不祥的星宿。」在印度的占星家不只是預言其事，他們也會針對那個負面的力量，提供一個預防處方或治療方法。比如，給你一個特別的咒語，要你持咒十二萬五千遍，以平息那個憤怒的星宿。同時，他也可能會要求你捐獻十一塊一又四分之一碼的紅布或某種特殊的穀物，如小麥或芝麻；或要求你捐獻多少份量的某種特定油或金屬，像是關係到太陽的要奉獻金，關係到土星的要奉獻銅等。占星家也可能告訴你要在火星之日（週二）齋戒。因此，你們會在某一特定日子裡的特定時段奉持齋戒。人們也有他們最喜愛的神祇聖像，而在一年或一週裡的某些日子可能是某位神祇的聖日。在瑞斯凱詩城裡，人們會在每週二齋戒，因為那天是他們最喜愛的神祇哈努曼（Hanuman）

的聖日。在靈修傳統中，許多人會在每週四齋戒，因為那是木星之日，是眾神上師的聖日，在此日齋戒可以表達對上師的崇敬之意。

這些型態的齋戒法，你可以選擇其一，然後決定要做到什麼程度。比如，只吃水果或只喝果汁的齋戒法等。

六・齋戒法在生理上的限制

罹患某些疾病的人，在患病期間內不宜修持齋戒法。或是患有某些疾病的人，可以修持某種特別的齋戒法，比如飲用某種果汁等等。

齋戒法乃是一種內部清潔法。如果你想修持任何一種長期間的齋戒法，必須確實瞭解內部清潔法的原則。有某些哈達瑜伽的練習法，對齋戒法的修持也會有所助益。同時，你也需要瞭解在齋戒期間內，可以做哪些體位法，可以做多少。諸如這些與齋戒相關的種種問題，你都應該請教專家。不論你想從事哪一種靈性的修行，在剛開始時，都不應該意志高昂地想要做到最高、最好，達到極致的效果。一切仍以中庸為尚。

七・完全齋戒法

修持完全齋戒法可以是為了達到生理上的目的，也可以是為了達到靈性上的目的。在生理與靈性兩者之間，修持齋戒法對於其他四個靈修支柱，都有增益相乘的作用。我個人已經嘗試過所有型態的完全齋戒法，同時也觀察過它們的效用。比如，十五天內只吃蔬菜，十五天內只喝牛乳，十五天內只喝調了少許檸檬汁及蜂蜜的水，這些都是你可以嘗試的實驗。然而，就像從事其他四個支柱的任何一項修行一樣，當你嘗試修持齋戒法時，也必須量力而為。

齋戒有其最終的目的。在印度有某些宗教傳統，如耆那教（Jainas）等，凡是屬於這些傳統的人，都知道這種齋戒法的目的。這種齋戒法是，當一位道行極高的出家人自認為他已達成此生道業上的目標與使命，因而決定捨棄飲食，完全投注在深度的禪定與持咒，以此度過在這身軀中的最後一段時日。這種作為並不同於自殺，不可混為一談。自殺乃是心識極度混亂下的結果；而在耆那教的傳統中，這種捨離軀體的作為乃是心靈已達全然平和的人所做的抉擇。

靜默

靈修的第三支柱是靜默。如同其他靈修支柱，靜默也分成許多的階段。

一・在世界任何地方，靜默都是文化養成的一部分

從孩提時期開始，父母就教導我們遵循某種程度的靜默。他們要我們不要大聲喧嘩，或禁止我們說長道短，這些都是修持靜默的法則。

對於某些事，我們會自動保持靜默。比如，不與他人談夫妻之間的某一些事。在法庭上，妻子不應做出對丈夫不利的證詞，反之亦然。我們毋須損毀夫妻間的信賴。又如，當我們身處喧囂之中，常常盼望能享有片刻的寧靜。此外，靜默的法則也涵蓋道德與倫理的範疇。比如，你知悉某人的祕密而保持緘默。

二・每天晚上我們都被迫靜默八個小時

睡眠也算是一種靜默的修持，雖然那不是出自你的本意。

三・靜默的修持也可做為修養耐心的一部分

比如，當有人正在發怒時，你能寬容為懷，不吼回去。這樣的靜默也就成為寬恕的一部分。

四・對於靈修上某些特定的事保持靜默

例如，我們不會把自己的咒語告訴別人，對這件事保持靜默。這種靜默的目的在於收攝咒語的能量於一己。說出去的咒語，就會失去能量。

五・對於靈修上的經驗保持靜默

我們不和別人談論自己靈修上所經驗到的境界，除非你身為人師，而且你所談的靈修經驗能幫到某一位學生。必須確定的是，你的確不是為了賣弄自我而談論個人靈修的經驗：「哦！你看！我有過如此高超的境界！」就像夫妻不會對別人談及自己和配偶之間的某些事情，同樣地，在老師與學生之間，在上師與弟子之間，也有要避免談論的事情。比如，上師知道你心中的祕密，但他不會告訴其他人。上師可以預知未來，但他不會在時間尚未成熟之前洩漏其事。他即使可以坐下來細說弟子一生中將會發生的每一件事，但他依然保持緘默。

六・在同門弟子關係中，靜默也有其適用性

例如，你知道你的師父苛責你的師兄弟，而你對於這件事保持緘默。師父和其他弟子間發生過什麼事，那是他們兩人之間的事，和你無關。

在師徒之間還有另一種層面的靜默——當弟子的修行越來越有進步，他對於師父在靜默中所傳達訊息的領受力，會變得越來越敏銳。這種在靜默中所做的傳達有各種型態，比如上師不用言語說教，而直接以行為表現來教導學生或徒弟。或者，對於那已經變得相當敏銳的弟子，他可以用一個微細的表情或肢體上的變化，就完全傳達了他的教示。乃至能在完全的靜默中教導，無需任何動作來表達。所謂的直接知識就在這寂靜中，從上師的心直接傳輸到弟子的心。

七・在選擇的一段期間內修持靜默

凡是修行齋戒法適用的法則，都適用於靜默的修持。

假設你獨自一人待在房間裡，不會有人來找你攀談，你也不需要外出，所以你決定保持靜默。但你只是因為沒有講話的對象而已，不能說是你決定要保持靜默。這種情形，就像是我很久以前讀過的一則故事：有一位宗教信仰非常虔誠的人，他的宗教規定每週有三天要禁食。他是個非常、非常貧窮的人。他說：「我十分慶幸自己的宗教信仰規定每週要禁食三天。否則，我豈不是就得挨餓三天了！」

挨餓並不是齋戒。那麼，挨餓和齋戒究竟有何區別？後者存有刻意修持的意向，前者則不然。如果不是出於從事齋戒之心態去禁食，這樣的禁食就變成在受罪了。反之，如果是出於齋戒的心態，這樣的禁食就是一種淨化的修行。

靜默也是同樣的道理。當你要開始做靜默的修行，即使只做一、兩小時，你也必須在心中先下決心，表明你的意向：「我要保持靜默。」要知道，只是遵守言語的靜默，算不上真靜默。真正的靜默必須是心的靜默，必須是心中一片平和與寧靜。再者，在那一、兩小時之間，你修的又是哪一種靜默呢？你是不是在看電視？那可不算是靜默。在那段靜默的時間裡，如果你是在平息情感、情緒上的騷動，化解思緒上的衝突，那才是真正在從事靜默。如此，你便能漸漸地深化自己的靜默。在那靜默期間，不要聽音樂、不要讀書、不要寫信，也不要枯坐在那裡越發覺得無聊。你應該不要讓你的心閒著，可以去練習沉思默想，或者去持咒。慢慢地，你可以增長靜默的期間，可以是半天，可以是一星期，或者更長，或者更頻繁地去靜默。

有一點必須注意，對於還沒做慣靜默修行的人，在靜默期間情緒會湧上來。如果你雄心夠大，不妨訂下目標，三年或五年之內，去做一次連續四十一日的靜默。

・兩種靜默

1 **外表靜默**（akara mauna）：僅止於外表言語的靜默。

2 **木訥靜默**（kastha mauna）：在這種層次的靜默中，修持者停止了所有的表達方式，包括眼神、手勢在內。

上述兩種靜默也有層次上的差別：

①保持言語上的靜默是一種層次。

②另一種層次是，你不需要從事言語的靜默，但仍然在做內心靜默的功夫。

內心靜默是最難做到的一種靜默。在這種修持中，心要始終保持靜默，只用到內心極小的一部分來說話。最理想的靜坐老師，是具備這種靜默素養的人。能做到這種靜默的人，他可以在經營事業、開董事會、從事所有的活動中，依然保持內在的靜默。當別人對著你發洩負面情緒時，你也需要有這種靜默的功夫來把持自己。在必要時，你甚至可以外表做出抗議或動怒的行為，然而，內心卻始終維持著這種靜默。

在印地文中有個名詞「kiriya」（起誓），這是人們以某種事物來發誓時所用的詞彙。它是「saccha kiriya」的簡稱，意為「真理密行」。要履行這種真理密行，所憑藉的就是你長久以來保守某種祕密所蘊蓄而成的力量。

自古以來有不少關於「真理密行」的故事，在這裡，我也講一則故事：在西元前三世紀時，印度出了位有名的賢君阿育王（Ashoka），是最受人景仰的帝王。傳說有一天，阿育王站在王城附近的恆河河畔。身為一國之君的他，自然可以隨心所欲地滿足他突發奇想的願望。因此，他問群臣：「不知道這世間是不是有人能夠使恆河倒流，回溯山澗！」大臣們不想逆犯龍言，便十分委婉地說：「陛下，世上有許多事都是可能的，但這件事恐怕不在其中。」這時，正好有一名妓女路過，她便開口說：「君王在上，諸位也都是穎慧過人的大臣。在此，豈有區區民婦開口的餘地，但不知陛下能否准許民婦進言一、二？」得到阿育王的應允之後，她便說：「即使像我這般微賤的人，也能使恆河倒流！」君臣們便要她示範。那名妓女站在那兒，闔上雙眼，便施展「真理密行」的功德力。果然，讓阿育王一睹恆河倒流，回溯山澗的奇景。阿育王說：「夠了，夠了！還是讓恆河恢復自然，順流而下吧！」她也就讓恆河再回復到原本的流向。

這時，國王及群臣便問那名妓女：「妳有什麼奧祕能使恆河倒流呢？以妳的身分，怎麼可能有這樣的力量呢？」她說：「當我很年輕時，在現實環境的逼迫下，不得已走上這樣的人生道路。那時我告訴自己：既然走上這條路，要在這一生使生命有所提升，能做的實在有限。但是，我還是得做些什麼。因此，我對自己立下一個誓言：即使我過的是娼妓生涯，但不管上門的是王子皇孫，或是痲瘋病人，我的身與心都將平等相待，無有差別。我這一生也確實奉行著這個祕密的真理密行，直到今天我才讓它展現出來。也就是憑著這真理密行的力量，我能使恆河倒流。然而，想要保有這種力量，你必須守住那個真理密行的祕密。」

淨慾

接下來，我們要進入一個相當困難的主題：淨慾。

淨慾牽涉到一整套非常細微的學問和功法。對現代人而言，這是最為困難的修行課題。在靈修上，淨慾與靜止、齋戒是屬於同一範疇的修行。同時，淨慾也是靜默的一種型態——是官能的靜默。因為，在性行為中，我們的五種行動官能和五種知覺官能，以及心的官能，一共十一種，都同時融入其中。

齋戒與靜默只是修行的一部分；淨慾則是總合了齋戒、靜默與靜止的修行。

所有的宗教傳承裡，或多或少都要人淨慾。遺憾的是，我發現如今很多宗教只要求出家人或教士死守淨慾的清規，卻不教他們淨慾的理由何在，也不教他們修行淨慾有哪些細微的功夫要做。

一・婚姻就是在修行淨慾的一種型態

除了自己的配偶之外，與其他所有的男性與女性都要遵守淨慾，就是在做淨慾的修行。這在印度仍是普遍的通則。至今，仍有百分之八十的女性與男性在婚前沒有性經驗。因此，當他們要捨俗出家時，在淨慾的修行上也就較為容易。當你修行齋戒或靜默時，如果任由其他感官活躍不休，那麼，這樣的修行就沒有多大的意義。經過夫妻雙方同意，他們可以定下每週某一日用於祈禱，不行魚水之歡。再者，由於婚姻就是一種啟引和聖禮，在印度習俗中，新婚夫婦在婚後頭三日內，依然要維持清淨的關係，以做為日後同行於聖潔人生的準備。這樣的婚姻，就不是基於肉體關係的渴求，而是瞭解到婚姻關係中更深的靈性層面。

正如靜默與齋戒的修行均以漸進為上，在婚姻關係中修行淨慾，也不宜操之過急。我曾見過有的人，由於認為淨慾是增進道業的重要因素，就單方面貿然終止夫妻之間的肉體關係，還會吹噓自己的成就。這樣的作法，只會造成夫妻雙方身心上莫大的緊張。修行淨慾仍以中庸為尚。你可以漸漸減少行慾的次數，藉以增長真愛的強度。這能使你超越皮肉之相，進而欣賞到配偶更深層的美。其實，在夫妻之間，除了情慾關係之外，還有許多更為微妙的事可以共同分享。如同設定齋戒或靜默的修行一樣，夫妻雙方也可以共同設定某日來修行淨慾。在那一天，夫妻兩人一起靜坐於寂靜中。那種超越生理層次的寂靜是那般深沉，它會使你真正體會到夫妻靈性合一的意境。你也可以逐漸地增加夫妻共修靜止、靜默、齋戒及淨慾的次數和時間長度。

二・依照印度習俗，在特定日子之前或期間，必須暫停性活動

例如，在印度，新娘的父母將新娘交給新郎，被視為一種聖禮。因此，他們會在前一天晚上淨慾，並在聖禮當天齋戒，直到他們將新娘交給新郎之後，才會開始進食。

在印度傳統中，人生可分為四大階段：

①梵行期（brahmacharya）

這是學習靈性和世俗學問的時期，也是淨慾期。

②在家期（grihastha）

這是在家人成家立業的階段，要對自己的配偶忠貞，將自己奉獻給所愛之人，對於其他的異性則仍然要遵守淨慾。

③林居期（vanaprastha）

在這個階段的人稱為「林居者」，守林居戒之人仍然可以住在家裡，但是在受戒後，夫妻成為道友，而不再是婚姻的伴侶。他們同意在往後的歲月中，攜手同行去尋神。讓神和他們的心靈導師成為夫妻之間的環扣；也讓彼此的情感，從凡人的情愛提升到靈性之愛的境界。在古代，受這種戒律的夫妻，睡眠時會在兩人中間放一根棍棒相隔。此一階段，在靈修上往往比出家期還難。你可能失敗，也可能成功，也可能又失敗，然後成功逐漸成為經常。當我的上師要我受這個戒律的時候，他說：「性只是一種習慣，就像任何的習慣一樣，它是可以轉變的。」所以，在這個林居期的階段，夫妻雙方應該一起將時間用於從事祈禱、修行，以及各種靈性的修行活動上。他們要彼此勸勉，相互扶持，互為引導，並分享他們之間神性的存在。

④出家期（sanyasa）

只有極少數的人會做到這個階段。在這個階段要一切皆捨，成為出家人，能自然而然地同時做到靜止、靜默、齋戒和淨慾。

很久以前有一位國王，國王有一個哥哥，他在很久以前就離開自己的王國，並且成為一位苦行僧。經由精勤梵修，他獲得了福佑與道力，之後便返回家園，並且在王城的對岸定居下來。他住在土屋茅舍中過著苦行僧的生活。

正當其時，王妃懷了身孕。

讓我先告訴你一個相關的印度習俗：在印度傳統中，懷孕的婦女應該將時間用於靈性的追求，這樣就能生出靈性開顯的孩子。在懷孕期間，只要孕婦想要做的修行事宜，她的家人都會盡力協助她。

當王妃懷孕之後，她很渴望去親近國王的那位聖者兄長。她對國王表達了內心的渴望。國王回答說：「哦，好啊，妳明天就可以過河去親近我的兄長。」依照傳統，人們絕不會空手去拜訪一位聖者，總會帶一些禮物、水果等之類的供養品去見他。因此，第二天一早，王妃就備妥一些食物準備出發。由於她必須渡河，便問國王：「你是不是已經為我備好船了呢？」他說：「妳要船做什麼呢？」王妃說：「我要過河啊。」國王說：「不用！妳不需要船，妳只需站在河邊，然後做一個真理密行就可以了。」王妃聽了說：「什麼真理密行？我可沒有做過任何這方面的行為。」國王說：「就用我的吧！去吧，妳就站在河邊，閉上雙眼，然後在心中默念著：『三年前，我的夫婿從上師那兒接受啟引。如果打從那時起，他就未曾違犯淨慾戒律的話，那麼，藉著他那真理密行的力量，就讓這河水分開，讓我步行走過去對岸吧！』」王妃聽完後，感到萬分困惑，因為她正懷著國王的孩子呢！但她還是走到河邊，然後做了那個真理密行。這時，就在她眼前，河水竟然分開讓她過岸，實在叫她難以置信。

於是，她拜訪了那位苦行僧，聆聽他的教導，把帶去的食物供養給他食用。當黃昏到來，是她該返回皇宮的時候了，但是她沒辦法渡河。這時，那位苦行僧告訴她說：「做個真理密行吧！妳只需要站在河邊，閉上雙眼，然後在心中默念著：『如果這位苦行僧，也就是今天我供養的師父，從他接受他的上師啟引以來，就未曾違犯齋法戒律的話，那麼，就讓這河水分開，讓我過岸吧！』」王妃聽了，再度感到萬分困惑，因為她這一整天都在服侍那位苦行僧吃東西。但她還是走到河邊，並做了那個真理密行，河水居然再度分開，讓她能步行回到對岸。

這下子，王妃真的困惑到極點了，便去找國王質問：「這到底是怎麼回事？我正懷著你的孩子，而你竟然要我以你已持守三年淨慾來起誓。我一整天都在餵你那位苦行僧哥哥吃東西，而他居然要我以他能夠遵守齋戒立誓。」那位國王也是一位睿智的修行人，他便向王妃解釋道：「夫人，心乃是浩瀚無垠的能量。如果大海中有個小小的角落沾染了些許的塵埃，這小角落之外的海洋依然是潔淨的。心比海洋還要來得深、來得廣。對絕大多數人而言，他們只用到心的一小部分，靠著那小小心識的運作在過日子。他們所見的只是大海的一小部分——那沾染了塵埃的小小角落。因此，對他們而言，心並不具有齋戒及淨慾的涵養，因為他們一直未能持守那些禁戒。他們以為，那一小部分的海水受到污染，整個大海就不再潔淨了。凡是走在覺悟之道上的行者，都知道心還有其餘的部分以及它的浩瀚深廣。本著那樣的覺知，即使他們在婚姻關係中略盡同居之義務，或是在一天中吃了點東西，也不至於損傷他們於淨慾與齋戒的修養。我個人和我的兄長，一位是國王、一位是苦行僧，我們都深解這個道理，在我們心識的主要部分裡，我們總是遵守淨慾的，總是行齋戒的，也恆處於靜默中。」

伏眠

靈修的第五支柱是伏眠，克服睡眠（Conquest of Sleep）。

為什麼需要克服睡眠呢？

試想，如果你能夠少睡兩個小時的話，你能多做多少事情。更重要的是，如果你能克服睡眠，意謂著你已能主宰心的第二種狀態。

心的狀態有五種，我在《瑜伽經釋論》裡解釋過。克服睡眠就是要能克服心識昏沉的狀態，也就是要克服屬於惰性的心識狀態。然而，要克服睡眠，只有在個人的情緒能夠淨化到一定程度以後，才可能達成。

斯瓦米拉瑪說過，世上沒有人的睡眠能超過三個半小時，其他的時間是在作夢。其實，作夢是一種疾病，我們以作夢來處理受到壓抑的情緒。因此，如果能淨化自己的情緒，那麼我們需要用來作夢的時間就會越來越少，也就能夠擁有更悅性的睡眠。這樣的睡眠時間雖然比較短，但是你反而能夠有更深沉的休息，然後在愉悅的心境中醒來。

然而，就像其他四個靈修支柱一樣，克服睡眠仍以中庸為尚。你必須逐漸減少睡眠的時數，才不會讓自己身心受損。我們說作夢是種病，可是如果你貿然試圖革除這種病症，所得到的結果可能是因剝削睡眠而形成的另一種疾病。所以，你最好以漸進的方式，每次以縮短睡眠時間十五分鐘為限。在你就寢前，將那省下來的十五分鐘用來做攤屍式或靜坐。由於你是在平靜的情緒下入睡，所以不會覺察到自己少睡了十五分鐘。然後，你再漸進地將睡眠縮減半小時。當你的情緒淨化了，而且你的攤屍式能進入到瑜伽睡眠狀態，需要的睡眠時間就會變得越來越少。

二十年前，我的上師總是告訴我說：「你實在不需要睡超過三個半小時。」那時，我總覺得那怎麼可能呢！現在，我很少睡超過三個半小時了。有時候，因為生理疾病的關係，我必須多睡一點，否則三個半小時也就夠了。當你入睡時，如果懷的是正念，那麼你也將隨正念而甦醒。因為，在睡眠覆蓋之下，仍然有某一層次的心始終甦醒著。而你的心在哪兒入睡，它便從哪兒甦醒。在過去十五年中，我一直保有一個習慣（即使我只睡兩個小時）：每天一醒來，我就立刻以攤屍式進入瑜伽睡眠狀態之後才起身。起床後，我就能神清氣爽。

這並不是一種削剝受罪的苦修，而是一種生活的精緻藝術。我常在行將入睡和行將覺醒之際的這兩個時段學習語言。我的許多靈感、詩篇、演講，對問題的解答以及決策，都能在這兩個時段湧現。這種習慣帶給我的利益，是能善加利用入睡與甦醒之際的時間，不會虛擲。

至於克服睡眠的技巧，在各地、各個傳承中都不多見。不過，下面有幾個例子。在印度，有個普遍的活動叫做「守夜」（jagaran），徹夜不眠地向自己最崇敬的神祇禮拜，或是聆聽神聖的經文。在基督教的傳統中，則有所謂的「晨禱」（matins）——在清晨四點或五點的晨間祈禱。所以，在修道院中，每到清晨四、五點時，我們就可以聽到那樣的祈禱誦唸。清晨的彌撒是最莊嚴聖潔的。在信仰堅定的天主教教區裡，我們可以看到人們在一大清早就潔淨身軀，前往教堂禮拜。回教徒每天必做五次的祈禱（namaz）中，最為神聖而重要的一次，就是清晨四點的祈禱時段。

同樣的，印度傳統中，清晨三點到四點半的「梵時」（brahma muhurta，譯按，根據另一種說法，梵時是清晨三點到六點）是最神聖的神的時刻，應該要在這時候起床祈禱。在《薄伽梵歌》（*Bhagavad Gita*）裡，奎師那（Krishna）一再稱呼阿朱那（Arjuna）為深睡之主（Gudakesha）。因為，只有當你已經能夠主宰層次較低的三個意識狀態——清醒、夢境、深眠，你才可能進入三摩地的境界。奎師那一再以這樣的方式教化阿朱那，似乎是在提醒他：「現在你已經克服了第三個意識狀態——深眠，我將把最高深的教導傳授給你。」以上所舉的例子，是一種局部地克服睡眠，類似於局部齋戒、局部靜默，只在某些日子修持淨慾，以及局部靜止。

結語

關於靈修，除了這五個支柱之外，還有其他的支柱。比如按次第去做持咒、放鬆、專注、沉思、靜坐；但那是另一種修行方向。此外，還有一種修行的方式是淨化自己的情緒，所以你才能切實履行諸如「非暴」的理念。

這五個靈修支柱都是相輔相成的。如果你擇一而修，那麼你的修行就不完整，因為它們全體必須要能夠彼此均衡發展。另一方面，如果你對於某一個支柱的修持能夠圓滿，那麼其他支柱的修持自然也能圓滿成就。

第 8 章

靜默

●為神獻上一曲靜默之歌

為神獻上一首夜曲。
歌是靈魂，將她的感官靜止下來。
為神獻上一首靜默的夜曲。
靜默是靜止的感官在祈禱。
為神獻上一首祈禱的夜曲。
祈禱是祂花園的心念場中啾啾的心跳。
為神在花園中獻上一首夜曲。
花園是有著神聖鮮血般紅玫瑰的心。
為神獻上一首紅玫瑰的夜曲。
玫瑰是臣服中的律動，胎動。
為神獻上一首胎動的夜曲。
胎動的是嬰兒的靈，重生的天真。
為神獻上一首天真的夜曲。
天真是有千條弦的豎琴，
由神聖的玫瑰所裝飾，

有若飛揚的樂曲，
飛揚在通透的天空中，
再潛入如天澄澈的湧泉中，
旋即飛揚上天，
直到它氣息的雙翼
靜止於咒語的中流內。
靜默是匿音的夜曲，匿在閉上唇中的音。
不要讓音節溜走，
也不要讓靜默母親的神聖鮮血
從感官溢出。
神是靜默，母親是靜默，
因你而交纏，陷入癡迷的傾聽。
聽，他們如何在輕唱他們的傾聽。
他們輕訴著傾聽是無欲望的感官
在靜默中做出聖潔的供奉。
隨著這音樂般能止息風暴的無欲，
來的是帶著祝福的韶音，

來吧，韶音。
為那本我獻上一首夜曲，

那是靈魂的船舶浸在神性的大海中。
你發願獻上的夜曲，是為那個被纏住的而唱，
就是他

從無始無終以來，
一直在為你獻上夜曲者。
覺知著那往上行進音符的交響樂，
它的呼吸是神祕體驗的節拍，
把你的夜曲靜下來，所以它才永不歇止。
唱出你的靜默，是那在唱著你的靜默。
願你成為一首歌曲。
願靜默永遠唱誦你。

人類在靜默中體驗到的那份存在感，是如此地奧妙而深刻。唯有如實瞭解靜默的人，才能真正明白我們人類的先祖，偉大的祖先、智者和先知們，從他們的心念或口中所流傳下來的智思和靈感。「人」這個英文單字「man」，與梵文的「咒語」（mantra），有著同樣的梵文動詞字根「man」，蘊含思考、思慮、冥想、靜坐的意思。所以，「人」（man）這個字指的是會靜坐冥想的生物，而「咒語」這個詞則是指那個成為人所冥想的核心。在梵文中，「靜默」（mauna）一詞的意思，是安靜坐著沉思默想之人的行為、習慣、本質和性格。而「靜默」和「僧人」（muni，性情沉默的人），這兩個梵文字，也都衍生自同一個梵文動詞「man」。因此，最高尚的人也就是沉默的人。

從心理學角度看靜默

當我們去思考什麼是靜默，並且要談及靜默之際，是否會發現自己往往說不出口？我們想要靜到一種無法言喻的境界，而那份心靈的寂靜，才是我們唯一能用來溝通的方式。

雖然明知用靜默來表達的靜默，是無法去分析的。但是，既然此刻人類仍在使用語言做為溝通的工具，就表示我們仍處在要依靠分析去認知的層次。靜默是個整體，它並不是由許多部分組合而成的。然而，透過種種有形的現象、具體的經驗、訊號、徵兆，就能夠知道它的存在，知道它的來臨，知道它是有可能的。《瑜伽經》曾說，當瑜伽士進入三摩地定境時，他不會說自己在三摩地中。只有在他出了三摩地定境，發覺時間的流逝，他才意識到自己曾經進入三摩地定境。所以，我們只能藉由徵兆來辨認真正的靜默，也就是在靜默的湖泊中所顯現出來的，那些從深處冒上來的波瀾。心靈心理學的定義為何，至今尚無定論。市面上也沒見過心靈心理學的相關書籍。很多所謂心理學的東西，若追究到根本，就會發現它還是脫離不了有形的世界以及對有形世界的種種經驗。很少人知道，現代心理學的始祖佛洛伊德最初追隨的老師，是一位熱衷於研究呼吸的人。但是，佛洛伊德不久之後就放棄了研究呼吸，轉而走上了研究無意識的道路。其實，很多藏在我們的潛意識中，被遺忘了的生活經驗和心理狀態，不盡然是在他所說的那個地方生起的。比方說，人類有一種所謂「返回子宮的衝動」（埋在無意識記憶中的子宮經驗），已經深入人心，所以這些心理分析的專業詞彙，已經成為大家的日常用語了。大多被公認是從子宮而來的，事實上卻是來自人類整體生命中的某個地帶，它超越了無意識狀態，它才是真正有意識的，它就是靜默的世界。

返回到子宮那股欲望的源頭，它本身不是一種「欲」念，而是來自於我們認識到自己的生命源頭是非常深沉而永恆的靜默。當我們處在那永恆的靜默之地，那就是聖夜，就是真正的平安夜。此時的靜默如同披肩，只要覆蓋在它的下面，就可以與有形的世界隔絕，是我們在這個嘈雜塵世所追尋的庇護。當今社會的文化，普遍認為追求刺激是生活中不可或缺的一環，而且還要越刺激越好。然而，經由觀察我自己在生活中那些興奮、激擾的時刻，我對此種社會現象得出的結論是：我們之所以追求興奮刺激，是因為它會導致我們精疲力盡。而我們真正在追求的，是那份精疲力盡。大多數人不知道哪一條路才能帶他們直達「永恆的靜止」，只好用消耗精力之後的休息來達到靜止。

已經開始找到那條直達道路的人，他們走的是「內攝」的路。什麼是「內攝」？一般而言，在靈修的圈子中，不論是哪種宗教或傳承，大家講的都是要制服感官，要能做感官的主人。所有感官能感覺到的，都只是在反映心理狀態而已，其作用不外乎是心理狀態的表徵，因此「內攝」所指的狀態是，當你的心境自然平和之際，所有感官知覺進入那平靜的心理狀態，從而使它們變得和心一樣靜止。當心和感官知覺融合在同一個靜默的經驗中，這個境界就叫做「內攝」。如果到了這個層次，就再也不需要去追逐刺激的生活經驗，不需要利用精疲力竭之後的休息，來尋找通往靜止的道路。

這就是為什麼我們在靜坐的時候，要練「克恰瑞舌印」（khechari mudra，逆舌印）。「克恰瑞」的字面意義是「翱翔於天」，做的時候舌頭向後捲，往上直立頂住口腔內的上顎。這是把舌頭內那條能量之流的氣脈（nadi）往後帶，讓它和流經上顎的中央能量之流匯合，往上流入頭頂的「梵穴」（囟門，brahmarandhra），流入頂輪的中心。翻轉舌頭的動作本身不是重點，重點在於把口腔和發聲的能量匯入中脈的通道。除非你已經為這樣的匯合做好必要的準備功夫，否則是練不成克恰瑞舌印的，靜坐也會到不了真正靜默的境界。即使勉強能把舌頭捲起，也是徒然在用勁。就像我們做體位法一樣，如果不認識氣身層是一種能量的身層的話，就只是徒然費力而已。依照瑜伽的哲學，我們說哈達瑜伽不是在練這個肉體的肉身層，而是在練氣身層。

事實上，持咒的目的是讓所有的念頭和情緒，都被一個單一的念頭所取代。也就是說，被一個單一的虔誠心境所取代，以至於最終連那個念頭、那種心境都放開了，此時我們才達到最深沉的靜默。

真正的靜坐，是要到了連持咒語的念頭都沒有了的那個時刻，才算開始。因此，靜默不是指言語上的靜默，是要體驗氣身層內的靜默，是要體驗意身層內的靜默。

我們所受的教導告訴我們，靜默是連要說話的念頭都不動了才算。可是，這個念頭是從哪兒起的？這個要說話的念頭，這種要表達的想法，它的源頭在哪裡？源頭在情緒裡。情緒是什麼？情緒是一種介於「心印」（潛伏的慣性）和「心念」（vrittis，從潛意識的水庫裡升出來的一陣陣如浪的心念）之間的東西。「心印」隱匿在我們之中，也就是一般人稱之為無意識之所在。所謂無意識的東西，就是我們那有意識的心，或者說是我們的大腦皮質所無法覺知的。我們的「心印」在還沒有形成「心念」之前，是先成為心念的底蘊，此時還是一種混沌的念頭，還沒有區分成種種具體的情緒，還沒有區分成具體的念頭以至於形成言語表達。這個心念的底蘊，就是一般所謂的情緒。接著，這個心念底蘊就想表達自己，想要把內在那還未表達的，形成種種的信號和表徵。要讓自己不起這種念頭，就要從心念的底蘊開始淨化，從言語心念尚未成形的層次著手。然後，要說話的念頭就淡了，它就不再能驅使我們，不再是我們與人相處和溝通的主要動力。到了那個階段，我們開始學會用別種方式來溝通，那才是真正的溝通。

佛陀是位偉大的教主。與佛陀同時代，但比他年長，有一位名為「大雄」（Mahavira）的人物。西方並不熟知此人，他所創立的「耆那教」可是聲勢顯赫，不下於佛教。他們在印度廣為人知，是以禁語、淨化等種種苦行而著稱。耆那教的出家人，每當明白到自己此生梵行已成，所作已辦，就會斷絕飲食、言語。他們之中地位最高的僧人，被稱為「天衣僧」（Digambara），是要經過長時期嚴格的苦修和試煉的僧人，才獲准終身裸行，以天為衣。即使在最寒冷的冬夜，這些僧人連一張被單都不可以，也不會披上。當他們決定要捨棄肉身，就逐次斷絕言語、食物、飲水，讓自己的心識緩緩地融入至高的心識，就褪去了肉身軀殼。據說，有一次佛陀和大雄這兩位雲遊的僧人居然相逢，而且住在同一個人家裡數日，彼此卻不曾交談過隻言片語。他們相互之間無話可說，靜默已足夠。

我們應該要嚮往的子宮，是我們所有的心念底蘊和情緒生起的地方，是靜默之母的子宮。若能進入深沉、如實的靜默境界，就會自發地做到克恰瑞舌印，此時你就可以翱翔於天了。

靜默、咒語、上師

不要以為靜默只是不說話而已。如果靜默只是不讓人說話，反而有可能讓人在情緒上和心靈上受到傷害。如果不先充實自己的內在，是不可能保持靜默的。以靜坐來充實自己，以沉思來充實自己，以咒語來充實自己。把靜默當作是潛入自己內心深層的良機。

現代的讀者看到「內心深層」這樣的字眼，常會聯想到我們內心那滿是堆積、混亂、陰暗而難以捉摸的無意識層面。前往超意識心靈層面的途徑則不同。懂得潛水的人都知道，海洋有多種不同溫度和不同壓力的海洋層。心就像一個海洋，有許多不同層面的力場，每個層面的頻率都不同。在「言語」這個層面，它的頻率是最低的；在「思想」的層面，頻率稍高一些；在「咒語」層面又再高一些。假如你的身體是放鬆地進入靜坐冥想，那你持誦咒語的速度也會變快，因為它融入了那高頻率的層面（可是你數念珠能有多快，完全不是重點，那反而是在造成緊張）[1]。如果從那個層面再進入到更深沉而靜默的層面，頻率會變得更高。那種頻率之高，是低頻率層面的心無法領會到。我們要學的，就是要抵達那個層面。

1　請參考〈第3章何謂咒語：是什麼，為什麼〉中的「如何快速持誦長咒」。

要潛到那種深度，似乎令人感到遙不可及。它之所以遙遠，是因為一路上有重重難關。什麼樣的難關？難關就是多生累劫帶來的習氣，以及所有前世和今生的經歷，在心中留下來的印痕。靜默的時刻是讓我們洗掉以往的印痕，靜默的時刻是讓我們不要再造下新的印痕，所以我們的心才能觀察到、體悟到自己更高頻率的境界。每當我們面對這些印痕，就是在加深某種習性，形成某種觀點，比如，稱這個人為西方人，那個人是東方人，我是加拿大人，你是中國人，乃至於認為自己是妻子、丈夫、女兒、眷屬、雇主、員工、尖酸的人、憤怒的人、消沉的人、傷心的人、病人等等。我們做什麼事情都有自己慣用的方式。因為心受到這樣的制約訓練，就會被習慣的枷鎖套住了。要是我們不把心上的枷鎖解開，就得不到自由。

在《瑜伽經》裡，靜默的鍛鍊屬於一種「苦行」（tapas）。有人說，最上乘的苦行功夫是「調息」。也有人說，沒有比「靜默」更上乘的苦行。那什麼是苦行？苦行被形容為「對立忍」（dvandva-sahana），就是能忍受對立和反差。鍛鍊靜默有成的人，可以在炭火堆上走，也可以非常耐寒。然而，喜馬拉雅瑜伽的傳承教導我們，與其用這樣的訓練方式，不如先從自己內心拂過的熱流與冷流下手，這也安全多了。這就是「正忍」（titiksha），是求解脫的先決條件「六德」（shat sampat，六寶）的其中一德。[2] 比如，有人對你怒罵，那些吼叫、詛咒會如同水珠落在蓮花瓣上一樣，立即滑落下來。人家把你吹捧上天，那些讚揚也同樣會滑下來。你會有自信，不是因為別人讚美你，你的自信心是來自於在深沉的靜默中體會到的那份自在。這樣的苦行持續下去，老師會進一步教你做一種稱為「木訥」的靜默，就是靜默如木。在這樣的靜默中，要完全斷絕任何形式的表達，即使用眼神或臉色去表達，都不可以。以前的上師是帶著弟子一起住在山洞裡的，當上師開始「木訥」的靜默，才正是弟子培養自己敏銳觀察力和觀人術的機會，弟子要藉此學習如何去「讀」他的上師。所以，日後自己出山收徒（不管是字面意義的出山，還是精神意義的出山），他才可以「讀」得懂自己的學生，才能夠勝任做學生的導師。所以，這種靜默是情緒的靜默。這是欲望的靜默，也就是禁慾，但是要合乎自己的情況，合乎社會觀念的限制。這是對舌頭的控制，控制它的活動，控制它對口味的習性。你要駕馭感官的習性，導引它們朝內，內在才是生出種種滋味的地方。在那裡，所品嚐到的滋味是如此深切，足以令你生起無比的喜樂。你應該去那裡。

不說話固然是其中一面，但是除了不說話之外，還有其他方法能夠填滿、活化、喚醒、提升你內在的力量。我們學習這種靜默方式，也就是在學習進入那個在理論上所謂的集體心靈（collective mind）、宇宙心靈（universal mind）。不管你用什麼名稱來叫它，這種榮格式的或瑜伽師式的「集體無意識」（collective unconscious）是不可能用任何其他手段來展示的。你只有在進入到靜默的狀態中，才能夠證明有這樣一個集體無意識的存在。

2　請參考斯瓦米韋達的授課錄音：「得解脫的六個前行步驟」。

在靜默中，集體無意識裡其他部分所發生的，也會開始從你的內在反映出來，所以別人會發現你變得有所不同，你自己也會有如此感覺。然而，靜默還不止於此。

有一位我們所熟知的偉大聖人，他的生父是聖城瓦拉納西（Benares）梵文圈中的知名人士。對於梵文學者來說，瓦拉納西的地位就像是牛津、梵蒂岡一般崇高。在這座城中有一項傳統，就是公開辯論。這種辯論可能持續一天、一星期，乃至一個月，直到中立的裁判宣布一方得勝、另一方落敗為止。你知道我們這位大名鼎鼎的梵文聖人，他的學者型父親是怎麼辯論的？他知道自己的對手在某些領域的學識非常淵博，而且對這場辯論是有備而來的，因此不由得擔心自己會在這場辯論中落敗。有些人的學問僅止於言談，但是幸好他除了言談之外還懂別的。在辯論的過程中，有天早上，儘管他的對手在來之前，已經把各種論點、要引用的經典章句，都做了周全的準備，但到了現場卻什麼也記不住而陷入沉默。這是因為我們所說的這位學者的靜默功夫，使對手沉默下來。他的對手因為一個字也說不出，結果在這場辯論中落敗。在喜馬拉雅瑜伽的傳承中，有些老師會用同樣的手段，讓人忘記自己要問什麼。靜默顯然是可以傳遞出去的。我們不需要以辯止辯。如果你明知道所爭論的是沒有意義的事，大可以藉著靜默讓在爭論的對方靜下來。但是，你要懂得把它發射出去。要學會怎麼發射它，怎麼傳輸它，這就先要做很多年的靜默功夫才行。

來到最盡頭，言語是用不上的。隨便拿你說過的任何一個句子來檢查，就會發現它們都是沒有意義的，不管你是在談神學、哲學，或者日常談話都一樣。如果我們認真地觀察任何物體的真面目，比如物體可以分解成分子，再分解到原子，到次原子，乃至分解到當今在討論科學的哲學觀時十分流行的所謂虛擬粒子。如果你能夠抵達那個層面，那麼你原本所認識的那個物體就消失了。同樣的情形，也發生在要表達該物體的言語上。科學家解構了空間、時間和質量後，原本的物體就變得不再真實。這個道理用在語言上，結果也相同。舉一個例子，很多人都會問這樣的問題：「人死了以後，靈魂往哪裡去？」要講「哪裡」，就涉及空間、地方，所在之處。「以後」則涉及時間。「去」是指在時間和空間裡的移動。可是，「靈魂」是超越物質的，不受時間或空間的限制，自然也不在時間和空間裡移動。所以，這個問題本身就有問題。如果你仔細分析這種問題，自然會陷入靜默。所有的問題都一樣，最終都只有靜默。也唯有靜默，才能回答那些你現在已經「停止」追問的問題，因為它們根本是沒有意義的問題。

所以，我們說，靜默體驗的各個方面何其之多。有人會問：「為什麼弟子靠觀察上師在靜默中教導弟子，日後弟子成為老師時，就能夠藉由觀察而看透自己的學生？」答案在於養成敏感力。禪思中靜默的心（不是那種負氣時的靜默）是一種晶瑩通澈的狀態。它有如一座絕對靜止的湖，一切都反映在其中。上師在學生面前保持靜默，首先，他那份有感染力的靜默會投射到學生的心中，因此學生的心能夠學會怎麼到達上師的心的層次。這也是老師在帶領靜坐時要用到的手法之一，他要把自己禪定狀態的深度，帶給一整群人或個別的弟子。一旦學生也進入狀態，那麼上師肢體所透露出來的任何細微動作，都會反映在學生的心中，他就會知道上師要什麼。在學會對上師察言觀色之中，他就學會了看懂所有細微的意思表達。

以前，我經常見到有人從我上師的房中出來，滿臉疑惑地說：「我問了好多問題，可是他什麼也沒有回答我。」「什麼也沒有」（Nothing）就是什麼都不是，也就是神的一個名字，是梵文說的「neti」（不是）。佛教徒說終極的真實是「空」，它「完全不是」我們所習以為常的任何東西。因此，如果你的心是處於「空」中，哪裡還有什麼字眼來表達別的東西？大師的不語，其實已經道盡了一切，只是你聽不見罷了。實習老師的情形也一樣。在訓練他們的時候，經常要他們學會在靜默中溝通，那是一種「符號」的語言，是肢體的語言，是暗示的語言。到了某個階段，上師有可能在一段期間內不准弟子去見他。在這段期間內，弟子就得慢慢地、極度緩慢地學習解讀靜默的語言。當學生變成老師，因為他學會了對自己的上師觀察入微，就可以很容易看懂其他人，因為一般人遠不如上師，他們身體的動作大，臉上的表情有時很明顯，有時又試著隱藏自己的困惑。所以，身為一個老師，就要學會即使學生滿懷不安地來到面前，自己也要能保持平靜，要把自己的這份平靜反映到學生的心中。

我們要學的，就是保持非常平靜的心靈，這是未來許多年的功課。我可不知道有誰能夠把靜默系統化，或者有誰能夠以「如何靜默」為題寫一本教科書。你們可能會想：「說的沒錯，但是在我的日常生活中用得著嗎？」真正的靜默就是完全沒有焦慮情緒的心態，如果這成為了你的情緒底蘊，你的生活品質只會更好。

靜默：問與答

首先要瞭解，這個「我」是由許多層面組成的，一個場裡又有一個場，一個身層中又有一個身層，像一個枕頭套裡又有一個枕頭套，一層布幔之下又有一層布幔。這裡所指的是個人的自我（personal selves），不是靈性的自我（spiritual selves）。這個「我」裡面，每一個層次都有自己的頻率，自己的語音、光線和聲響。在喜馬拉雅傳承中，我們將光和聲音結合，修光的法門也會走上修聲音的法門，反之亦然。本書作者寫過一本小書名為《祝福》（*Blessings*），其中有兩句：

> 音生出來的光越過太空時，願你能看見它；
> 光生出來的音越過太空時，願你能聽見它。

那個虛空在哪裡？光和聲音在什麼樣的虛空中流過？宇宙的光和聲音的元素，在未顯現成為光和聲音之前，是隱藏在那至高的心靈之中，處於任何儀器也測不到的狀態，那個所在的虛空會是什麼樣貌？我是用「斯盤達」（Sapnda，自發的振動或漣漪波）的概念來理解它，這是克什米爾派哲學（Kashmir，於八世紀時建立，延續到約略十四、十五世紀，其間出了好幾位心靈的和學理的大師）的一個核心理念。「斯盤達」的意思是振動，根據這個哲理，每一個「力場」中都有某種頻率，也就是它的語音和音聲。「本我」（Atman，靈性的自我）的頻率，只有證到「本我」的人才知道；任何企圖描述「本我」的陳述，都是沒有意義的陳述。「本我」是沒辦法使用任何語言來問的，所以也沒辦法用語言作答，言語於此完全用不上。任何關於「本我」的問題，我都會說：「無法回答。」所以，我們不要去糾纏「本我」的問題。「本我」愛的是獨寂，也就是《瑜伽經》裡的最後一個字：kaivalya（意思是唯一、單一、獨一，心靈的獨寂境界）。但是，在到達心靈的獨寂境界之前，先要穿過重重噪音的障礙，這些是高頻率或低頻率的不同地帶、不同「力場」，其中每一個層面上所謂的靜默，都只是相對的。相對於什麼而言？相對於外部而言，相對於每個力場自身外層的力場。在持咒語靜坐時，我們是乘著咒語去探索一層又一層的深處，到了一定時候，都要把咒語拋留在心識層面。

最低頻率層次的咒語體驗是唱誦、歌詠，包括稱為「克爾坦」（kirtana）的唱誦都是。漸漸變得更沉靜——單獨，是對自己喃喃自語。再深一層——閉上嘴唇，讓舌頭快速地念誦。舌頭靜下來，但是喉部還有微動。喉部靜下來，心念仍在將脈衝送往發聲器官，可是被要靜默的念頭所制止。然後，咒語變成了心中一個念頭。然後，咒語變成一種振動。咒語變成一種尋覓，在尋找它是從何而來。一旦找到了那「從何而來」的所在，你縱身一躍而入，此時，咒語就像一艘已經到了彼岸的船，要將之拋下，你才能進入到一種深邃的「永恆」寧靜的片刻，這份寧靜會慢慢延展，然後成為一種習慣。

那麼，究竟你認為自己應該停在哪一種身層，無論你叫它「堡壘」也好，「城市」也好，或者稱它為Puri（梵文）、Polis（希臘文），你要停在哪一個層面，都是習慣的問題。堡壘的內層又有堡壘，所以你習慣待在哪一層，你靜默的層次就在那裡。因此，你的靜默有可能僅屬於言語層次的，或是感官層次的。

所以，我們用禁語和持咒來獲致內在的寧靜，這跟靜坐時把心靜下來是沒有區別的。若要靜坐能坐得好，就要試著讓自己的心念保持不亂，盡可能維持在安定的狀態。這兩者是分不開的，能做到前者，就會讓後者得利。能做到後者，前者就得利。我們遇事之際所生起的劇烈反應，例如，變得憤怒、錯亂、抗拒，乃至反擊，都是一種習慣，這正是我們要花很多年去修持「非暴」的功夫來克服的，其基本原理是：「會使懦夫逃逸的境遇，反而會使英雄奮力一搏。」無論你稱之為「adrenaline」或「epinephrine」，反正都是腎上腺素，在這兩種不同的反應之下都需要，重點是在這兩種本能反應之間，你選哪一個。同樣地，在面臨挑釁、干擾、煽動的情況時，沒有訓練的人所選擇的反應是緊張、煩惱，而訓練有素的人則會選擇放鬆。問題在於訓練自己選擇哪一種反應，重點在訓練而已。

這也回答了「我要怎麼樣才能夠既保持靜默，又能夠依世俗的標準來把事情做好？」這個問題。個中道理如同你在市區裡的「禁鳴區」也能開車。難道你進了這一區，就開不了車嗎？下次你開到市區裡的「禁鳴區」時，注意一下自己起了什麼微妙的改變。不只是你的手指不再放在按喇叭的位置上，首先你的內在就會有某種改變。注意這個改變，它是非常細微的。心中仍然非常吵雜，好像見不到有什麼寧靜，但是，的確有那麼一點滴的寧靜，那一滴靈汁落入心中。有人說，一滴蜂蜜不會讓海水變甜。的確不會。但是在它掉落的地方，就會起些微的變化。朋友們，當你進入「城市」的「禁鳴區」[3]，那種變化就會發生，而且毫無疑問的，你也照樣能開車。同樣地，當你進入醫院的加護病房區，你不僅是踮著腳尖輕走，首先你的心中一定會生起些微的改變。它對你的溝通方式有什麼幫助？它有沒有幫助你如何去和那位生病的親人及周圍的人溝通？這改變是非常細微的。也許你會帶著些許傷感離去，但是同時也會帶著一份肅穆感，因為你學到了新的東西，你用到了心中一個不同頻率的層面。奇怪的地方在於，那些我們平常很自然在做的事，一旦用這麼多的文字來表達，就會變成很困難似的。所以，不論是靜坐中的靜默，還是日常生活中的靜默，靜默都是相對的；癥結在於轉換到你生命裡不同的頻率層次，換到另一個「斯盤達」的層面來做人、做事。

有人問：「這個內在的靜默境界，是不是代表著見到『本我』的一點影子了？」是的，的確如此。如果你不介意我出爾反爾的話[4]，我要談一下「本我」。關於這個題目，我所知道的，或者說我所能表達的，只是一種比喻或比方，是一種借鏡罷了。從「本我」的核心所釋放出來的一道道光，注意，這裡不說是「聲音」，應該說釋放出來「一道道的寧靜」，是穿過好幾層的「心浪」層（它們是「物質原素」所衍生、變化、顯現出來的），包括從最裡層的布提層[5]，到最表層的感官層，以及那些形成生理組織的塊狀和通管的層面，比如骨骼、血管、筋、軟骨、肌肉等等；由內到外，頻率會變得越來越低。換句話說，是變得「越來越吵」、「越來越粗糙」。反過來由外到內，頻率則變得越來越高。總之，你靜默的深度，是取決於你抵達自己生命的哪個層次。也就是說，譬如你的手和腳都放鬆了，還可以再往深處去，然後你的聲音也會不同。難道你沒有注意到，好的靜坐老師在帶人靜坐時，他的聲音會改變？在用到聲音的同時，他抵達了自己內在一個更高頻率的層面，這正是他的聲音會改變的原因。他運用聲帶的方式，跟正在吼叫、生氣的人的用法，是不同的。兩者的聲帶都會發聲，其中一個的聲音是連結到內心的寧靜。另一個聲音則是和自己的內在完全不和諧，所以是一團矛盾表露無遺。在憤怒中，他就是在抵觸自己[6]。

3 作者原文的「城市」和「禁鳴區」都有引號，是一種隱喻。請讀者對照前後文深思其義。

4 因為作者在前面說過，「本我」是無從說起的。

5 根據印度哲學，「布提」是從最基礎的物質，也就是「物質原素」所衍生而出的第一道「意識層面」，可以說是最精純的「精神作用」，其下再層層衍生出「自我意識層面」、「意識層面」、「五唯層面」（色、聲、香、味、觸）、「五知根」、「五作根」，到最末的「五大」（地、水、火、風、空），才是我們常人認為的「物質」、肉身。因此，我們的生理組織到種種心的作用，如情緒、感覺、思考等，都仍屬於「物」。

6 原注：杜斯妥耶夫斯基的《卡拉馬助夫兄弟們》（*The Brothers Karamazov*）書中，那位脾氣暴躁的費奧多爾就喜歡說：「對我而言，動火的感覺其實是種榮耀。」

因此，我無法將靜坐時的靜默、由梵咒轉化成的靜默，以及禁語的靜默，這三者分開。因此，對我而言，靜坐時的靜默（此時咒語也歸於寧靜）以及在禁語中的靜默，兩者是沒有區別的。

這正好回答了下面的這個問題：「我們應該是有意地把咒語靜下來，還是讓它自己融入寧靜之中？後者是否會自動發生？」起初，坐在那裡不斷地默念「搜－瀚」的確有那麼一點枯燥，可是練久了自然就純熟（就算不見得純熟，至少也熟練了）。此時，咒語就成為一種內心的慣性，當它自然在心中出現，你就聽見它。你先要練習持誦一段時間，耐心等它自然生起，然後守著它。起初一定要有意識地去練，當它能夠變成自發性的，就當成是一種福報。做靜默的功夫也是一樣。當咒語自發地在心中生起，你就要守著它，要在心中看著它，衷心地接納，把它當作自己受到的福報。如果你能守住這樣的境界，當你開口說話時，就是在某種程度的靜默中講話。所以，你是處在自己的哪一個層面？是比較低頻率的，還是比較高頻率的呢？是外層的自我，還是相對內層的自我呢？（譯按，這裡的所說的「自我」，指的是世俗所講的個人自我，而不是「本我」）。你在哪個層面，你的回應就是來自哪個層面。

在靜默中，你可以達成自己的願望，但絕不是因為不講話的緣故。不講話，絕不會讓你達成願望；能達成願望，是因為你有靜默的功夫。請務必要瞭解這一點。因為你讓自己處於那較高頻率的層面，也就是相對比較深的層面，能夠守在那兒，能夠從那個層面起心動念，那麼，因為那裡的能量和力場是比較精純微妙的，所以作用就比較大。它的能量層次高，所以會影響到你生命內頻率比較低的層次。不論處於哪個層次，你都能如實地看著自己的所在。靜默的境界，即知道自己在靜默中，那麼，靜默就自然成為經常的狀態。久而久之，你就不想開口，就會發現不需要多言，因為在默默中，你的願望已經成就。因此，靜默還可以是你的許願石。

「在喚醒靜默以及其後保持靜默的境界中，呼吸扮演什麼角色？」所有我們前面講過關於咒語的一切，同樣可以用在呼吸上。這兩者都是我們用來進入內在層面的工具，各有其法。《瑜伽經》第二篇第五十一句經文中，有個梵文專有名詞「kevala kumbhaka」，我把它翻譯為「獨發住氣」。若是進入了「獨發住氣」的境界，根本就不必費力屏息。此時，呼吸（鼻息）先是變得非常細微，幾乎無法察覺。然後，只感覺到「氣」的能量（prana-force）。到這個階段，我們所覺知的自己就是「氣身層」，它比起「肉身層」可要微妙多了，而當我們進入這個層面，呼吸就會停止了。依據《瑜伽經》釋論的作者所言，人就可以好幾個小時、好幾天、好幾個月，乃至好幾年都不用鼻息。這聽來太不可思議，簡直無法想像，難以置信！但，它可是千真萬確的。

現在稍微變個話題。「可不可以練什麼功夫，來克服話太多的毛病，來消除內在那一股非要開口不可的勁兒？」這個問題，跟問「有沒有什麼辦法可以對治吃得過多的毛病」是一樣的道理。話太多和吃得過多，皆代表內在是空虛的。印度有個古老的俗諺：「空的容器才會發出許多水花四濺的聲音。」意思是半空的器皿會發出許多水花四濺的聲音。若是裝滿的容器，則不會發出任何聲音。如果是半滿或四分之一滿，或者只有一點點水或其他的液體在其中，你移動這個容器時，就可以聽見水在晃動的聲音。每當發現有人話太多了，我們就會說：「瓶子空空所以猛響。」[7]因此，對治話太多的毛病是有辦法的。那就是充實你自己。如果你的心是充實的，就不會用過度填滿胃的手段，來試圖補償自己的心。因為你的內心不充實，才會不斷地要填飽你的胃。假如你沒有辦法忍住不說話，那是因為你得不到足夠的愛。「啊！是的，我就知道。可是沒有人愛我啊。」那要怎麼辦呢？最好有一種什麼缽讓你能夠四處托缽行乞，求人家把愛施捨給你。因為你這麼多話，所以人家的注意力才會放在你這裡，是嗎？結果往往是，人家很快就會掉頭走開，你不會得到你所想要的注意力。為什麼？因為你沒有付出注意力，你的注意力只放在自己的心中，只是注意到自己能意識到的表層心，那滔滔不絕的心，那較低頻率的心。所以，去充實自己的內心吧。可是，你現在還不適合去練完全的靜默。先試半個小時。但千萬記住，不說話並非靜默。要用靜坐、沉思、旁觀、自我觀照以及高頻率的能量，來充實你的心，讓它們滿到流溢出來變成愛，讓它們從你身上流出來，流給那些在托缽行乞自憐的人。你的內心仍未得到充實之前，你就跟他們一樣。

「在靜默中，究竟是什麼樣子？」我多希望能把靜默像恆河的水那樣裝在水樽裡，然後把它送到你面前，讓你瞄一下它，好知道靜默的樣子。但是，很抱歉，這是辦不到的，那個水樽裡面流的是靜默的恆河，靜默的喜瑪拉雅山從中崛起，靜默的大海潛入其中，那個盛著充實之酒的圓甕，不在別處，只在你之中。你，就是遠古瑞悉仙人稱為「卡拉夏」（kalasha）的圓缽，其中盛滿了「蘇摩」（soma）[8]，盛滿了平和的光，盛滿了月的光明，它為心靈和感官帶來清涼，使人靜下來。

遵守靜默有如去做齋戒。齋戒、禁慾和靜默之間，沒有什麼不同。少吃三口飯入肚，和少用三個字來表達你所想說的話，這兩者之間沒有什麼不同。在我的身體還能夠受得了齋戒時，我有一個發現，齋戒就像靜默剛開始的時候。你才剛開始靜坐，思緒的閘門就會大開，提醒你：「喔，有這件事要做」或者「有那件事要完成」。這些事情統統會浮上表面，然後才開始安定下來。同樣地，齋戒剛開始的頭幾天，會有一陣陣的飢餓感，然後你就能戒掉進食的習慣。接下來困難的是停止齋戒，因為此時齋戒的念頭遠比進食的念頭要大。你可能會希望自己能變成跟傳說中的瑜伽士一樣，只靠水、空氣或者能量就能過活。

但是，你可不要冒然這樣做。在現代的環境中，那種極端的方式並不健康。懂得適時適量的調節，遠比一味苦修來得困難。在家修行同時能夠節制自己的欲望，比起發誓禁慾而躲到偏僻的小屋或山洞裡獨居，前者比後者難得多。

---

7 原注：莎士比亞的《亨利五世》劇本中，第四幕第四段第七十二行：「俗話說得好，瓶子是空的才特別響。」

8 用草葉釀成的汁液，印度遠古先民會在祭祀時飲用。

靜默也是一樣，過了一段時間之後，初時的躁動不安，以及初學者所感到的無聊不耐，都會漸漸退去。時候到了，你的感官就會開始品嚐起那「津液」（rasa），那是你內在本自俱足的「滋味」，只不過它此刻沉溺在喧鬧的欲望之海中，而由於不能滿足之故而變成了挫敗感。你就進入那海中，平伏欲望的波浪，看看會如何。靜坐時會如何，靜默時就會如何。

靜默可以平息衝突

遇到一個很吵的人，把寧靜灑向他，把充滿寧靜的雨雲蓋在他身上。遇到衝突和噪音時，要能夠瞭解，帶著衝突和噪音來到你面前的此人，正深受困擾。做個製造和平的人，也就成為製造寧靜的人。準備好一壺寧靜，用你的眼神、你身體擺出來的姿勢、你的言語，把寧靜灑在他身上，它們都來自你內在那永遠滿潮的海洋深處。雄壯的詩篇，博愛的情懷，都是從此處生起，因此能夠洗滌世界的污垢不潔。有一個故事，講的是偉大詩人泰戈爾的靜默功夫。你可能聽過他的詩集《頌歌集》（*Gitanjali*），如果你還沒有福氣讀過，請務必為自己造福。那個故事說，有一天泰戈爾文思泉湧，正忙著在房中寫作。某個嫉妒他的對手僱了一名刺客前來，刺客走進詩人的房中，匕首已經離鞘。詩人不想打斷文思，抬頭望了一眼，就用手中的鉛筆示意來人坐在一旁的椅子上，然後繼續寫作。那名想行刺的人就兀自坐在一旁，拿著手中的匕首把玩，時而指著這裡，時而指著那裡。過了一陣子，他感到無聊，就站起身離開了。對我而言，這就是如何解決衝突問題的答案。

把寧靜從你的眼睛的窗戶灑出去，從你的眼、口、手、足等門戶灑出去。把寧靜從你的心，用語言灑出去，那是一種能把寧靜傳達給其他心靈的語言。你要學會怎麼樣把自己內在的境界傳給別人？不是把嘴閉起來就是靜默，不是那種你帶回家的悶氣，對家人說：「誰也不要來找我講話！」然後躲進房間裡，用力關上門。你的配偶連忙問：「親愛的，你怎麼了？」「沒事。我有說什麼嗎？」可是你已經說盡了一切，足夠說上一萬年了。朋友，那不是靜默。那不是我們現在所說的靜默。

我們說的是另一種靜默，是當有人在憤怒地搥門，若是你默默站在一旁，那人的臉上會立即開始浮現出靜逸，我們說的是那種靜默。這是先知的靜默，是聖人的靜默，是佛陀微笑時的靜默。我們要練的是這種靜默，並且要反覆不斷地練習。但是你會說沒有時間。啊，你沒有時間嗎？每一口氣和另一口氣之間就是時間，吸氣和呼氣之間的那一剎那，是靜默的一刻。要懂得在吵雜的一天中，去體會那刻靜默。願它帶領你，不是變成聒噪之人，而是變成寧靜之人。若孩子哭鬧時，你能夠先把自己放入深沉的靜默中，然後抱起孩子，把他靠在你的左胸上，讓他感覺到你的心跳，讓孩子感受到你深沉的呼吸。打開你的披肩，把孩子裹進來，那就是你靜坐的披肩，這麼坐上兩分鐘。除非孩子哭鬧是身體非常不舒服或生病了，否則他就會感染到你寧靜的情緒，也就學會了那種不同的溝通方法，將來一輩子都用得上。所以，你孩子所受的教育中，應該要包括靜默。

靜默療法

物理學和心理學上有個大家所熟知的原理（其實幾乎所有其他的學科也有相同的原理），那就是：任何流體，若某一個出口被堵住時，它會自己找到另一個出口，以更高的流力流出。

能量改道可不是偶發的，而是受到某種內部的過程所導引。比如，視力受損的人，可能聽力會變強。印度古典音樂的歌者在演唱時，常常會閉起眼睛。你會發覺即使他們在彈奏古典樂器時，眼神卻是內視的，因為他們正專注於自己內在的聲音世界。人在讓眼睛靜下來的過程中，對內在聲音世界的聽覺，就會開始甦醒。

這個道理在實踐靜默上也同樣適用。言語的靜默，不是讓人逃離世界這麼單純。當我們進入靜默中，讓心靈中的靜默來平定起伏的情緒，我們才能保存大量精力，而不會把它浪費在言語上。我講過，靜默的實踐不僅是不說話而已，而在於放下當時要說話的念頭。實驗發現，僅有說話的意念，還不必開口，就足以使血壓升高。要放下的是那個意念，而放下意念是為了要體驗保存精力所能帶給我們的那份內在的富足感。

我常用靜默來自我治療嚴重的疾病或劇烈的疼痛。在靜默中，我康復的速度就比較快。一旦進入靜默，即使是高升的血糖指數也可以降下來。當你開始要進入自己心中靜默的斗室時，記得你是為了要體驗內在的富足感，那是你要追尋的。能這麼做，你就會發現身心康復的速度都快多了。

當然，不是每個人都願意或能夠去做靜默。所以，不可能硬性規定醫院裡全體病人都要遵守靜默。但是，對那些有宗教信仰或追尋心靈體驗的病人（或深或淺，也不論哪一種），或者那些有某種創意的病人，不論是詩人還是藝術家，或是那些有過強烈愛意（但不是毀滅型的愛意）的病人，或者即便是門診的病人，都應該建議他們遵守靜默一段期間。期間不必長，可以只是半天，乃至一小時都可以。也許可以設計某種實驗，觀察遵守靜默的病人組，在其他條件相同的情況下，是否康復得快一些，或者比常規的康復期短。我深深覺得，實驗結果會是肯定的。

我前面說過，進入靜默不是要逃避。它也不是用來壓抑內在的不安情緒。假如把它當成一種壓抑的工具，靜默的本意就失去了。因此，進入靜默，是進入自己內在的富足。以前有段日子，我不停地在北美洲和其他地方奔波，經常好幾天都沒睡上一覺，可是活動還得照樣不停。我發現，即使在沒有機會保持完全靜默的情形下，我只要能保持那份「意念」去維持靜默，搭一程飛機就能恢復元氣。每個獨自旅行的人，也常常會一個人靜靜地在一個地方坐上好幾小時，但那不算是靜默。家人都出去了，沒有講話的對象，那也不算是靜默。要有那份意念才算靜默。如果我維持這種意念，它就能幫我恢復精力。在那段日子中，我還有一個發現，因為我每天唯一的休息機會是做一次到二次的瑜伽睡眠，只要我的心受到什麼興奮刺激的干擾，我就會立即覺得昏昏欲睡。這激發我刻意拿自己來做實驗。如果我能監視自己的情緒狀態，能夠像轉動心內音量大小的控制鈕那樣去調整它，結果會如何。這麼一來，我發現靜默就是在於學會如何去調整內在的情緒，以至於它會完全受控於你。能做到這個地步，靜默結束時，你會發現那份富足感足以讓自己的身心都得到康復。

靜默的創造力

死氣沉沉的靜默，那不是我們所求的。我們所求的靜默是活生生的靜默，那才是我們在追尋的。

印度最古老的經書《梨俱吠陀》的頌文中描述的「摩尼僧人」（munis），據說他們是「食氣」之人（vata rashanah），他們只靠食氣就能活，氣就是能量。另一個意義是說他們能用到氣的線索。這意義非常深奧。我們裡面的能量線索在哪裡？沉思默想的摩尼僧人是怎麼用到，怎麼抽取這些線索，不是用它來綁住自己的生命，而是用來解放生命？那就是活生生的靜默，是有創造力的靜默。

講到靜默的創造力，有個例子，在印度的傳統裡，舞臺劇從一開始就是一種禮拜的行為。傳統的卡達卡利舞（Kathakali，重現史詩故事的舞劇）的演員，會用五、六個小時來上妝。從他們一踏進後臺的房中開始，就會進入絕對靜默的狀態，不是為了要上妝，而是為了要讓自己變成像樣的工具，好讓那些身為神明轉世的歷史人物，降臨到自己身上，透過他們來行動和講話。這就是靜默的創造力。他們一演就是整個晚上，坐在廟裡的觀眾絕不會睡著，而是在全神貫注於神明的現身。

有的文化裡，靜默是一種共同的經驗。例如，在印尼有一萬三千個島，上面有著許許多多不同的宗教，但是一年當中最多人要過的節日是「靜默節」（Nepi）。

自己練習靜默

在靜默中的人，會為自己的沒禮貌而道歉。你向他打招呼，他卻只點頭回應，那是在表達歉意。雖然他會覺得盡可能保持沉默就是在休息，但那不表示他會丟下自己該盡的義務。碰到需要溝通之處，他就會開口。為了要在世間生活，他必須要有個可以避開我們的洞，讓自己可以隨時鑽進去尋找那份靜默。現代人什麼都喜歡能隨身攜帶，那就用最新的隱形科技造一個看不見的隨身洞吧！不管你上哪兒去，都能帶著走。很簡單，你只要坐下來，在空間裡依自己的體形挖個洞，這就是了！裡面只有你。然後你會發現自己要講話的衝動沒有了。你會覺得這個世界上除了神之外，還有什麼值得一談的？可是你又沒辦法去談論神，因為還沒見到祂……那麼自己的腦袋裡那些唧唧喳喳講個不停的，乃至從嘴裡變成聲音說出來的，都已經沒有意義了，還有天知道所有的電臺、電視臺究竟用多少種語言在播放個不停呢！你早晚要找到辦法去避開這一切。

能夠盡可能地保持在靜默中，同時又能不疏忽自己份內的工作，靜坐時就可以做得更深。以前要用三十分鐘才能達到的深度，如果有靜默的功夫，你只要三分鐘就能做到。這也因為通常我們自己的聲音會反饋到自己的心中，這就是一種干擾，它影響的程度比你想像的來得大。

我們內心所聽到的最大噪音，就是我們自己的聲音，因為它最靠近我們的心。但如果心已經被自己內在的唧唧喳喳吵到不得安寧，舌頭就一定會動。讓舌頭停下來，卻停不住心中的自言自語。所以，如果你以為用一塊布把嘴蒙上，或者把嘴塞住，你的心就能得到休息，那也未免太樂觀了。

首先，我們要有的心理條件是，不要有依賴性，不要一旦自己的心沒有什麼東西好依賴牽掛，就若有所失。例如，有人說：「啊，我巴不得能清靜片刻。你們這些孩子全都給我出去，走！」結果他們一剛離開，你就打開電視，清靜也沒了，因為大家不瞭解自己的心要的究竟是什麼。

我們好像是自虐俱樂部的會員，才會放縱情緒，讓心受到過分的干擾，因為我們享受自虐。可是，一旦你發現了口中的沉靜和心靈的寧靜之間有著密切關係，而且越來越能夠體會到這個關係，你就會停止這種自虐。

能守靜，情緒的鋒芒就會變鈍，基於某種原因，我到今天仍在內心做這個功夫。本來覺得什麼東西彷如心頭上尖銳的刺，若是能有意地進入靜默中，就不覺得它有那麼尖銳了。情緒的鋒芒在靜默時變鈍了，因為你已經瞭解到，如果任由情緒變得強烈，你就會想使用語言。在靜默中，你的心會提醒你：「嘿，你不是發了願要守靜嗎？所以不要沉不住氣。」這麼一來，打破靜默誓言的念頭就會漸漸消逝。

靜默本身能讓人靜下來，它有種反饋的效果，可以降低情緒的強度，而隨著情緒強度的降低，要說話的念頭也消減了。這回過頭來又會降低情緒的強度，接著再進一步消減說話的念頭。從而形成一種良性的循環。

靜默也是在訓練自己的耐性。平日遇上不愉快的事，你常見的反應是爆發出來，立即抗議。但是，如果發了願要守靜，就要訓練自己的耐性。

我的守靜是微不足道的。因為，我同時還要顧及自己對教學中心和學生們的職責，因而經常用紙條來留言。這麼做，既可以休息，也可以工作。我是藉著紙條，由別人代我發言。我學會由別人來代替我做兩件事，都和嘴巴的功能有關，一進一出。每當我想要吃什麼喜歡的東西，可是自己的身體狀況又不允許，那麼我就會滿懷著愛意把東西餵給別人吃，這樣自己就得到微妙的滿足感。同樣地，我也請別人代我發言，找個喜歡講話的人，讓他得到樂趣！

在這種狀況下，只要使用很少的言語，就可以完成所有的工作，寫一張紙條而已，省力且效果佳。當你遠離工作去獨居時，就連工作上需要的溝通都停下來了。

即使在生理上，或是從健康的角度來看，靜默也是十分有益的。只要保持靜默，就可以減少睡眠所需要的時間。我們一天下來所積累的疲勞，其中不知道有多少是由說話引起的。修練靜默不光是為了心靈上的原因，也有出於生理上的原因。我患有糖尿病，在發願靜默的期間，我都會檢查自己的血壓和血糖指數的高低，結果兩者都顯著降下來，比起不守靜的期間是低多了，雖然其他的生活型態都沒有改變。我還是如常地工作，但到了晚上，我就不會那麼累，所需要的睡眠較少，這都是因為修練靜默的關係。

在靜默時，其他的感官也自然會受到控制。甘地說過，要控制進食的欲望，就在於能控制說話的欲望（也就是靜默）以及能控制色慾。也就是說，所有的自我節制，都是相互牽連的。假如我想減輕體重的話，要是我能同時遵守靜默，體重就會降得更快。當嘴巴的講話功能被淨化了，吃東西的欲望也就消失了。因此，你在守靜時，不必為了要減少食量而掙扎。同理，在守靜時，禁慾也就變得更自然。這些統統會有助於形成某種內在的能量源頭。這種能量可以用於創意上，也可以用來帶領靜坐，或者可以不必事先準備講稿，只要一坐下來，啟發人心的字句就能脫口而出。

經驗豐富的靜坐老師所能教給你的，不是從書本中得來的，也不是從課堂上聽得來的，或者靠抄筆記得來的。他們所教給你的，全都是在自己的生活中親身體驗過來的。

他們所成功體驗到的東西，對我們大有幫助。他們說：「沉默是金。」現在就開始做一點靜默來存點金吧。例如，從每次做一小時開始。就一小時。若你決心要守靜一小時，就不要開電視。把電話關機。不要用這一個小時來寫一封長信，因為那仍然是在心中的談話。也不要用這個時間吃東西，因為仍然在動嘴巴。但是，你仍然可以做點活，或者做些勞動，比如打掃屋子、清洗碗盤之類的。或者可以到林子裡散步一個小時，靜靜地走。假如有人攔住你，不妨裝傻。

你一定要去實驗。先嘗試一個小時的靜默，結束之後，感覺一下自己的情緒狀況如何。因為我們有很多壓抑的情緒會浮現到表面上來，它會需要導流。它可能會驅使你打破沉默。同時，我們也要明白，如同在踏上聖母峰的探險之旅以前，我們得先練習攀登山丘。所以，開始靜默時要慢慢來，不要一開始就把自己關在屋裡做四十天的守靜。

當你停止了溝通，剛開始的時候，你會體驗到情緒在靜默中冒出來，這就像念頭在靜坐中會冒出來那樣。所以，如果你以前從來沒做過，就要小心一些。老師們經常被問到：「守靜的期間能閱讀嗎？」我的建議是，不如去靜靜地走一小時，然後坐下來，看看自己有什麼感覺，有什麼不同。下一次試試不去散步，看看又是什麼感覺。最好的境界是內心的靜默。你要去習慣內心的靜默，如果你不在閱讀的話，你要懂得自己的心該怎麼辦。

心在做什麼？這才是問題所在。如果你不在閱讀，不在看電視的話，你的心該怎麼辦？如果心還是在喋喋不休，守靜就沒有意義。去多做實驗。有的高手可以在閱讀的同時保持內心的靜默，但是大多數人做不到。

通常我們在用到心念的時候，大部分的腦和其中的交感神經系統會變得活躍起來。當大腦在從事某一項活動的時候，腦的許多部分也跟著活躍起來，跟著動起來。在「深層次」的靜默中，情形是非常不同的，你可以在從事創意活動，也可以在閱讀，乃至可以在講話。但是，你只需要用到進行這項活動非用到不可的腦神經系統的部分，其他部分的心和腦都仍然在靜默中。

大多數人可沒這種抽離的本事。若是修行靜默有成的「摩尼」大師，他可以在做閱讀、寫作、傳達訊息等活動的同時，仍然留在靜默中，他不怎麼受到這些活動的干擾，因為他能夠選擇性地專注於某個活動，同時把心的其他部分保持在平靜的狀態。斯瓦米拉瑪常常說的一句話是：「karni aur sumirni.」意思就是我們應該要懂得去忙碌，同時，要時刻憶念著神。

所以，假如你在靜默中去閱讀，你大腦其他的部分在做什麼？你的身體在做什麼？當你讀到書中驚悚刺激的一段，身體起了什麼樣的反應？如果身體對那段文字描述起了情緒化的反應，那你就不是在做靜默。所以說，沒有死規矩，可是你一定要時時看住自己的心，看住自己的情緒是在什麼層次，你的反應是屬於什麼層次。如此而已。

如果能掌握到三個規範言語的原則，那麼，就算開口講話也是在靜默中，這三個原則是：有益（hitam）、有度（mitam）、有悅（priyam）。我說的言語是否對人有益？說話的語氣、音量和字數是否有節度，能夠產生最大的效用？說話時是否使用最和藹愉悅的態度，剛好夠達到所想要的結果？以至於多一分和藹愉悅就不能達到想要的結果，少一分和藹愉悅就會顯得粗暴。當然，像這種在言語中的靜默，在動中仍然能與神同在，不是大多數人能做到的。從一小時的靜默開始，種子會長成一棵樹，繼而結出豐盛的心靈果實。

靜默的靈性之語

對你人性的欲望讓步吧。例如，進入靜默。

睡眠可不是靜默。

靜默是有警覺的。靜默是會說話的。靜默是能創造的。靜默能讓旁人也靜下來。

在你的面前，如果別人的心不能自然靜下來，就表示你還沒有練過靜默。

做個別人無從挑戰的人。把你所有的想法都保持緘默。

瞧，有人能挑戰你上一個想法嗎？

締造宇宙，首先用到的材料是靜默。

宇宙最終也會消融於靜默之中。

有人問你，神是……？

……讓祂的靜默流入提問之人的耳中。

若你聽得到自己心中的靜默
就聽不到外界的噪音。
斷食中才進食。
靜默中才言語。

從事守靜的指南

守靜要從你打算開始那天的前一天開始，你開始把心念往內收，開始把一切擔心的事都放下。那天晚上，在靜坐的狀態中入睡。早上一醒來，立即進入瑜伽睡眠狀態。然後才起床、盥洗。依天氣的情況，做快步行走、跑步，或是做些輕快的體操都很好。然後做放鬆的練習，結尾時做「六十一點」觀想放鬆法。靜坐前的準備功夫，做「鼻孔交替呼吸法」（到這時仍不要吃東西，有需要的話，可以喝點水、熱檸檬飲料或果汁）。靜坐結束後，仍然維持在靜坐的心態中，把持咒當作香料，開始做早餐，享用早餐。

早餐後，繼續靜默，略事休息，然後持咒。不要閱讀或寫作。午餐前，再做一輪的「鼻孔交替呼吸法」和靜坐，長短不拘，隨你的意願。然後，以靜坐的心態做午餐，進食，仔細咀嚼每一口食物。

午餐後，在做消化呼吸的同時，有意識地休息，然後是短距離的散步。持咒，休息，默思自己的人生哲學，做出新的結論或是肯定已有的結論。依照默思所得出的結論，決定該如何重新安排自己的作息，再騰出百分之五的時間用來靈修。這樣的默思，也可以在做特殊步行法的時候繼續。特殊的步行法是，觀察自己在步行中的每一個過程，也就是從內心發出指令到腳的移動，都要清清楚楚。還要持續覺知自己的呼吸。除此之外，意念不要外馳。然後休息，繼續持咒。有需要的話，下午可以飲用一些液體。

晚餐前，再做一次完整的放鬆法、鼻孔交替呼吸法、靜坐。然後維持在靜坐的心態中，做一份輕便的晚餐，進食。餐後，做個短暫的散步。然後坐下來，靜坐持咒。如果覺得睏了就去睡。如果還沒睡，就喝杯熱奶才上床。帶著靜坐的心態上床。

如果隔天或未來幾天仍然繼續守靜，就大致依照這個安排。你也可以選一句所謂的「摩訶偈語」來默思，例如「tat tvam asi」（汝即是彼）[9]，或者選一個題目來默思，例如「非暴原則」。

這裡提到的某些練習，例如鼻孔交替呼吸法、睡眠瑜伽、六十一點觀想放鬆法、持咒等等，如果你不懂，請向學院查詢如何練習的資訊，或者你可以參加我們的課程，更歡迎你親自到瑞斯凱詩的學院來親身體驗。

---

9 彼即汝也，彼即是汝，那個就是你，你就是那個。「彼」（that）可以指那個無法用言語形容的神性、自性，就像是一個數學上的代號，可以代入任何觀念、人和事物。這句偈也許近似佛家所說「一切皆如如」。

在前面的空白中，你是否聽見你靈魂的靜默？

第9章

步步皆瑜伽

修習瑜伽的中心目的之一，是在培養出一種人格和心識的「住」（sthiti）的狀態，要能穩定安住。習練，在《瑜伽經》中稱為「串習」（abhyasa，譯按，也譯為「習坐」因為所習練的是坐法），它的定義是：

tatra sthitau yatno'bhyasah

此中，致力於安住者，是為串習。——《瑜伽經》I.13

致力於安住。於彼安住，定在「那裡」。《瑜伽經》更進一步在第一篇第三十三經中，教我們一種如何安住的具體方法，讓人安住的境地（立足於威亞薩所稱的「安住之座合」〔sthiti-pada〕上），以及在第一篇第三十五經教我們如何「住固」（sthiti-ni-bandhana），具體地說，就是把這個穩定的狀態鎖起來，不讓它鬆脫。

我們要不斷地致力於安住，直到取得第一篇第四十八經所謂終極真理的智慧「真實慧」（Rtam-bhara-prajna）為止。

印度哲學經典《薄伽梵歌》的第二章，其中第五十四至七十二經，被後人稱為「不動慧章」（Sthiti-prajna Pada）。有不動慧的人是已經到了不動地，穩固在那個層次，他的智慧和心念是堅毅不動搖的。我們普通人，一時會露出某種程度的智慧，一時卻又顯得疏忽無知。有時候我們氣到要炸了，有時候我們卻寬大無比，乃至仇人來到你面前都可以笑臉相迎。有不動慧的人，他的智慧不論在什麼時候、碰到什麼狀況，都是「等」的，都是相等均衡的。

《薄伽梵歌》書中的主角「阿朱那王子」問他的上師，什麼樣的人才是有不動慧的人，能隨時在三摩地的「等」的境界？他又問了三個具體問題：

這樣的人，他的言語相如何？

他的坐相如何？

他的行相如何？

加起來一共有四個問題。偉大的「馬杜蘇大那」（Madhusudana Saraswati）[1]為我們指出，第一個問題是問三摩地的境界，答案只有一句，在第五十五經。其餘的三個問題問的是瑜伽師不在禪坐、下了座的境界[2]，他在日常的動中又是什麼樣的，答案也分別在第五十六至五十七經、第五十八至六十三經、第六十四至七十一經。不過，在經文中，所謂

1 印度十五至十六世紀著名僧人，是位多彩多姿的人物。以「不二論哲學」和「奉愛瑜伽」著稱。甚為當時統治印度蒙兀兒王朝的君臣所重。雖然身為斯瓦米，但曾組織一團僧人與暴虐的入侵者相戰。

2 **Vyutthana**，離定，起身，離開禪坐的座位，離座相，是與三摩地相對的境界。到了最高智慧，三摩地和離定兩個境界是相融合的，此時才可稱為「不動慧」。

的「行相」是泛指日常生活的各種行為，不僅是限於「行走」而已。

我們現在只談談，我們應該怎麼走路，怎麼養成正確的走路習慣。

斯瓦米拉瑪曾經說過：「你走路的樣子，應該看起來像是在跳舞似的。」他這位瑜伽大師，走路的樣子就像個帝王，像隻獅子，像位「獅子王」。看著他走路，脊椎直立、肩膀完全放鬆、步伐穩重，就是在向你示範應該怎麼走。如果你沒見過他，那我建議你去泰國，那裡有些特別的雕像叫做「行佛」，是佛在行走的樣子。我第一次看到這些雕像時，站在那邊，就望著出神。

控制日常的走路方式

一般人走起路來，他們的各種官能都是不協調、不受控的，腳朝著一個方向走，眼睛朝著另一個方向望。意根、知根、作根，三種類別的官能各自為政。我們學習瑜伽，就要學會把心、呼吸、知根、作根，四樣集合起來，朝著一個方向動。不論你做什麼事，都要把這四樣協調好，才是瑜伽。你知道，亞洲的工藝大師所以能做出精細的藝術品，那些非常細緻的工筆畫，那些微雕刻，在製作的時候都是要配合呼吸的。你的呼吸沒有調好，不夠細緻的話，就做不出這種精品來。

下面分兩段來介紹你可以運用什麼方式把日常不協調的走路方式，變為有控制的行走。做這些練習時，需要深入觀察自己，訓練把心、呼吸、身體協調好。

身體和呼吸的部分

我們看見很多人在走動時，身軀是僵硬的，手臂沒有擺動。還有的人走路像行軍，雖然隨著步伐擺動手臂，可是關節很緊。這都表示你的上半身沒有完全放鬆。即使你走起來肩膀在動、上臂也在動，可是瑜伽步法要求你肩膀的關節（肩骨和上臂結合的凹槽位置）也一定要放鬆的。肩關節一鬆，你的整條手臂，一直到手掌、手指就都會鬆了。要做到這點，你的心也一定要放輕鬆。如果你在為什麼事發愁，肩關節就鬆不了。

懂了這個道理，日常走路的步法還要懂得三個要訣。

第一，要學會把腳的行動和手、眼配合一致。還有，走路的時候脊椎是直的。整個瑜伽學問裡有一個關鍵的字，就是「念」（smrti），它有覺知、觀察、注意、記憶的意思，即是說不管在做什麼，你的心念要放在那上面。所以我們說走路時動作要協調，不只是要練習動作的協調而已，更重要的是，你要隨時覺知：是的，我的動作是協調的。是的，我的脊椎是正直的。是的，我的腳和手的動作是一致的。我的眼睛是專注的。我的胸部、胃部、腹部是放鬆的，不是只有想到了才放鬆，是一直保持在放鬆狀態的。

第二，走路的時候也要用橫膈膜式呼吸，是從肚臍和胃部的區域開始呼吸。不要用胸式呼吸。在這個階段，呼氣和吸氣是保持相同比例的。你練習的時候要注意兩點：①每一次呼出去和吸進來空氣的量是相同的，每一口呼氣和吸氣的力道都是相同的；②呼吸之流是平順的，沒有不規則喘氣，呼氣和吸氣之間也沒有停頓。給自己一段時間來練習這個方式。只有當你功夫純熟了，才可以進到下一階段，再往下練。

第三，現在你走路時，呼氣和吸氣的長度比變成為二比一，就是呼二吸一。斯瓦米拉瑪以前也用這個方法，教練習長跑的運動員，在跑的時候將嘴巴閉上，用鼻子呼吸，吸氣時數到四，呼氣時數到八。或者吸氣數到六，呼氣數到十二，以做到不會喘氣為原則。你在走路的時候也用這個方法呼吸。

在你使用這種呼吸節奏來走路之前，一定要注意：①確實可以做到橫膈膜式呼吸，沒有不規則的喘氣，呼吸之流是平順的；②在坐姿中可以熟練地用到橫膈膜式呼吸；③在試用二比一節奏呼吸時，胸部不會感到任何不適；④不會因為要保持這個節奏而出現氣促的現象。

要練習二比一節奏呼吸，剛開始是在心中默數數字，數的時候，要保持均勻。數，是數氣的長度。這有兩種數法，你可以在吸一口氣的時候心中默數：一、二、三、四，然後在呼氣時數：一、二、三、四、五、六、七、八。另一種數法是，連續數一、一、一、一，四次，然後是一、一、一、一、一、一、一、一，八次。你會發現這兩種數法有所不同，第二種數法做起來需要更專注，才不會數錯。熟練了以後，可以增加數字。判斷自己是否已經熟練，是要能夠做起來完全不覺得勉強才算合格。

心的部分

上面所介紹數呼吸的方式，同時也是在訓練心念的專一。

不論你是用相同比例呼吸還是用二比一的呼吸，練熟了就可以再進一步，呼吸的時候不數數字，而是在心中默誦你的咒語。所以不用數：一、二、三、四，或者：一、一、一、一。現在是：咒語、咒語、咒語、咒語。默誦咒語時，要一路保持相同的速度、相同的節奏。同樣的，熟練了之後，就可以按自己的能力，依比例增加每一口氣默誦咒語的次數。

●沉思步行（contemplative walking）[3]

現在我們介紹另一種走路的功夫，需要更深地用到心念。例如，你面臨一個重要的人生問題，你可以在走動時來思考解答。因為我們在走路時，是身體的「作根」在動，可以幫忙消除一部分的緊張，所以心思就更能夠集中在問題上。然後你在邊走邊思索問題時，要注意放鬆心窩的部位。等你走回來時，答案往往已經了然於胸。久了你就會發現，在深入思索問題時，走路的步調自然會放慢下來，就可以把功夫再深化一層，也就是在行走之際加入前面所介紹的放鬆和呼吸的要訣。斯瓦米拉瑪稱這個功夫是「內心的對話」，這是一種非常細緻的心思活動，學會了這個本事的人，人生就沒有解決不了的問題。

一・用哲學來解決問題

現在要介紹如何在步行時沉思哲學的問題。這可分為①思考人生的問題，②純粹在沉思哲學上的問題。思考解決人生問題又可以分兩個層次，一個是思索解決問題的實際手段，一個是思索怎麼把你所信服的哲學理論應用到實際問題上。

不過，人生問題和哲學問題，在較深的層面而言是息息相關的。所有你人生的問題，說到底也是哲學問題。如果你懂得怎麼運用哲學來解決人生問題的話，你的人生就不會有任何問題。如果你的哲學觀點是非常明確的話，就會形成一套人生哲學，那麼所有在生活中遇到的問題，都可以用哲學的觀點來解決。譬如說，你信奉「非暴」原則，當鄰居來找麻煩時，你可以粗聲粗氣地和他講理，你也可以用沒有火氣的聲調和他講話，應該怎麼做，答案不就出來了嗎？如果你能夠聰明地應用非暴的方法，就是在用哲學的理論來解決實際的問題。

二・純粹哲學的沉思步行

這種沉思式的步行有兩個層次。

3 在日常的英文語法中，contemplate 和 meditate 通常沒有很明確的區分，都有思索問題尋找答案的意思。但是在本文中卻是明確區分開來的，所以將 contemplation 譯為「沉思」，meditation 譯為「禪定」。

①解答哲學的問題

第一個層次是探究哲學上的困惑。例如，你信服非暴原則，《瑜伽經》也告訴你：「在一位徹底實踐非暴原則的人面前，眾生都會放下敵意。」（II.35）好，問題來了，那為什麼耶穌會被殘暴地處決？再如甘地，他是位徹底服膺非暴原則的聖人，為什麼他會被一位謀殺者無情地槍殺？是甘地的業報要受到槍殺嗎？還是謀殺者在造他自己的新業？你可以在走路的時候來參究這樣的哲學問題，然後得出一些正面的結論。這是一種層次的沉思步行，在印度甚至成為一種交誼的形式，每當清晨或黃昏時分，幾個朋友會聚在一起散步，途中就用這些題目來相互討論。

②形而上的沉思

第二種沉思步行是在寺院所教導的行法。例如，我們在宣誓出家時，上師會給新出家人一句「摩訶偈語」。摩訶偈語的字面意義是：至大崇高的語句。它和咒語不同。咒語是把念頭放在咒語上，用來進入禪定。摩訶偈語則是摘自經書中特定的一句話，做為參究的對象。依照商羯羅阿闍黎所建立的傳承，主要的摩訶偈語只有四句[4]。但是做為沉思之用的偈語不下幾十句，例如本書作者所受教的偈語就有三十二句之多。受戒的出家人要一生奉持他所領受的那一句偈，我們除了要持咒語之外，也要反覆沉思參究自己所領受的偈語。不但要參透它，也要把它應用在自己所有的心行上。

譬如說，如果你要奉持的是《奧義書》中的那一句偈：「汝即是彼。」你就得花上許多時間，試著去參透它深層的意義，去想該如何應用它來解答所有的問題。這是一種心靈功夫，要長時間跟著一位導師慢慢琢磨才能學成。可是你不妨自行開始練習。如果你還沒有跟到心靈導師，也可以從你所信仰的聖賢經書中，自己找一句話出來，深入沉思[5]。

普通所謂的「心智邏輯」，和我們這裡所謂的「沉思」又有什麼不同呢？心智邏輯的思維方式是先有個命題，然後依邏輯推出這樣或那樣的結論。沉思的論證方式不同，沉思是你的構思是要用來支持已有的結論[6]。你所持的那一句摩訶偈語就是結論。由於你對這句偈語不斷沉思的結果，它的意義已經深深植入你的心中，所以你就可以用它來解答日常生活的問題。

三・禪行（meditative walk）

禪行，如同在坐禪一樣，是要在行路的時候，將心念維繫在咒語上，或是將心念維繫

4 即是吠檀多學派著名的「四句偈」。

5 要深入練習沉思，可以參考本書作者針對這個題目的授課錄音。

6 斯瓦米韋達在別的地方，千說萬說，勸諭我們不要懷有成見，要有開放的心胸。這裡又說我們要接受摩訶偈語是既定的結論，豈不矛盾？究竟是否矛盾？要如何定奪？建議讀者不妨用這裡介紹的方法試參一下。

在導師要求你集中之處。例如，你練習禪定的方式，是在持咒時也守住心窩或眉心部位，那你在禪行時，就將心同樣集中在那兒。本書作者雖然患有嚴重心絞痛疾病，卻曾經從海拔九千呎的高地，一路登上一萬兩千呎的山頭，靠的就是這個方式，而當時的心念是一直保持在瑜伽睡眠的狀態。

四・念住（Smrti, Mindfulness, Self-observation）

《瑜伽經》中提到很多種念住的修行法門[7]，《薄伽梵歌》有好幾處也講到念住[8]。對瑜伽師來講，實際修行念住，是要靠師徒之間口耳相傳的，所以詳盡的過程甚少見諸於文字。在佛教，這是最基本的修行法門，巴利文是**anussati**，梵文是**anusmrti**，有所謂的六念處乃至十念處。佛教徒最常用的法門是「念息」（anapana-sati）[9]，就是把心念守在呼吸上（這也是喜瑪拉雅瑜伽傳承的根本修行法門之一）。除了佛親口所說的教導之外，《清淨道論》（*visuddhimagga*）對念住法門有非常詳盡的介紹[10]。直到今天，亞洲很多的佛教寺院還是在教導念住的法門。

讀者可能親眼見過，或者在影片中見過，佛教僧侶集體步行的樣子，他們是排成單行前進，每位僧人的神態都是內斂的。這就是念住，他們的心念完全放在覺知自己身體動作及內心上。他們對於周圍的一切都是清楚的，可是注意力又完全在觀察自我。在這樣行走時，可以做哲學的沉思，或者可以憶念咒語，或者可以參公案，等等。每個宗派、每個寺院、每個地區都有不同的方法。你可以選一個方法，自行開始試試看。

依我們的教法，在做沉思步行時，身體走動的方式是與平常走路不同的。平常走路時，是足跟先著地，而後足趾。這裡是相反，先足趾、後足跟。而前腳落地時，足跟是緊靠著後腳的足趾落地。所以，雙腳板像是踩著地上一條想像的直線交互前進。如此「走」動的速度自然很慢，還要保持平衡，更要維持覺知。身體的動作會非常小，這有助於把注意力放在身體的移動過程上。心中要觀察的是：

> 我行走的情形如何？心念是怎麼把動作的指令傳到大腦？這指令是怎麼輸送到神經系統，肌肉組織又怎麼解讀這指令，然後把它轉換為動作？我的腳是怎麼抬起來的？另一隻腳此時的狀態如何？我的前腳是怎麼著地，後腳是怎麼抬起的？心是怎麼把意志傳到大腦？大腦是怎麼指揮眼睛看著前面的地上？大腦是怎麼指揮身體的「作根」動起來？這指令是怎麼在神經系統中傳導的？

---

7 《瑜伽經》中稱為 smrti-upa-sthana（I.20）。

8 《薄伽梵歌》II.63，XVIII.73。

9 或譯為「安那般那法門」或「安般法門」。

10 作者是覺音（Buddhaghosa），為南傳佛法最重要的修行寶典之一。

體驗自己身上，有哪一塊肌肉是此刻的動作不需要用到的，可是卻變得緊張起來？放鬆它。你只要用到所需要用到的肌肉和神經就夠了，不是此刻動作絕對必要用到的地方，就不要讓那裡緊張起來。觀察、留意，從心到趾頭之間在每一階段的變化。

當你正靜靜做著「沉思步行」的時候，有人來到你面前，如果他能夠很容易地靜下來，就代表你做對了。

眼睛的視線要保持落在前方幾呎的地面，這會有助於你控制自己的眼根，有助於讓所有的感官不要隨著欲念四處飄走。這個練習是稱為「根隱匿」（indriya-gupti）練習的一個部分。隱匿感官，讓感官內斂，把耳朵收攝回來、把眼睛收回來、把鼻子收回來等等，讓感官都靜下來。

觀察自己心意動作的過程，從動心開始，傳導到腦神經系統、神經肌肉系統，這整個控制流程要一路觀察下去。把注意力放在觀察上，一刻不放鬆。例如，在走路的時候，會用到腳。腳是一種「作根」，走路只用到腳，其他的作根此時是要收攝回來的。例如，排泄和生殖這兩個作根，可以用保持根鎖來收攝。口根的言語可以用一種「舌印」（將舌頭捲起頂住上顎）來收攝。手根可以持特定的手印，以及保持放鬆肩膀來收攝。

收攝的方法眾多，這裡無法交代所有的細節。要記住，重點是在「關閉」，將知根、作根、心根的能量，保存在一個封閉的迴路內，不讓它們外洩。

在坐禪時，所有的根識都要收攝回來。在做沉思步行時，某些知根和作根是活動的，其他的根都要保持靜默。但是根據《薄伽梵歌》，有大修行的瑜伽師，即使在走動的時候，仍然是在禪定中的。

這種修行法門最終是一種「證」的作用，是在旁觀一切，是保持中立的，見證世界的一切而不陷入其中。觀察外界的活動，覺知它們，但僅是居於證人的地位。這是我們稱為「布提」的作用，它主掌我們的智性和辨別的功能，是我們整個心識結構中最精微的部分，也是最接近我們的自性本我（*atman*）的部分。所以，這種修行法門是可以做為「自證」（self-realization）的工具。

願你走起來能像個有「不動慧」的人。

第 10 章

室利毗諦亞：神明的智慧之學

（譯按，本章經作者更新並添加內容後刊載於單行本內，為原書所無。中文乃根據作者新作翻譯而來。本章所附之圖為室利毗諦亞最常見之圖案，稱為「室利揚特拉」（Shri Yantra）或「室利脈輪」（Shri Chakra）。）

室利揚特拉

什麼是室利毗諦亞？

無論是熱衷於心靈學問的印度人，還是追尋瑜伽之道的人士之間，常常會聽到他們提及「室利毗諦亞」（shri-vidya）[1]是一套極為祕密又複雜的哲學系統和實修法門。古文中有好幾種非常難懂的梵文文獻，從不同門派的立場來解說室利毗諦亞之學。近代的語文中，就有以印地文、泰米爾文、英文、法文等等寫作或翻譯的作品，有些也非常深奧。但是，單靠研讀這些古代或近代的書籍，是不可能深度掌握到這門學問的精髓。本章只能算是從禪定瑜伽修行者的角度，對這門學問做最初步的介紹。

「什麼是室利毗諦亞？」這個問題只能以非常迂迴間接的方式來回答，就讓我試著用這個方式來回答。希望讀到這一章結尾時，你會開始有點明白：自己的思考模式要先改變，才有可能瞭解室利毗諦亞，這個「室利」之學，「神的宇宙之學」。

首先我們要指出，下定義就是在設限。我們需要超越定義的藩籬。這就如同運算科學

1 shri是神明、吉祥、崇高之意。本文譯音為「室利」。vidya有學問之意，佛經中常譯為「明」，例如「醫明」就是醫學，「因明」就是邏輯學。本文譯音為「毗諦亞」。

中被稱為「模糊邏輯」（fuzzy logic）。如果你懂得欣賞模糊邏輯或「混亂理論」（Theory of chaos），就會瞭解什麼叫做「超越區區的表面定義，以總結一切、涵蓋一切」。在此之下，條理不是那麼顯而易見、不是那麼簡單分辨，不是可以像「S是P」或「S不是P」這般容易依定理邏輯來下定義。

印度教、佛教、耆那教的文明，直接或間接都是屬於「室利」的概念，不過它通常只顯露出吉光片羽。以致在這廣大的古文明地區，只有極少數的幾個人真正懂得什麼是室利毗諦亞，因為學習室利毗諦亞與精通任何一種學問都不同。室利毗諦亞是要能精通一己的自我。它是神的宇宙之學，是神的自我知識之學，那個自我知識也就是我們內在的神性對自我的認識。

「室利」這個字在印尼的峇里島也是廣為人知。古代印度的大智慧者被稱為「瑞悉」，遠渡重洋而來，建立了峇里島的古文明。在峇里島，你常聽到「大地女神」（Bhu Devi）和「吉祥母」（Shri Devi）的名字，都是梵文。在古希臘文明則有個「大地母」（蓋亞，Gaia）的神明，這個字與梵文字「gauh」有關，演變成現今印地文的「gaiyaa」。吉祥母所象徵的，依一般的解釋是繁榮，不，成長，不，更正確的說應該是富饒、肥沃。你瞧，要正確瞭解古代東方的學問，就要先學會忘掉現代高級知識份子圈中常用的定義。除非能夠跳出那個圈子，否則就無法從「化約主義」（reductionism）的學問方式，轉化為「整體」（holistic）的學問方式。問題在於要重新定義你自己。藉著重新定義你自己，你將重新定義自己所知道的、想要知道的、將會知道的，以及那知識的種子、一切我們想知道或已知道東西的本質。室利毗諦亞的基本原則之一是：萬物皆備於「自我」，我存在於在自我中，所有的「知」也都不出自我。

室利毗諦亞和宇宙科學

講回吉祥母，在峇里島的任何一塊稻田中，都有一個小小的神龕是獻給她的，稻米因為有她而生長。（來自西方文明的專家會輕蔑的認為：啊，很顯然這是一種對繁殖力的原始膜拜。當然，西方的專家無所不知，對各地人民的想法和感情都很瞭解，而這種認為稻米的生長和女神有關的想法，在他們眼中看來，一定是不科學的迷信！）在這裡，每個村落都有自己的祭師來主持各種祭禮，而整個峇里島更有一位大祭師，他有一套方法在心中盤算出整個島的農業政策，各個區域該何時栽種、何時灌溉、何時收成等等。後來，世界銀行和國際貨幣基金會，還有世界上所有偉大的科學家都來了。他們要拯救這些落伍的人民，要把他們從不科學、宗教迷信的觀念中解放出來。於是，開始研究新的務農模式以改善農收。（他們已經在許多、許多「落後」社會中做過，所謂的「科學」方法留下的後果，是摧毀了既有的生態結構，導致大量不同種類生物的滅絕。）

好在有幾位出色的社會學家和科學家覺得要尊重遠古的智慧，他們覺得應該先在電腦上設計一套應用模式來模擬，什麼才是協調這個島上各個不同地區不同地形的，栽種、灌溉、收成時間的最佳方式。結果他們發現，用電腦計算出來的模式，與大地女神、吉祥女神的大祭師，在過去一、兩千年以來統領全國農作的指令完全符合。到此，科學家的結論是，還是不要無事生波。（關於這個事件的詳情，讀者可以參閱 Stephan Lansing 所著：《祭師與程式師：峇里島田野設計的科技實力》[2]）

我對這種改變覺得很欣慰，有人願意花力氣去瞭解為什麼憑直覺可以懂科學，可以憑直覺的科學方式來規畫整個國家的農作。這跟用猜的不同。直覺不是猜想。西方和東方的主流，似乎都以為「直覺等於猜測」，我們要把這個想法改過來。室利毗諦亞這門學問就是直覺地貫通種種學問。

在西方，我們對人的稱謂是某某先生、夫人、女士、小姐，在印度對男性常用的稱呼是「Shriman」，對婦人則是「Shrimati」，對女士是「Su-Shri」。泰國皇后的名字「Sirikit」，實際上是來自梵文字「Shrikirti」，意即 Shri 的榮耀。所以，十二億五千萬的印度人都是「室利」，不是 Shriman，就是 Shrimati 或 Su-Shri，都是 Shri 的榮耀。在古代，這個稱謂是專屬於獲得啟引、能一窺室利毗諦亞堂奧的人，神的宇宙光彩就住在他們之內，是被賜予室利之母的知識、能量和直覺的人。

室利毗諦亞的基礎文獻說，認識室利之母的人永遠不會成為孤兒。在印度傳統的儀式

---

2 *Stephan Lansing: Priests and Programmers: Technologies of Power in the Engineered Landscape of Bali* (Princeton University Press, 1991).

和典禮中，在啜飲聖水之際要說的禱詞是：

Mayi Shrih Shrayataam

願室利安住於我之內。

ashraya 是梵文「庇護」的意思，所以上文是說，願我有如室利。

願眾人得庇護於我，

願我無求庇護於人。

這是誓願庇護眾生之人所要念誦的禱詞。具備庇護眾生能力之人就是室利。因此，你可以把「室利毗諦亞」翻譯成「能力之學」或「潛能之學」。

室利毗諦亞的入門原理之一是，你的個人自我和所有的普世原理是不可分的。一切普世原理學科的學習之道，都要從認識你自己下手。所有原理在應用時都要先從一己開始，所以你要先研究自己，才能去學習物理和化學。對一般要學物理和化學的學生而言，這好像沒什麼道理。但是生物化學呢？從這裡，你就可以看出自己所認為一己（僅僅指肉身而言）與構成世界的成分是有所關聯的。至少，你看得出來發生在自己身上的，與發生在試管裡的，是有相連性的。如果沒有這種相連性，就沒有生物化學，也就不會有藥劑學。所以我們可以說，室瑞毗諦亞是一種把你的自我和宇宙連起來的學問。

這些「相連性」的體悟，不是來自於什麼新近提出來對它的定義，也不是來自撰寫對它的研究論文，而是經由專注、沉思、禪定的過程，將宇宙和你自我融合的那種內證體驗而來。

前面說過，「室利毗諦亞是神的宇宙之學」。我在此重申一般在闡釋室利毗諦亞時一定會教的概念。「夏克提」（shakti，神聖的女性能量）是神的力量、能耐和潛勢，它有三層：意（Iccha，意克洽）、知（Jnana，將那）、行（Kriya，克瑞亞），就分別稱為：意志力（Iccha-shakti）、知識力（Jnana-shakti）、行動力（Kriya-shakti）。

在此中，你知自我即本我；
在此中，你知本我即是神；
在此中，你知自己即宇宙，宇宙即是神，宇宙在神之中。
彼在神之中者是宇宙，
神亦在宇宙之中，
神即在你之中，
你即是神。

以上這些句子不可以按順序理解，如果你依賴有順序的思考方式，就永遠無法得到在《瑜伽經》中稱之為「無序」（a-krama）的知識。那是一種同時閃現的電光，是真理在閃現，而後成為知識；前面所說的道理，在這樣的知識中是無法以邏輯的次序研究而來，也無法以思辨過程而得，而是一時全體閃現（見《瑜伽經》第三章第五十四經）[3]。

由於「她」的意志、知識、行動之力，才有了宇宙的生、住、滅——這是神明的學問，瑜伽士要能夠吸收之、同化之並且完全證悟之，才能算是室利毗諦亞的大師。即使這句話也免不了表現出次序，因為語言畢竟是有局限的。

其次，「室利毗諦亞是所有能量場之學」；有形的宇宙能量場以及形而上的宇宙能量場都算，而這兩者是難以區分的。這就包括了：

①無情物能量場。
②有情生物能量場。
③能覺知自己存在（是有情生物）能量場。
④不能覺知自己存在（或是有覺知但覺知力非常微弱）能量場。

若是能觀到所有這些能量場只是一個整體同化能量場的各個部分，那你就算是能開始瞭解室利毗諦亞了。你會開始瞭解：

- 微宇宙（prinda）以及大宇宙（brahmanda）。

- 有形狀、形體的肉身（粗身）以及細微身（linga）。
- 一己的自我以及有如卵胎的宇宙（神之卵胎）。

這些，還有其他許多以為是對立的，但其實都是不可分割的。

一九九二年五月四日出版的《新聞週刊雜誌》（*Newsweek*）刊登了一篇名為〈神的筆跡〉（**God's Handwriting**）的專文，開頭是這麼寫的：

> 從復活島的神鳥產下的蛋孵生出世界說，到舊約聖經的創世紀六日說，有關造物的神話可多了。

事實上，將宇宙比做蛋，是印度傳統宇宙論的基本概念。印度的廟宇中，受人膜拜、象徵光的「林加」（Linga），通常是呈現橢圓形，它表示宇宙是在一個橢圓的空間內擴張。如果你將人類肉身的部分移除，剩下的是一團橢圓形的光。

3 如欲深入瞭解《瑜伽經》，作者建議讀者研讀：① Hariharananda Aranya 所寫的闡釋（SUNY Press 出版）；② 本書作者所寫的集註；③ 本書作者授課的錄音（已灌錄成 CD）。後兩項可以向 Ahymsinpublishers@gmail.com 洽訊。

量子物理學的盡頭，正是室利毗諦亞這門學問的開端。現代科學的哲學家們陷入了僵局，走進了死胡同中，不知何去何從，因為他們遇到了不解的謎題，宇宙的神祕是個巨大而莊嚴的公案。

室利毗諦亞為這些難題提供了出路，指引我們去到創世之際，宇宙開端的那一點。根據「密教」的解釋，室利毗諦亞之學認為宇宙的起始之處是在一個「明點」（joytir-bindu，也稱為 tejo-bindu）內，那是一個針尖般的光之點，無窮小，會爆開和膨脹。這個無窮小的針尖般光點同時也是「音點」（nada-bindu）。它是無窮小，因為這個時候空間還沒有被創造出來，所以這個針尖般的光點沒有所在，因為沒有空間就沒有所在。

如果要問，「這個針尖般光點位於何處？」這就如同在問：「人死後魂歸何處？魂能去哪裡呢？它有什麼地方可去呢？」你以為魂魄存在於時空之中，所以才會有死「後」、生「前」、魂魄要去「哪裡」的問題，好像靈魂有本護照可以去銀河旅行似的。生前如何、死後如何，都是沒有意義的問題，問題本身無法成立。雖然如此，我們慣於活在空間之中，就無法想像空間還沒存在的情景。

至於這針尖般的光點，有人說它的爆開乃有「大爆炸」（Big Bang），它究竟位於何處？這「何處」的問題就不成立，因為如果宇宙還沒生出來，也就沒有空間。對不起，我無意要現代科學和古代傳統觀點相互折衷。我只不過是單純地以古代的用語在做陳述。

我在別的地方講過「點」（bindu）這個字的來源，它原本的意思是你必須突破的那個，必須要爆開的，必須要穿透的，我再說一次，是你必須要突破的。這是「點」這個字的義涵。梵文「bindu」是從動詞字根 bhid、bhind 衍生而來，是穿透或突破。它的含義是爆開，例如由於一粒原子的分裂，因此能穿透原子粒而進到下一個能量的層次。

《奧義書》（Upanishads，印度古代聖典，乃「內證」或「神祕」之教誨）有許多部，其中有四部《奧義書》的書名中用了「bindu」這個字（這些《奧義書》的書名本身就大有學問）：

1.《梵點奧義書》（*Brahman-bindu Upanishad*），「梵」（Brahman）即是「點」的奧義書，浩瀚而超越一切的本體就是「點」。
2.《明點奧義書》（*Tejo-bindu Upanishad*），光明點的奧義書（Tejo 是指「光」）。
3.《音點奧義書》（*Nada-bindu Upanishad*），音聲之點的奧義書。
4.《禪定之點奧義書》（*Dhyana-bindu Upanishad*），禪定即是「點」的奧義書。

你抓住重點了嗎？

我再重複一次，不要將這些字語：「明點」、「音點」、「光即是點」、「音聲即是點」、「禪定即是點」、「梵即是點」或「梵之點」認為是有次第順序的。你不放掉「序」的觀念，是參不透這道理的。不廢掉序，你永遠不會懂「室利揚特拉」（見本文首頁的圖形，是以圖案顯示「室利」的精神宇宙）為何是圍繞著那個「點」而成形。

能廢掉序的觀念，明點也就是音點。「大爆炸」是由針尖般光點而來。依照我們傳承的教法，音即是光，是光生出音，是音生出光。我寫過一本書名叫《祝福》，裡面有這樣的句子：

> 音生出來的光越過太空時，願你能看見它；
> 光生出來的音越過太空時，願你能聽見它。

因此，光的爆炸，音的爆炸，以及嗣後我們認為是「物質」的爆炸，在太空中，是同一的。

根據古代密教的說法，空間本身即是音，即是光，空間中所產生的漣漪與皺紋，則形成了「宇宙之風」。這些「風」又形成了銀河和太陽，「火」世界嗣後變成了「土」和「水」世界。這是所謂「**不可勝數兆億宇宙（anata-koti-brahmandas）**」的由來。

讓我引用另一篇文章，這是取自一九九二年五月八日出刊的《亞洲週刊》（*Asiaweek*）[4]，文章的標題是〈風的漣漪〉（可惜我找不到這篇文章所引用的科學期刊的原文），在第二六頁寫道：

> 每一個文化都有關於創世的神話。如果你不能用望遠鏡去觀察，它就是神話。但你

無法看到那針尖般的光點，現今的科學理論說宇宙是由這個光點爆炸而來，而如果你無法看到，那它必然也是個神話。

好，那你該如何區分什麼是事實，什麼是神話？這篇文章繼續寫道：

每一種文化都有關於創世的神話。西藏的古人相信太初是茫茫的空，它既無成因也無盡頭。從這個空生出了一陣陣波動的風，經過了億萬年，風變得堅固就形成了世界。現代科學關於創世有自己的一套神話，稱之為「大爆炸理論」。它與西藏的傳說相同，認為宇宙曾經是個茫茫的空，其後在大約一百五十億年前，一次引起轉型的爆炸將物質拋射向四面八方，最終產生了所有的星球。當然，大多數科學家如果聽到我們把大爆炸理論說成是一種神話，一定會相當震驚。他們認為它是站得住腳的理論，是經由觀察、計算，在整套科學思考的盔甲保護下所建立的。

現在，他們對於發現了物質的「波動」興奮不已，認為這證實了理論，有助於解釋星球和銀河的本質。這些巨大的波動被一位科學家形容為「渺渺雲狀的物質」，應該是被大爆炸所發動，從那時起便不斷地向外擴張。科學家們的確值得驕傲，他們昂貴

4 一度為美國《時代雜誌》所擁有，已於二〇〇一年停刊，與現在中文的《亞洲週刊》為不同的雜誌。

而精密的儀器能記錄到從數十億光年之遙的宇宙所傳來波動的回音，只不過他們得到的結論似乎和西藏古人的說法相差無幾。

這位作者真了不起！說得太好了。目前為止，都好，但美中不足之處是，問題不單限於宇宙的起源和擴張而已，「意識」也是個問題。那麼，「意識」又是從哪裡來的？我們能在實驗室中造出「意識」嗎？又回到那句老話，如果我們不能採用整體的、融合的觀點，是無法回答這個問題的。

根據密教的說法（「密教」就是對室利毗諦亞的一種宏揚和演繹），最初那針尖般光點之中所蘊藏的原始能量，是一種「有意識」的能量。它可不是在擴張過程到了某個環節，當所有化學成分形成後，這些化學成分相互起作用，而產生一種叫做意識的東西。

其實照密教的說法，所謂創世的過程是那原始意識在縮減的過程。它不是意識進化的過程，而是意識退化的過程，是那超越時間、空間，至上「唯一」的能量，退化成許多較小的部分，成為受制於時間、空間的形態和能量。

創世的過程從這個觀點來看，是一種退化的過程，是能量在縮減、在分出去的過程。因此，用現代科學廣為人知的原理來說，是「熵」（entropy）。所有的東西都是向著所謂熵的原理在變化，梵文稱為「antaka」，就是「壞滅」的原理。

現代科學的理論哲學中有個極重要的問題是，宇宙是否會持續擴張？它的命運如何？

它能擴張到哪裡去？是擴張到什麼之中？

前面說過，「那個針尖般的光點位於何處？」是個沒有意義的問題，因為「處」的意思是「在空間中的某處」，可是那時候空間還不存在，還沒有被造出來。同樣地，若要問「宇宙要擴張到什麼之中？」「宇宙要擴張到哪裡去？」也是沒有意義的，因為「那邊」既然連宇宙都不存在，何來的所謂「何處」、「哪裡」？「處所」存在的前提是有「時間」、「空間」、「點」的交織。所以，這個問題在邏輯上或哲學上都不成立。空間是因為宇宙的擴張而產生，不是宇宙能擴張到什麼「空空的」空間。

從這個層面來說，「空」的概念是最重要的哲學原理之一。空（Emptiness，梵文是 **shunya**，佛經有時譯音為「舜若」），佛教徒稱之為「終極真實」（Ultimate Reality）。印度古文明從這個概念得出數學中「零」的概念，直到今天在印度的學校中，「零」寫成文字就是「**Shunya**」。「空」不單只是空無所有，它是那個連空都要空掉了的空，它這個空才是終極真實。

古印度的物理哲學「勝論」（**Vaisheshika**，或音譯為「吠世師迦」），是印度正統六派哲學之一）提到「收縮」（**akuchana**）與「擴張」（**prasarana**）是彼此互聯的原理。在西元前第七、第六世紀的梵文典籍中，就有討論地心引力的基本原理，當時尚無量測的技術，但是在討論地心引力時，他們也論及收縮、擴張的問題，以及向心力和離心力。在那時他們就得出了結論：「最小的原子粒子必然只是空間中的一個點。」這就將我們帶回到

「點」（bindu）這個題目，在空間中心的點。

我們講的「點」，是「室利揚特拉」的中心點，從這個點擴張成圓形或三角形，然後圓形或三角形又收縮入這個點。以我對密教原理小小的了解，我大膽向現代的科學哲學家們建言，請他們在思考理論時不要只朝一個方向看。「宇宙是擴張到某種空洞的空間」之類的論調應該要揚棄。他們還沒有證明宇宙之外存在著某種稱為「空間」的東西。我們必須重新正視古代哲人所謂的「空間中之風」（vayu），要更仔細地去理解它。再一次重申，他們說，光與音是一，音與光是一。「針尖般的光點在何處」這個問題，無論是創世之前，還是最終的「熵」（也就是壞滅）之後，都是不成立的。因為，「空間」是第一個生出來的，也是最後一個壞滅的。在有空間之前，是不可能有「在何處」這樣的問題。空間是光和音的所在。古代文獻說道：

akasha-deshah shabdah

空間乃音之所在。

在梵文中，「空間」這個詞的用字之一，是前面句子裡的「akasha」，意思是「所照亮的全體」、「布滿光明的」。雖然去過外太空的人告訴我們，那裡是黑漆漆一片，但是在我們眼中看來是黑暗的，並不代表它不是布滿光明。如果我們把自己變成貓頭鷹[5]，那可不是老天的錯！即使是小學六年級的孩子也知道能量是看不見的，光就是一種看不見的能量，我們看見的是被光所照亮的物體，而不是看見光本身。

第一定理的其中一條是，我再重複一次：空間的擴張與收縮過程是相同的，創造力和壞滅力的熵是交織在一起的，進化與退化之間的那條線是無法界定的。它們都像是同一枚硬幣的兩面。因此，「如果宇宙繼續擴張，結果呢？」這個問題就無關緊要。原子和次原子粒是否會越來越分開，導致它們揮發？不會的。密教的古代智者說，光會擴張，乃形成了空間，空間布滿了光，我們周圍的一切都和這個光是一體的，因為，空間中無處不是光，無處不是能量。

換句話說，空間（akasha）是能量的一種形態，是能量最初的形態。如果我們能瞭解這一點，才會明白現代理論所要表達的是：形成這個宇宙的發生過程，有如「在空間中起的漣漪」。它們是那廣大能量場裡的「漣漪」，這能量場被稱為「光的場」，也就是空間。

這裡繼續引用一九九二年五月四日出版的《新聞週刊》所刊載〈神的筆跡〉這篇文章：

> 真正詭異的是大爆炸理論，試想一下，空間爆發開來，卻在沒有空間的情況中發生。一粒宇宙核仁如此粗暴地膨漲，不到眨眼間，比質子還微小的那一滴，就長成大如今

5　印度傳統認為貓頭鷹在光天化日之下也看不見東西，所以是愚笨的鳥。

日整個可見宇宙。在這個嬰兒期的世界中，能量的漣漪開始在它空間的組織中成形。漣漪隨著宇宙的擴張而伸展，造出一串串閃爍如項鍊的星星，以及無數風車般的銀河系，裝飾著夜晚的天空。

文章接著提到一位科學家宣布：

……他們發現了那最初的皺摺群，於時間之初開始漂浮，彼時不過是一束束卷鬚，它們橫跨五百九十億兆英里，是人所看過的最巨大和最遠古的結構。

這也就是為何，美國已故的著名太空學者和科普作家卡爾沙岡（Carl Sagan）說[6]：

在世界主要的信仰之中，印度的宗教是唯一著力於生滅的宇宙觀，它認為宇宙自己也會經歷極多（甚至可以說無限）次數的生成和毀滅。它也是唯一在時間跨度的主張上，與現代宇宙科學的主張相互呼應的宗教，雖然這無疑只是一種巧合。它提出來的種種循環，從人類的一日夜，到梵天的一日夜。後者等於人類的八十六億四千萬年，比地球和太陽的年齡還老，幾乎是「大爆炸」一半的年紀。而這還不是最長的循環！

卡爾沙岡這本書中還有很多值得閱讀之處。

不過，印度傳統的宇宙觀與現代宇宙觀不同之處，在於現代的觀點下，意識場和在擴張中的宇宙場是分離的。這也就是為什麼我們無法利用現代的科技觀點，來建立人生立命的原則、來建立個人生活的指導原則、來建立的祭拜原則。這裡我刻意使用「祭拜」這個名詞，用意是非常精確的。祭拜是一種態度，你可以用來崇敬大自然和生態環境，視其為神聖的。依照印度的這種觀點，我們以為是在我體內的「意識」，並不是真的在我之內；我反而是那個被稱為「意識」的場；同樣，你稱為「大自然」的，也是那個「意識」的場。

再拉回到早先的論點上，擴張與收縮不是相反的原理。我們不應該依序去研究它們，乃至依序去思考也不成，這就如同「進化就是退化」、「創造即是壞滅」、「創造力即是熵」的道理。在任何的圓圈上，起點即是終點。而宇宙如果不是一個圓圈的話，就什麼都不是了。在宇宙中沒有東西不成圓圈，脈輪、車輪都是，每個個體終歸都會回到自己的起點。

用不同的方式來說，在自然界之中，不論你順著哪一個方向，要同時也循著相反的方向，才能抵達在遠處的目的地，或者才能回到起點。因為，最後的終點就是原起點。所以，創造的過程會導致壞滅，而壞滅的過程又導致創造。

學習室利毗諦亞的人，不論是初學還是已經精通於此道，將不再看到事物的對立面，

6 摘自卡爾沙岡所著《宇宙》（*Cosmos*），第二八五頁。（Abacus, London. 1989. Paperback edition.）

也不再否定任何事；採取立場對他而言就是在否定，而否定就是在採取立場。它們不是兩個對立的原則，而是個單一的和合原則。如果他以前看到的是相互對立的原則，現在必須要視其為互補的和合原則。

因此，在辯論正確答案究竟應該是「X」，還是它的對立面「非X」，他的答案會是既是「X」又是「非X」的和合體。我不知道數學是否能建立這樣的原則，但我認為，或許可能。在數學二進位系統中，「零」與「一」關係就是例子。因為，任何數位的值是由「零」來決定，我們通常是用「零」來衡量某個數位，來評定它的值。

這是把對立的視為合一、視為相同。古籍說：「Tasmad va etasmad atmana akashah sambhutah.」大意是：**由這極為廣闊的「自性本我」**（梵文Atman，即是「無限」中最細小、最細微針尖般的光），**生出「空間」**（akasha）。這空間是能量、是光，也是一切音聲之所在。**於是，空間之理得以成立。**

印度古代「勝論」哲學家推論出，由於有這個「理」，所以物體在彼處落地時，我們在此處聽到了，它的聲響是以漣漪或波動方式傳到我們耳裡的。在那個能量的空間中，產生了「風」，它綜括了宇宙內一切動的理，星球的移動是它，我們身心系統內一切的動作，例如神經細胞內傳遞的動，或者食物、腺體分泌、呼吸的移動都是它。都是同一個理。

從風產生了火，這是光的另一種表現形態。世上的可見光，從宇宙中燃燒的火（例如無數太陽內的火），到寶石的光芒，以及其間一切的光（例如雲中的閃電、我們引燃的火）

都是同一個理的應用。

接下來產生了水，表彰流的狀態，這綜括了一切液態的理。當流體變成了與它相反的惰性的理，就產生了「地」（prithivi），是固態的理。接著各種生物的多元性就出現了。以上是所謂「進化」的過程，壞滅的過程當然是反向的。內在的固態開始變成液態之流；液態成了火；火成了風，亦即空間中的漣漪；空間回歸到寬廣有意識的「自性本我」，也就是最細微的針尖般的光，就是「光點」，同時也是「音點」，針尖般的音點。要了悟這一切，必須經由「禪定點」的過程，那個點就是禪定，是專注之點，專注於意識之理。

還是那句老話，討論宇宙究竟是否會繼續擴張，會擴張去哪裡，都是沒有意義的。這類問題本身就不成立，若是在這個上面再建立其他的理論，那種理論也不能成立，因為宇宙在擴張之際，同時也在收縮。前面說過，「勝論」的哲學家認為這兩種趨勢是同時發生的。它一面在擴張，一面又在回歸到那個針尖般的光點。

這並不是說一個趨勢在扭轉另一個趨勢，而是這兩個趨勢——在我們看來是兩個——其實是單一和合的趨勢。所以，現代對量子理論的理解到了窮途末路之處，正是室利毗諦亞要開展之處。它是科學中的科學，是至大的學問，是超學問。只要是攸關點、線、配置、圖形、分布的學問，就涉及室利毗諦亞。只要是在研究能量場的形態，就是室利毗諦亞。

然而，只有在把這些原理都充分理解吸收了，才能體驗得到；它不存在思辨的過程之中，而是在我們的明明本體中，在我們的明明本質中。它本來如此，所以我們的本質與這永遠在擴張和收縮的宇宙是分不開的。因此，要學習室利毗諦亞，不可以只把它視為是一系列的圖繪所構成的「揚特拉」。要學習它，一定要把它當作所專注的內在的各個點。

室利毗諦亞是內在能量場的學問

如果你有我們人身每個脈輪的圖形，把它們一個蓋一個疊畫起來，就成了內在的室利揚特拉。但是，你不能從紙上的繪圖來學習室利揚特拉，而是要在自己的內在畫它。這就是為什麼它的學習過程如此漫長。要精通我們各個意識網柵中的點，以及其中的擴張與收縮，得要花上幾百輩子。祖師們說過，像《麗波頌》（*Saundarya-lahari*，作者為商羯羅阿闍黎，被視為是密教的重要論著，旨在頌揚和禮敬上行的「夏克提」能量，亦即室利毗諦亞）這本經典之作，其中的每一頌句都含有一百種「悉地」（siddhis），也就是有著一百種靈性的成就和證悟。

因此，室利毗諦亞是關於內在諸能量場的學問，而所有的能量場變成了一整個和合的場。這整個場又被吸入一個專注的針尖點中，這個點就成了中心，但這可不是什麼別的東西的中心，它即一切，一切都在其內，同時又是由這個點發生了擴張。每一個脈輪的中心點，都是那些從光的原點彈射出來的宇宙能量，在我們內在相聚、融合的所在。

宇宙的中心在哪裡？它在那些個「點」裡，也就是我們各個脈輪的中心點。如果我們可以用全部的心念進入這些點，然後再像核爆一樣地穿透它們，那我們就可以和宇宙中的擴張合而為一。那就是所謂的「宇宙意識」，是覺知了「宇宙身」（virat），就是《薄迦梵歌》裡描述克里希那賜給阿朱那所見到的景象，就是《卡塔奧義書》（*Katha Upanishad*）中閻摩做為第二個賞賜，給納奇柯達（Nachiketas）見到的景象[7]。

延伸下來，阿育吠陀中的「穴」（marmas）的學問，也是室利毗諦亞的分支。穴是身體上的某些位置之點，與針灸的穴位類似，只要在這些穴上施以少許壓力，就可以造成病變甚至死亡，但是也可以有治療之用。它有若針灸的經絡圖，這些穴都可視為室利毗諦亞學問的一部分。

有一支密教主張，若不先學舞蹈，就無法學音樂；要學舞蹈，就要先有雕塑的基礎；而沒有學過建築，則不能學雕塑；要學建築，就先要有音樂的基礎。另一種主張是，沒有建築就不能學音樂；沒有雕塑就無法學建築；沒有舞蹈就不能學雕塑；沒有音樂就無法學舞蹈。

印度的廟宇建築就是「揚特拉」或「曼陀羅」的立體延伸，所有神祕的線條圖案都是一種室利揚特拉。

我的上師斯瓦米拉瑪就是一位室利毗諦亞大師，在德里有家現代化的凱悅酒店，就是他設計的。當你踏入酒店，注意迎賓大廳的正中心，就會看到一個「象頭神揚特拉」（**ganapati-yantra**）[8]。你的視力先要集中在那個揚特拉的中心「點」上，然後讓視像擴張，繼續擴張到你周圍的三度空間，你就會領略到整棟酒店的平面圖。這只是展現室利毗諦亞應用範圍的一個小例子。

建築是一種形式表現，建築是固體的音樂[9]，音樂變成了固體，變成了立方體的音樂。德國哲學家弗里德里希・謝林（Friedrich Schelling）在《藝術的哲學》（*The Philosophy of Art*，一八〇二至三年發行）書中說道：「一般而言，建築是被凍結住的音樂。」歌德（Goethe）也持同樣的觀點，他在《與艾克曼對談錄》（*Conversations with Eckermahn*）中寫道：「我稱建築為凍結的音樂。」

音樂是隨著線圖而流動。起伏的線條與能量形成了三度空間的固體，因而成為建築。舞蹈是身體的建築。舞蹈與建築之間的關聯是雕塑。這也就是為什麼印度建築當中，有些最令人印象深刻的是從山雕鑿出來的建築。今天仍然見得到這些兩、三層高的修道院，完全是從山雕鑿出來，不用任何磚石，柱子也全是雕鑿出來的種種形態精細的舞者。這種和合的藝術眼界就是室利毗諦亞的一支，藉著它，我們可以視整個宇宙為建築，視神為建築師（也就是《吠陀經》中「工藝神明」〔Vishva-karman〕的概念），視整個宇宙為音樂和舞蹈（希瓦之舞）。這些全是室利毗諦亞，是多麼宏偉的視像；不，不是視像，不是想

7 此處所引用的兩個典故為：①《薄迦梵歌》中，神明奎師那應王子阿朱那之請求而現真身，光耀如萬日。②《卡塔奧義書》中，死神閻摩為少年納奇柯達尋道之誠心所感，許其三個心願中的第二個。

8 「噶內夏」（Ganesha）就是眾人所尊稱的「象頭神」，「噶那葩提」是噶內夏的別名之一。

9 本書作者曾經多次以「建築即是音樂」為題講演，包括二〇〇六年在西安建築科技大學的專題演講。

像出來的東西，而是實在的相貌。

山的形狀和它的頂峰、金字塔的頂點、教堂的尖頂、印度廟頂的「尖柱」（shikharas），這些全都是線條畫出的音樂，是宇宙那擴張和收縮能量所順著流動的線條。這些都是從音樂描繪出的線條，即順著在宇宙中擴張和收縮流動的能量之線條。我可不是要向你介紹會被人斥為是迷信的東西。

不過，請你告訴我，為什麼所有的文化都使用草藥，而且能夠準確地認定它們的藥效？印度藥典列載了好幾千種草藥的藥性，什麼適於或不適於對治某種疾病、有某種療效等等，他們究竟是通過什麼樣的臨床試驗，又被哪個藥品管理當局所核准的？我可以很有把握地說，這都屬於室利毗諦亞的學問。實情是，有些草藥的藥效認定，是因為它們的形狀、線形，讓人認出和某個器官相似。這可不是說，如果有片葉子看起來像手，它就能用來治療手的問題。這學問不是如此淺顯，一定要深入研究，一定要有觀察和實驗的功夫。

揚特拉—曼達拉體系下的心靈精神宇宙圖形中，有一個基本的術語叫做「壇城」（Bhu-pura），它是個正方形，揚特拉就畫在其中。即使尋常的棋盤也屬於一種室利揚特拉，它算是一種簡單的壇城，表彰大地是一座城，所有的格局盡顯在其中，劃分為六十四個小正方格。在瑜伽傳統裡，我們也有六十四「明妃」（yoginis）的說法，指的是有「能量相應」之諸「意識原理」。我們由棋盤學會正方形與立方體的關係。一方面是算數的方形和立方體的關係，另一方面是幾何的方形與立方體的關係。

要瞭解棋盤與室利毗諦亞的關係，就要經由一種叫做「種子數學」（bija-ganita）的運算，它是用來解讀前面說過「宇宙即是建築」概念的一種方式。例如，正方形的四個角與數字「六十四」有什麼關係？（今天印度的教育用語中，「代數」仍然沿用梵文，稱為 **Bija-Ganita**。**Bija** 的原義是種子，例如「種字咒」是 **bija mantra**）。在種子數學裡，符號的角色有如種子咒在「意識原理」所扮演的角色。受過室利毗諦亞這方面訓練的人，能夠同時看出棋盤中各個區塊之間的互連關係，並且把這知識運用到其他領域。

好，我們能同時看出它可以有幾個區塊，以及每個區塊之間的關係？在沒有電腦可用的古代，是怎麼計算出多少米粒剛好可以放進棋盤上每一格中，以及每一種不同的排列組合方式？

關於棋盤的來源，有一個故事是這麼說的，古代一位國王非常感謝那位發明棋戲的祭師（他也是位數學家），就要賞賜他，許他一個願。祭師的要求是，在棋盤的一個小方格中放一粒米，第二個方格中加倍，放兩粒米，第三個方格再加倍，如此類推，然後把棋盤上所有的米都賞給他。既然有言在先，國王就令掌管穀倉的官吏依照祭師的要求，拿出足夠的米粒來。可是，國王居然實踐不了自己的諾言，因為到了第六十四格，那一格所需要的米粒就超過了九百萬兆（具體數字是 9,223,372,036,854,780,000），而全部棋盤上的米粒加總起來則要一千八百萬兆（18,446,744,073,709,600,000），超過了全國幾百年稻米生產量的總和。

這個故事的另一個版本是，在第一格放兩粒米，其後每一格所放的米粒數是前一格數目的平方。照這樣幾何級數的增長法（$2^2, 4^2, 16^2, 256^2\ldots$），才到了第十一格，數目就成為一・七九乘上十的三〇八次方[10]（具體數字為 $1.79769313486232\times10^{308}$）！已經超過宇宙中所有原子的數量。因此，據說一盤棋可能的下法會超過整個宇宙中原子的數目。上面這些計算是怎麼得出來的？是在一個有六十四小格的棋盤上算出來的。我們再問一次，正方形的四個角與數字「六十四」有什麼關係？

若你能夠看出這些關係，就能立刻開始放掉關係的觀念。因為關係要在兩者之間才會產生，除非能把「二」的觀念給放掉，就不能得「合一」。不能合一，就不可能把意識融入針尖光點。除非能觀想成一切都在那針尖光點之內，否則就不能明白，其實，宇宙甚至不是由針尖光點擴張而出，而是那個針尖光點的複製。同一個點不停地發生、再發生、又發生、又發生。都是同一個點！那個點，在發生這麼多次，自己複製多次，都與原來的點完全相同，成了一個光，變成一道光線，成為一條線，成為一串漣漪，成為多層面的波，成為一個形體和物，成為宇宙。

在人體內畫室利揚特拉，過程和在木質、銅質、銀質、金質板上畫出室利揚特拉是一樣的。向下擴展、向上擴展；能量收縮回到一個點；能量由這個點擴展；擴展和收縮以曲線進行各自回到原點。

例如，在做深度放鬆練習的攤屍式時，有種名為「六十一點的心念練習」。做的時候，是依照特定的順序觀想身上六十一個不同的位置點，每一點都有一顆藍星。這是依喜馬拉雅瑜伽傳承修習禪定的人都應該要會做的。它就是在勾勒出壇城的範圍。在這個例子中，地即是城，地即是身體。當你看出這六十一點彼此之間的關係，每一點可以和其它六十點之間畫出多少條線？要怎麼把它們連起來？修行者（學生）會驚異我們內在有這些在舞動中的能量場。如果能利用這六十一點之中的任何一點做為入口，進入我們的「細微身」，就會發現自己的覺知力必須穿過某些中心點，然後從那裡再擴張，彌漫到整個身體。

另有一種「布字法」（nyasa），也同樣是把覺知放到身上某些中心點，再從中心點擴張開來。作法是把字母音節的音聲當作咒語，布到身體各個部位，而且要能在那個部位觀到、念到、聽到音聲。這是根據瑜伽（也就是實證的認識論）而建立的「人格」[11]理論。

為了要把人格準備就緒，我們可以把自身視為室利揚特拉，把宇宙視為室利揚特拉，所以我們能瞭解這些畫出來的線條，我們必須要修一種叫做「元素淨化法」（bhuta-shuddhi，例如，瑜伽學說主張物質由五大元素地、水、火、風、空所構成）[12]，是把構成人格的要素予以淨化。這個法門分幾種層次，當完全淨化後，人格就會變成室利揚特拉。

10 譯者使用 Excel 軟體，到了第十一格就已經因為超出運算量而無法顯示（第十格則是 13408×10154）。

11 此處的「人格」（personality）是構成一個人的全體要素，包括物理的和精神的，所以肉身、氣息、心念、意識，乃至於習氣、業力都在內。

12 請參考作者就元素淨化法所帶領的導引靜坐錄音。可以向 ahymsinpublishers@gmail.com 洽詢。

在內在繪製室利揚特拉時，要再度經歷相同的擴張和收縮過程。導師可能要你先畫出某一個脈輪的壇城，把這個堡壘、這個城市的邊界和壁壘畫出來。然後，你會找到脈輪的入口處；找到能量流交匯之處，游在這些流動的能量之流中，順著它們來到中心點。或者，你也可以從脈輪最裡面的一點，向外擴張，去到邊緣的壁壘，去到壇城。最理想的是，你可以在一瞬間同時觀想到這兩個過程，而且把它們視為一體。這就是為什麼前面提到的那篇《新聞週刊》的文章中，有一句話特別觸動了我。它說：

> 一粒宇宙核仁如此粗暴地膨漲，不到眨眼間，比質子還微小的那一滴，就長成大如今日整個可見宇宙。

我曾經在一個名為「密教禪定」的系列演講中，提到眨眼時眼睛的「一睜」（unmesha）和「一閉」（nimesha）。在許多印歐系統中，「眨眼」都是量測時間的單位，應該都是從梵文的一睜和一閉的概念而來。這關於眼皮的一睜和一閉，我們引述一段文字：

> yasyonmesha-nimeshabhyam jagatah pralayodayau;
> tam shakti-chakra-vibhava-prabhavam shankaram stumah.
>
> ——*Spanda-nirnaya* of Kshemaraja

因為祂的睜眼和閉眼，宇宙得以顯現和毀滅；
吾人禮讚商卡拉，彼帶來祥和，是諸榮耀轉輪能量之源頭。

——克舍馬若嘉之《斯盤達釋論》

這是引自「克什米爾希瓦」（Kashmir Shaiva）派別的文獻，此派別在西元七至十七世紀之間達到鼎盛，是當時最崇高的哲學。這些文獻一再說，睜眼即閉眼，閉眼即睜眼。

從睜眼和閉眼的意義上來講，很多想修脈輪的人並不瞭解所謂打開脈輪是什麼意思。打開脈輪真正的意思是「關上脈輪」。把旋轉的脈輪內收到它最中心的那一點，才是這修練中要你專心守住的目的。可是，大多數人在修練時，把「開啟」誤認為是「開支」、「消耗」能量，來追逐感官的快感。其實，要開啟脈輪，感官之念和感官之情一定要止息，然後才能有所謂的養精。能量因而能內收到那個中心點，從這個點不斷地以「斯盤達」形態絮絮釋出。

與內觀室利毗諦亞的方式一樣，學習在內在繪製室利揚特拉時，主要有兩種方式。一種是從壇城、從壁壘，往內向那中心點，去到「母親」的宮殿，就是那個「點」。另一種是反向，從中心「點」往外去到壁壘。

室利毗諦亞的一個分支是「日學」（surya-vijñana），修練的人可以把心光接上會固體化的光，從而形成物。我在童年時代曾經讀過一篇關於太陽學的文章，是刊載於印度知名的《善知識》（*Kalyana*）雜誌所發行的瑜伽書籍中。該篇文章的作者是當年最有名的密教學者 Gopinath Kaviraj。五十年後，我在自己的藏書中又發現了這本書，很訝異自己居然還記得其中大部分的內容。那是因為文章觸動了我幼小的心靈，從讀過之後，我就一直期待能遇見一位日學的大師，請他為我示範心中的日光。

如果這只需要能坐下來畫個圖就好了，誰都能畫。我能在紙上畫簡單的直線。可是在自己的內在，我還在學習拉出線條，還在進一步瞭解那些三角形；三角形是怎麼溶入點，而點又是怎麼擴張成三角形；能量之線是如何由身體內六十一點其中的一點，連到其他六十點，它們彼此是如何銜接；我還不能完全把這些觀想起來。我的看法是，除非每天二十四小時都專心在這上面，否則是不可能學會這些學問的。以日學為例，那篇文章的作者提到他的上師說過，宇宙所有的東西都是能量的光芒。心念也是能量的光芒，或者說它是從心中流露出來的能量光芒。能跟這些能量之光銜接上的人，就能變出任何東西。密教有言：

sarvam sarvatmakam

一切即一切

所以，金是鉛，鉛是氧，氧是氫，氫是鈾。因為，本質上，從能量的本質而言，它們都是同一的；需要的只不過是能量的操弄而已。古代西方世界的煉金術（alchemy），在阿拉伯稱為「al-kimia」，在印度則稱為「rasayana」，都認同這個道理。阿拉伯和印度的煉金術士說，萬物裡都有「火」，所以如果可以學會怎麼操弄萬物裡的火，就可以把隨便什麼東西變成任何東西。很顯然，他們領略到精微的實相，卻沒有現代科學的工具。究竟他們是怎麼領略到的，只有禪定大師能回答這個問題。

那篇文章的作者寫道，他的上師斯瓦米淨喜（Swami Vishuddhananda）為他示範過憑空變出一朵蓮花。起初只是空中有些閃爍，閃爍開始形成輪廓，輪廓的線條成為具象，然後就成為蓮花。

從另一個觀點來看，我們前面說過「光和音是同一」的。我的上師斯瓦米拉瑪說過他們在喜馬拉雅山洞修行時所做過的實驗：在一塊正方形的板面撒上一層檀香木粉，然後在旁邊用某種特定音調唱誦一個種字咒，因為音聲的振動，檀香木的粉層中就會浮現出一個室利揚特拉的圖形。我們誰能有本事把心念集中到那種程度，得出這樣的結果？我們連心光是什麼意思都不懂，遑論把它傳出去，讓它去接上會固化的光，然後成形為物體。

印度有很多城市是依照室利揚特拉的設計（或者某種簡化的版本）而建造的。古代廟宇的建築結構則可以看出是揚特拉的三度空間投射。已故的國際知名學者 Stella Kramrisch 女士有一本專著，書名《印度廟宇》（*Hindu Temple*），是一本不可多得的經典之作，書中解釋了有些偉大的建築奇蹟是如何採用了部分室利揚特拉的原理來建造的。

金字塔則是另一個例子。

立體的室利揚特拉被稱為「彌盧」（meru）。彌盧是宇宙中央的山，就是宇宙之脊柱（佛教稱之為「須彌盧山」〔sumeru〕）。

靜坐時，我們會進入到人格內在的穴室（這是特殊的觀想靜坐，需要有經驗的老師指引），這基本上和在山中尋找一個禪修的洞穴是一樣的。把這兩種入穴的道理投射到外在世界，就成了建築。每當你進入廟宇或大教堂，就應該觀想自己是進入到山中的洞穴，是進入到「心穴室」、「顱內穴室」。因此，有時候我們把頭骨稱為「圓頂」。

印度至少有兩個城市是以「室利」（Shri）為名。喀什米爾的首府叫做「Shri Nagar」。還有一個「Shri Nagar」位於高爾瓦山（Garhwal Mountains），是去許多廟宇朝聖時必經之處。後者的建造藍圖是聖者商羯羅阿闍黎在阿拉堪南達河（Alakhananda，位喜馬拉雅山區，是恆河的源頭河流之一）中，一塊大石上所畫下的室利揚特拉。可嘆的是，隨著時間流逝，後代的人已經和那能量場疏離，他們與城市能量場的牽連不再，連那原本室利揚特拉的所在也湮滅了。因為這個能量場受到摧殘，人民彼此間就起了各式各樣的爭端；他們的爭端又會導致能量場更扭曲變形。

室利毗諦亞的特點之一，是要尊崇居於人類體中的「夏克提」，尤其要注重婦女內母性的夏克提。室利毗諦亞很重要的一環是，婦女必須要視自己為夏克提，那神聖的能量，而男性則要視婦女為夏克提的化身、轉世，是神聖意識能量變成的血肉之軀。

對於有資格修這個法門的人而言，還有一個意義是「淨慾」（brahmacharya，亦翻為「梵行」），只忠於一位婦人，就是自己那位內住的「宇宙女子」。這可不是那種會斲傷心理的壓抑型禁慾戒規，而是在吸收往上、往內的能量流。曾經受過室利毗諦亞啟引的人，自然會逐漸成為淨慾之人，因為以前消耗「生殖輪」（svadhishthana，體內第二個意識中心）能量的習慣，會變成要擴張那能量（也就是要收縮那能量），把向外流的閘門關閉，開啟向內流的閘門。其實，要知道第二意識中心是否已經打開，其中一個特徵就是自發性的淨慾。它的開啟和開啟第六意識中心（喉輪），是同樣的意義，這兩個中心幾乎是完全一樣的。只要男性對女性還存有慾望，或者女性對男性還存有慾望，把對方當作是身外的、是和自己分離的，就做不到淨慾。如果是這樣，就只是一種壓抑。真正的淨慾是孤寂中的寧靜，歷史上只有極少、極少人真能做到。

對於想要入門修行室利毗諦亞的人，基本要求之一是，對女性整體要存敬，對個別的女性也一樣。除非你能合乎這個條件，否則請不要去求這個法。基於這個觀念，難怪印度有許多女神廟宇，專門供祀「女性之神性」。某些廟宇在一定的日子裡會做「供養童女法會」（kumara-puja），會選一名到九名稚齡女童，做為禮拜的對象。在我們的道院裡，每年有兩次這樣的供養節慶，我都會親自參加，為九名女童洗腳，然後恭敬地向她們叩跪頂禮。

印度有些供奉「夏克提」的廟宇在每個月的滿月之日，會有個儀式要祭拜一位稱為「香女」（su-vasini）的婦人，其實是以她做為實際拜祭對象「室利」的表徵。位於首都新德里的加瓦霍拉爾國立大學（Jawaharlal National University）外就有一座廟宇，被選為香女的婦人就會坐在廟內的大座上，接受信徒的頂禮。讀者可能會質疑，「什麼？居然膜拜活人，一位普通婦人？」頂禮真正的對象不是那個人。

容我暫時岔開話題，以前我在上師跟前，往往會不由自主地稱呼他為「Mataji」（母親大人），這是印度人對自己母親的尊稱。第一次發生時，我立刻說：「噢，對不起，斯瓦米吉。」為自己的失言道歉。他回答：「噢，這也很對啊。」因為我們也可以禮敬在男性身中的母性。

凡是不能在婦人身上看到母性的人，就無法瞭解為什麼要透過對婦人頂禮來拜祭神明。據我的觀察，在禮拜「真人室利」時，室利啟靈所附身的人就會有所改變，會發生某種神化現象。如果基督能附在一片麵包之中，為何夏克提就不能進入到活生生的婦人身上，受人禮敬崇拜？這沒有辦法用理智來瞭解。如果內在完全接納了神性，它就會發生；否則連影子都沒有。

有人可能會反對，「我可不想把人神化。」但是，我們算什麼，憑我們的信念就能把人神化嗎？神化是化成神明，變為神聖。這可不是在祭拜的信徒讓受拜者成為聖體，或是有所轉化。而是只有天賜才能做到。神化之所以會發生在人身上，是由於內在有所降臨。從那一刻起，此人沒有個人姓名，沒有自己的身體。祭拜並不是在供奉叫那個名字、有那個身體的人，而是供奉神性的展現。我見過這種變化，你可以看得見她的姿態、整個身體都在進行轉化；你注意她的眼神，就會知道在場的不是凡人，而是內在的宇宙間美人，她名叫「拉麗塔母」（Mother Lalita），此刻降臨接受祭拜者的供奉。我們又稱她為「三界美人」（tripura-sundari，tri 是三，pura 是宇宙，sundari 是美人），是她來到。

這和意識最原本的那個力是同一個，是一切生命的靈光。有時候這個靈光成為希瓦（siva），有時候它成為夏克提，從你身上放射出來。你會擁抱自己放射的靈光，然後你會宣稱自己已經成婚。這是基督教的教士和修女所許身的神聖婚配，也就是希瓦和夏克提結合的同一個婚配，就是奎師那和拉達（Radha）的婚配，也是羅摩（Rama）和希妲（Seeta）的婚配，這些都是你和你自己光明的結合。

在這「勢」和「力」的交互運作中，勢和力合而為一。因此，在上文提到的《麗波頌》誦禱文的第一頌就是：

shivah shaktya yuktah

頌揚彼全勢者與力交合。

「勢」與「力」在內在的婚禮中，宇宙全都在起舞：一切「地」在第一個脈輪中起舞，一切「水」在第二脈輪，一切「火」在第三，一切「風」在第四，「空」在第五，「心念」

在第六，「主」和那位「女士」於第七中永恆交抱[13]。這一切都是在「室利」，亦即「拉麗塔母」的跟前進行。拉麗塔母是永恆之「美性」，不是有形的美，它居於一切的形體之中，由內賦予它們美，讓它們有平衡、和諧、比例。這些既在放射又在回攝的互動形體，都反映在室利揚特拉圖案中的四十三個三角形上（是由四個朝上的三角形、五個朝下的三角形、以及許多角所形成）。

《麗波頌》誦禱文的第十四頌說：

「地性」居於第一中心有五十六道放射的光芒；
「流動性」在第二中心有五十二道光；
「火性」在第三中心有六十二道光；
「風性」之漣漪波居於心窩中心有五十四道光；
喉中心之「空」亦即「音性」與「空間性」，以及此二者所合一，有七十二道光；
眉心輪為「心性」所居處，有六十四道光由此射出。
一切光芒之上，噢，是為母親您的光耀雙足。

到此，讀者會起疑問，我讀了之後呢？該從何下手？

所有這些道理要好好沉思。你該找時間做沉思的功夫。學著改變你原本對宇宙之中各種關係的觀點，其中包括男性與女性之間的關係。

有意接受室利毗諦亞啟引的人，事先有許多功夫要做，下面不按順序列出其中一部分。對每個接受啟引的人，導師都有可能指定不同修行次第。

- 接受〈巴拉咒〉（Bala-mantra）以及〈雅馬咒〉（Shyama-mantra）的啟引，以準備接受更高層次的咒語啟引。
- 用呼吸（或者其他的靜坐方式）來配合咒語。
- 學習名為「室利毗諦亞」的咒語（所有陰性咒語都叫做「毗諦亞」），其中一個版本的頭十五個音，然後才加上第十六個音。如此就構成了「修達西」（shodashi，意為十六歲女子，也許是俗稱「十六妙佳人」的起源）。
- 學習在靜坐時觀想進入各個「脈輪」、「脈節」（granthis，脈輪與脈輪之間的環節），以及各個該使用的正確咒語。
- 畫出簡單的揚特拉。
- 接受啟引，領悟《麗波頌》其中特定的頌句，然後練習在背誦頌句的同時，畫某一

13 此處所談的婚配、結合都是密教的言語。「勢」，即是「主」，即是希瓦（舊譯「濕婆」），是陽，在人體是居於臚頂。「力」，即是「夏克提」，是「主」的配偶「女士」，是陰，在人體居於尾閭。兩者結合則可生起一切成就。從另一個觀點來看，就是成就昆達里尼。「勢」若不能結合「力」，即使「主」也無法有任何作為。

個揚特拉若干遍。

- 畫出那有四十三個交連三角形的室利揚特拉，每一個三角形以及每一個角都有不同的咒語，這些都要會。
- 學習名為「九層紗幔」（nava-avaranas）的拜祭法，若你是在家人就要從壇城由外向內走，若你是出家人或修行瑜伽多年就要從中心明點由內向外走。
- 學習以及接受啟引做「夏瓦亞特拉」（shava-yatra，意思是屍遊，遊歷屍身），把心念帶到身體不同的部位；然後進入「瑜伽尼德拉」（yoga-nidra），也就是瑜伽睡眠法，在睡眠狀態中保持意識清醒。
- 接受教誨，學習人格內的線、圖、能量漩渦，因而能將整個人身看成是一個室利揚特拉。

以我們的道院為例，少數能被選中來修習這個法門的人，要依照下列的順序學習：

- 兩萬一千六百次呼吸供養法。
- 前面提過的「元素淨化法」（把構成人格的種種元素淨化）。
- 「外在脈輪布字」（bahish-chakra-nyasa，把部分室利揚特拉布建於人格外在的身軀上）。
- 「內在脈輪布字」（antash-chakra-nyasa，把部分室利揚特拉布建於內在的能量中）。

- 還有其他進一步的修練方法。

即使是諾貝爾科學哲學獎的得主，也會覺得我們這裡所談的種種關係實在難以理解。他可能會說，這是一團糊塗的言語混亂。他可能會質疑，「次原子粒子和宇宙膨脹理論，究竟和在寺廟中向婦人膜拜有什麼關係？我的老天爺！」他也許會對這種觀念嗤之以鼻，認為它「原始」、「不理性」、「不合邏輯」等等。我希望西方的科學家，能夠和那些仍然在實踐東方古老科學之人共聚一堂，彼此研討學習。我們有些古老的理論，或許可以為現代的科學哲學所面臨的問題提供解答。例如，在我心窩中心內，那個有意識的針尖光點，就是同樣一個爆裂為「大爆炸」和變成「摩訶音聲」（**maha-nada**）的有意識針尖光點。

前面說過，無論是室利揚特拉，還是我們內在的任何一個脈輪，都可以有兩個方式來探索。我們可以從邊緣的壁壘進入壇城，然後才占據棋盤中央的方格。或者也可以從中心點向外擴張。其實這並不是兩個完全不同的過程，而是一個。宇宙的擴張，以及它的收縮消融回到中心點，是同一件事。所以，這兩個探索揚特拉的方式也一定要同一化。當它們同一化了，就稱為「三昧耶行」（**samayachara**，心內的祭拜），此時，上師心和弟子心是分不開的，個體心和宇宙心就無法劃開分離，整個宇宙的心就成為虔心修行者的心，這就是心內的祭拜。我希望有一天可以和現代的科學哲學家就這個題目好好地來次對話。

再回到上面那個問題，「我該從何下手？」你要找時間沉思。光是能把整篇《麗波頌》背下來，或者去一讀很有詩意的翻譯，都是不夠的。已故的美國知名梵文學者 W. Norman Brown 的翻譯就非常有詩意，可是你讀了不會真的瞭解這部誦禱文。你也可以找到用梵文寫的釋論，有的已經被翻譯出來，它們甚至有圖顯示每一句頌文要如何去觀想。最重要的，讀了還是得去深思，要越走越深。試著把你的靜坐帶入一個點。你求法的決心應該如此，但是單靠你自己的努力是不足以打開壇城的入口，打開那個壁壘的。那一天的來到，完全有賴於感應，只有靠感應的恩典。《奧義書》說：

不論天選中誰，誰就找得到。

你要不停地敲門，沒錯，但不可少的要素是，把自己交出去，以及發心盡可能把自己準備好。一旦你的心準備好了，室利毗諦亞的大師就沒有理由不出現，他會依你的程度所及給你適當的引導。譬如哪怕你拿到的指示只是《麗波頌》之中的一句頌文，就照著去練。

不斷地去尋找內在的那個中心點，那是宇宙所生出來的點，也是宇宙終將回歸的點。它是你中心內的一點，是宇宙因為有擴張而所以要回歸之所在。它就是如此一個點，它的擴張即成了整個室利揚特拉，是你所有脈輪的揚特拉一個個堆疊起來的，中間有個桿貫穿了它們，到最頂上化成了頭顱中一棵千辦的遮蔭之樹。即使這千辦之樹也要放掉。剩下來的就只有一條垂直的線，這垂直線收束，再次成為一個點。這不斷地進化、退化，擴張、收縮，離心、向心的融合，都只是一個單一的過程。要明白這道理，在自己的內在觀察它，把它變得圓融，老實去修。你準備到什麼程度，你該什麼，什麼就一定會到來。

老實說，這整篇文章根本連室利毗諦亞這無上學問的皮毛都還夠不上。市面上已經有許多闡揚室利毗諦亞義理的英文、梵文、印地文、泰米爾文（以及其他語言）書籍出版。你可以去找來閱讀。此外，斯瓦米拉瑪就這個題目的授課錄音也是很好的理論入門。或者也可以參考本文作者相關的授課錄音。

第11章

瑜伽傳承的政治觀和家庭觀

瑜伽傳承的政治與經濟之道[1]

在西元前四世紀時，印度就已經是一個帝國，規模跟好幾個世紀之後才出現的羅馬帝國不相上下。當時印度帝國的皇帝名為「羌德拉笈多」（Chandragupta），他聲名遠播，連希臘人都知道遠方有這一位賢君，稱他為「Sandrogotos」。笈多皇帝的宰相名為「恰那吉雅」（Chanakya），他依照婆羅門哲人的傳統，住在一間小茅屋中。每次皇帝要諮詢這位亦師亦臣者時，就得親自登門求教，在距宰相住所還有幾里之遙的地方，皇帝就下車，徒步前往宰相的茅屋，以示尊重。

這位宰相的主要著作是《治道論》（*artha-śastra*），這是一本治世之學的經典著作。這部書的附篇題為〈恰那吉雅箴言〉，列有五百七十一條治世的精要箴言。頭幾條箴言是：

- 安樂之本在於「德」（dharma）。
- （立）德之本在於「治」（artha）。
- 治世之本在於領導統御。
- 領導統御之本在於能征服感官。

- 征服感官之本在於能「虛心自律」（vinaya）。
- 虛心自律之本在於能事奉長者。
- 能事奉長者，才能有「實證知識」（vi-jñāna）。
- 願君子以實證知識來圓滿自我、充實自我。
- 能培養自我、充實自我之人，乃能征服自我之人。
- 已經能征服自我之人，其所祈求、所追尋者，均得以成就。

梵文「**artha**」（治）這個字，包含了世間一切能夠資以維持生計的事物和手段，因此它既是政治又是經濟，此兩者在古印度的治世之學中是不可分家的。

不過，我們可以從上面所引用的箴言看出來，要有成就，核心在於能征服感官、自我控制，在於能經由事奉智者、長者，而培養出謙遜、自律的心態。

我們可以用這個教誨來檢驗現代的治世手段，看看它在哪些地方沒有依循古代的理念。如何運用古代的理念，來解決現代世界的商業和政治問題，是一個大題目，可以寫成好幾部長篇論文。我們究竟做到多少自我控制和征服感官，以及在長者、智者面前展現謙遜和自律，來訓練自己，以有所成就？在我們經營生意時，究竟用了多少實證知識來做為

1　本文亦收錄於《瑜伽就是心靈修行》一書中，篇名為〈從心靈觀點出發的經世濟民之道〉。

指導原則？

「實證知識」是什麼意思？在《薄伽梵歌》之類的典籍中，「實證知識」（vi-jñāna）這個名詞常常和「單純知識」（jñāna）同時出現。偉大的商羯羅阿闍黎說，兩者的區別在於，單純知識是理論和文字上的知識，而實證知識則是自己親身體驗得來的知識。不過，此處所說的「實證」，並不是指我們從日常生活中得來的那種經驗，而是指能夠開啟我們直覺功能的那種心靈經驗。

這就和瑜伽及禪定有關了。

若沒有禪定的功夫，就不可能學會做到控制自我，不可能征服自己的感官。若沒有禪定的功夫，也不可能自我收斂，就不可能真正做到虛心。禪定能讓人明白，因為長者有直覺的智慧，所以值得尊敬。然後，禪定才能讓人找到進入自己內在智慧的門徑。

我們一方面說要征服感官、要謙遜、要有直覺智慧，可是一般觀點認為從事世間的商業活動必須要靠掠奪、競爭、主動的手才能求勝，這之間是否有矛盾？依照古人的智慧，成功不是非得採用掠奪性的手法不可。

印度古代有位蒙兀兒帝國的君主名叫阿克巴（Akbar），他有位聰明的大臣名叫畢兒博（Birbal）。國王最喜歡他，所有的大臣都很嫉妒。他們問國王為什麼如此偏心？

他有什麼地方比我們好？國王答應會找個日子答覆這個問題。

有天早上，所有的大臣都上朝了，國王就給大家出了個題目。他在一塊板子上畫了一條線，要大家「把這條線變短」。這麼簡單的事當然難不倒眾人，大家競相擁到板子前，其中一人把那條線擦掉一部分。

國王說：「不行，不行。我要你把這條線變短，但條件是你不可以動到它！」這下可成為難題了，沒有人可以解決。

國王最後轉向畢兒博，要他上來「把我的線變短，但是又不可以動到它」。畢兒博一話不說，拿起筆，上前在板子上畫了一條更長的平行線。

國王畫的線

畢兒博畫的線

他稟報：「陛下，現在您的線變短了。」

這可不是在和別人的線爭長短，只是把注意力深深地集中於自己的內在，不用去理會別人有什麼成就，就盡自己一切努力把手邊的工作做好。如果能夠完全自我控制，掌握自己的感官和情緒，完全虛心積極地作為，向有智慧的人學習，這樣的人當然能夠「不爭而功成」。

針對這個題目，我們還可以繼續發揮下去，但是那要另外寫一本書才夠。這裡我們要回答，究竟該用什麼樣的禪定法來完善自己，然後能成功地引導自己走上前面所建議的治世之道。

●喜馬拉雅瑜伽靜坐法

禪定靜坐的法門有很多種，應該選擇哪一種？我們所提議、所教導的是喜馬拉雅瑜伽的靜坐法。

喜馬拉雅瑜伽的靜坐法，涵括了所有正派的禪定靜坐法門，所有主流的靜坐法門都是整個喜馬拉雅瑜伽靜坐體系中的一個單元。例如，「內觀」禪修法門，教人在開始時把注意力集中在呼吸的流動和對身體的覺知上，但是沒有使用咒語來凝聚心念。超覺靜坐則是只用咒語，而不講究覺知呼吸。佛教禪門靜坐則是用某些手法來對治妄念。喜馬拉雅瑜伽的靜坐法，除了用到所有這些法門之外，還有更多的法門，是更為全面的。在我們這個傳承所調教出來的人，必須要學會每一種法門該用在什麼地方，以及它在整體架構之下是處於哪個環節。

在此，要請讀者參閱本文作者所寫的兩本小冊子：《靜坐初步》、《喜馬拉雅瑜伽傳承的禪修靜坐》，裡面對於喜馬拉雅瑜伽基本的靜坐法門有完整的介紹。相信你讀過之後，就能明白這小冊已經囊括了所有主要的靜坐法門在其中。我們傳承的優點是，受過完整訓練的教師也會熟悉許多其他的靜坐法門。教師在一開始教導靜坐時，就可以針對學生個人具體的情況需要什麼樣特殊的法門而施教。例如，若是一位情緒方面需要加強的人，就會教他把注意力放在心窩部位，而若是偏理性思考的人，就有可能要他集中在眉心部位。

我們甚至可以很放心地說，大多數的靜坐法門都是從這個傳承的體系所衍生。這衍生出來的，有可能是屬於某一個完整體系的一支特別法門，例如大家熟悉的少林寺，它就是天竺僧人把靜坐法門帶來中國時的落腳之處。

「禪定」這個名詞，最早在印度遠古的吠陀時代（一說是西元前兩千年）是稱為「殿亞那」（dhyāna）。佛陀把這個梵文字用百利文（Pāli）發音就成了「將那」（jhāna），傳到中國就成了「禪那」[2]。禪宗又從中國傳入了高麗，也傳到日本，日文的發音是「zen」。無論名稱如何，他們的禪定法門在喜馬拉雅瑜伽傳承中都有，但是此傳承裡有的靜坐禪定法門，在其他法門就不一定有。

誰是喜馬拉雅瑜伽傳承的開山祖師，這在歷史上無可考證。可是，過去四千年卻留下了許多大師的名號。一般外界人士對此不會感到興趣，所以本文就不一一列出，但這已經足以標誌出這個傳承悠久的歷史和師徒相傳的靈性法脈。印度的《大森林奧義書》

2 譯按，「禪那」一詞是譯音而來固然毫無疑問，但是否為百利文「jhāna」之傳譯，似乎不無斟酌餘地。

（*Brihadaranyaka Upnishad*）被現代的西方學者推論是西元前十四世紀的作品，那本書一一列舉了著書之前六十九代先師的姓名，由誰傳給誰，交代得很清楚。這個法脈一直到今日仍然延續不絕。這麼多世紀以來，儘管傳承裡孕育出一些獨特的門徑，給它們冠上不同的名稱，也自行開展出各自的義理和教法，可是那股主流仍然持續滋潤著各個分支宗派，也因應時代所需，滋潤著每一個新崛起的文明。它會使用每個時代當令文化的語言和詞彙來教學。因為它是放諸四海而皆準的，所以能歷久不衰。

以喜馬拉雅瑜伽禪定法門中最古老的「呼吸覺知」為例，它正是藏傳大乘佛教禪定的基本功夫，也為中國和日本的禪宗所採用，至於內觀和其他南傳上座部佛教也不例外。它也是蘇菲密教所稱之為「Zikr」的功法，更是基督教靜坐傳承稱之為「靜止法」（hesychia）的靜心和心禱的功法。

前面說過，本傳承的教師秉承過去至少五十個世紀以來所累計的經驗和心得，足以引導任何宗教、文化、靜坐法門的學生。

若學生曾經跟隨其他法門練過靜坐，喜馬拉雅瑜伽傳承的老師會知道該如何將學生原本修練的法門融入此傳承的修練方法。教導靜坐的人最要緊的，就是不要在學生的心中製造衝突，要能夠將外表看似不同的兩種法門調和成為一種。

●保持對呼吸的覺知

我說這些，和前面所引用的〈恰那吉雅箴言〉有什麼關聯？

喜馬拉雅禪定瑜伽傳承能夠對人格的所有構成面產生作用，也就是：

- 對人格內在構成面的身、心、靈、氣，以及它們彼此交互的作用。
- 對由許多人格組成的人倫關係，例如家庭、社會、國家和它們交互形成的或大或小的社會單位，以及它們之間的交互作用，例如政治和經濟。

靜坐禪定能改變人心對世界的看法以及應對世界的方式。例如，依照我們的傳承，初學靜坐之人有兩個必須要練會的是：

①保持對呼吸的覺知，以排除不穩定的心態和負面情緒。

②在覺知呼吸的同時，保持某一個字或音聲於心念中，以排除散亂的念頭。

第一項要練會的「保持對呼吸的覺知」，可以幫助人以更正面的心態來看待世界，看待自己的配偶、職場同仁，乃至於其他國家。要是能這麼做，就能引起別人的正面回應，因此婚姻生活或是談起生意來就更平順。久而久之，由於不斷地自我觀照的功夫純熟了，人就會有吸引力，別人待他也自然會更為友善、更為有利。

我們認為，這種態度可以幫助任何事業依照以下的原則，來制定自己的企業理念或是機構文化。用古代原始的術語來說，這些原則就是：

- **非暴力**（ahiṃsā）。
- **慈愛**（maitrī，南傳佛教則稱之為 metta），和善地對待所有眾生。具體原則為：

——**同悲**（karuṇā）：同情心，視他人的不幸有如自己的遭遇，並且以這個態度去協助他人。

——**同喜**（muditā）：歡喜見到別人的德行增長（例如培養出以正面的心態來取代負面心態）。

——**寬容**（upekṣā）：不在意別人的缺點和過失，因而鼓勵他們發掘自己的人品、能力、才華有何優點。

至於第二項要練的「在覺知呼吸的同時，保持某一個字或音聲於心念中」，能幫助我們集中心力，不只是針對手邊的事而已，對人生的一切狀態都適用。

持續練習呼吸覺知，再加上一定程序的放鬆法，就能把腦波狀態由「貝塔波」變成「阿爾法波」。集中於某個聲音則能讓人進入「賽塔波」。若人的腦波能夠以阿爾法波為主導狀態，就算是遇到了可能會引起暴力反應的情況，也會做出非暴力的回應。所謂的暴力反應，包括了言語和行為上的反應，乃至於最糟糕的心念反應。若有暴力的心念，做人的態度和行為就變得有惡意且工於算計，會讓家庭及工作單位中的和諧氣氛蕩然無存。在一家企業裡，哪怕只有百分之五的人能夠經常靜坐，就可以見到成員的潛力在三到六個月內有所提升。

讓腦波狀態進入賽塔波的修練法，能幫助單位內的成員把注意力清晰地集中於手邊的工作，以及提升員工的想像力、原創力。請試驗一下，任何企業，任何單位，只要有百分之五的成員能經常靜坐，三個月以內，整體的生產力就會提升。我稱這個道理為：不用競爭的成功法門。企業內有靜坐習慣的成員，他們的心理素質會有所進步，所以在與同事共處，在與人談判時，就不會有獨斷獨行、損人不利己、怨聲載道、負面心態等等的行為和情緒。

很多機構發現，工作人員在午間小睡二十分鐘，能有助於改善注意力和提高生產力。喜馬拉雅禪定瑜伽法門教我們另外兩個更有效的方法：

①有意識的睡眠，只需要三到十分鐘，甚至坐在辦公室的椅子上都可以做。

②經常停下來，做兩分鐘的呼吸覺知，這比①所花的時間更短。

我講個實際發生的經歷做為註腳。很多年前，我還住在美國，有一天辦公室的總機告訴我，有某某先生在電話上想要和我通話。我接起電話，來電的是多年前跟我學靜坐的學生。對方特地打電話來向我致謝。

我問：「是為了什麼事？」

他解釋說：「你知道我是州裡面某個行業工會的理事長，我們正打算要進行罷工。一個星期以來，氣氛沉重，對立和憤怒的情緒充斥。在那間瀰漫著香菸味的會議室裡，每個人的神經都繃得很緊。我及時記起了你在靜坐課程中給我們的忠告，就把學到的技巧給用上了。每當我們在談判時出現互不相讓的局面，我就用二到五分鐘默默地數自己的呼吸。每次做完，我總是能想出一些具有新意的提議。昨天終於通過了我的提案，我們得以避免罷工，否則整個州的居民都會受到不利的影響。所以我打這個電話來向你道謝。」

所以說，安樂和幸福之本在於德，像是由靜坐而導致內心的寧靜就是這一種德。當我們明白到，這種德不僅僅是能進入超越塵世的神祕境界，它對於治道（artha）也能具有正面作用，而治道之本在於領導統御（rājya），我們對這個德的信念就會更為堅定。這一切都需要我們能夠導引感官的能量，導引感官的能量則又取決於我們是否能夠自制和自律。如果靜坐成為社會的風氣，在這樣的社會中，長者不只是在家庭中受到尊重，在社會上、在企業中同樣會受到尊重。智者的導師角色會受到重視，職工隊伍中的年輕成員會樂於接受年長者慈祥親切的指引。

●靜坐可帶來經濟的成功

在此，容我從世界經濟史中取出一段做為佐證。在十七世紀末以前，世界上最發達的經濟體之一是印度。這就是為什麼，當歐洲與印度的貿易路線受到鄂圖曼帝國所阻擋，歐洲人會如此急於努力另闢一條路線繞道前往印度（因而導致發現美洲新大陸）。古羅馬帝國的著名參議員西塞羅（Cicero），在問政時嘆息，僅僅為了羅馬婦女的衣裝，帝國每年就要消耗兩千萬個羅馬錢幣（彼時的價值如何則要去請教歷史經濟學者）向印度的紡織業者購買。十九個世紀過去了，到了十七世紀時，印度地區的繁榮不減，印度占了當時全世界生產總值的二十四．五%，擁有世界上最強勢的貨幣。印度本地沒有銀礦，但是今日世界上的銀子有四分之一在印度，這都是印度千百年來跟世界各地貿易所賺來的。

經濟上的成功現象源自於印度的靜坐傳統，我們前面提到的人格特質是由此而來。此外，靜坐讓人更易於控制感官，更易於謙遜，因此也自然會在各方面都向長者和智者請益。我們今日見到弟子服侍心靈導師（也就是所謂的「上師」）的現象，只不過是那種道統的一小部分罷了。這又要講到培養企業領袖之道。

家族集團是印度自古以來商業活動的推手。時至今日，大家族仍然以千百年傳統的方式來培養接班人。現代的家族企業雖然有了電腦，成員也具有人人嚮往的企管學歷，但是這些並沒有讓他們捨棄那些受過時光考驗的家族傳統。這些傳統，不僅包括了每天的靜坐禱告，更是一種師徒制度，學徒要住在所師從的企業主家中（即上師之家〔guru-kula〕），成為家族的一份子。他要抱持謙遜的態度，要處處展現自制，才能學習。慢慢地，他會擔起一小部分職務，然後職責會逐漸加重，最後可能會讓他負責某個既有的事業部門，或者給他若干資金，讓他去外面開創新的事業。在這種傳統中培養出來的人，一輩子都會尊敬師父。即使他的成就可能超越師父，但是一到了師父面前，他仍然謙恭如故。這是發自一種飲水思源的心態，他知道自己之所以能成功，不只是因為他學到了什麼高明的經營之道，更是因為得到了長者的祝福而感恩。

如果說，印度在獲得獨立之後，僅僅用了六十五年的光陰就行將恢復古時的經濟強國地位，那應該歸功於靜坐風氣之盛，由此而引入正面的心態，有了正確的人倫觀，如此的行為模式就能掃除挫折感和與人交流的焦慮感。（附帶一提，近年來，我也觀察到印度的傳統價值觀在許多公眾領域正在流失中，但同時卻在其他領域中得以保存。）

日本之所以成為經濟巨人，是因為能夠融合傳統和現代化。印度正朝著相同的路線前進。這就是所謂的亞洲奇蹟。

換句話說，我們不必劃地自限，不必僅僅根據科學界從實驗室裡得出來的研究報告，來證明靜坐禪定的功效。我們還可以從世界經濟史的觀點來檢驗靜坐的優點。不過要記住一點，世界在過去這兩個世紀受西方經濟體系主導的局面，只不過是歷史長河的一小段而已。將眼光放長遠來看，有靜坐風氣的社會才是卓有成效、成功的社會，而這裡所指的靜坐禪定，更正確地說，是一種淡定的心態所帶出來的倫常關係，它才是文明的基礎[3]。

亞洲社會對於西方的電腦、網路等科技能快速接受，同時也沒有揚棄自己傳統的價值觀。我們可以相信西方的商業界在未來的幾十年內將會面臨嚴峻的挑戰。如果亞洲能接收西方的電腦科技，西方最好能接收亞洲的靜坐。但是，如果只把靜坐當成一種每天花二十分鐘去練的功夫是不夠的，而是要用禪定所帶出的心態來釐定社會中、企業中人與人之間的互動關係。崛起中的亞洲既擁有西方最好的科技，又保有自己固有文化中最好的東西。西方的生存之道則在於能接納本文的觀點。希望西方能保有自己最好的東西，也能擇取東方的精華，以確保自己持續的繁榮，來反駁史賓格勒之類的西方沒落論。

總結上述：

- 安逸和幸福之本是德。
- 德之本在於治世之道。
- 治道之本在於領導統御。
- 領導統御之本在於以禪定深思熟慮的方式來駕馭感官。

這個方式是由人倫關係所產生，它也反過來成為人倫關係的支柱，而這種人倫關係的基礎是自律和謙遜自抑。

能尊敬恩師和長者之故，因而能抑制自大自慢，能由衷律己。

3 這似乎也是中國儒家所標榜的靜定功夫。《大學》說：「知止而後有定，定而後能靜，靜而後能安，安而後能慮，慮而後能得。」

因為如此，才能得到實證知識。

因為有了知識，才會做人。

做人就在於能自律，就是自我管理，如果連一己都管理不了，連自己的心念都管不好，這樣的人要如何去治理天下？

真能做到自律的人，他的一切事業，一切他所追尋的，無論是物質的還是心靈的，都能夠毫不費力地有所成就。

靜坐禪定就是自我管理的學問和功夫。喜馬拉雅禪定瑜伽傳承，不只是單單教導打坐的技巧而已，它所要傳授的是如何將靜坐禪定的功夫運用於增益、美化自己的人格，從而在個人、社群、企業的生活中都能發揮實際的效益。

瑜伽傳承的家庭觀：家庭是共業之池

在一條小小的森林支流岸邊，一朵茉莉花連枝飄落河中。這花枝並不知道，在某個森林裡，一朵金盞花也同樣地連枝落入水中。這兩根花枝隨著各自的命運在森林溪流中隨流而下。在下游某一處，兩條河水的支流匯集成一條較大的河流。快樂地隨流而下的茉莉花和金盞花枝，也這麼一瓣一瓣地結合在一起，彷彿是好幾世的老朋友。他們的花枝糾結在一起，在水中交纏著共同起伏，有時差點被大浪或漩渦淹沒，有時則從平靜的水面中掠過。他們是如此交錯在一起，以至於忘了離各自出發的地方有多遠，源頭是在哪個森林裡、哪條小溪流。他們的枝與枝交錯著，花瓣與花瓣連結著，如同從永恆之初一直到無限的終點，總是連在一起。沒有人能夠將他們的花香分開來，因為他們是如此深入地與對方交合，相互融入對方之中。讓你不得不這麼想：他們會永遠在一起的。

一路上，沿岸許多不同花兒的花粉紛紛落入同樣的河流中，每一根枝，每一片葉子，每一截樹枝，都有自己的起源。他們剛和熟悉的環境分開時，都各有各的懼怕。他們都面臨波浪、漣漪、水中的漩渦，漂蕩著，推拉著，前一刻淹沒於無疑的死亡，下一刻又浮現水面呼吸著。隨著他們呼吸的這道風，飄流著。

這群陌生人都是漂流在時間與空間之流中的靈魂，有些人攀住茉莉花和金盞花交錯的花瓣與枝幹。你這麼認為：他們會永遠結合在一起。這條河流沒有終點，更多的河流與它交會，它的名字改變了，它變寬了，變成海灣、變成大海、變成雲。又變成雨落在山林裡，往下流匯集成小溪，然後又變成支流，再變成河。

如此交錯在一起的家庭經歷了任性的激流，經歷了被驅逐的恐懼，來到他們源頭的岸邊，經歷了充滿陽光、如花綻放般的喜悅的一天。他們經歷了黑夜的威脅，經歷了散布河面的月光的愉悅。偶爾他們希望花瓣是翅膀，好讓他們飛到那遙遠的藍色的迷人月亮上；他們希望枝幹是腳，好讓他們在地上行走；他們希望枝幹上小小的枝芽是鰭，好讓他們潛入水中，捕取那個同時出現又消失在流水深處的月亮。水中的這個月亮，絕對不可能和那個位於高處藍色地方的月亮有任何關係。那個月亮總是圓滿的，而那個在漣漪下的月亮則被對折，分裂成碎片。它一定是來自某個奇怪、黑暗、深幽——啊，如此深幽——的水底洞穴升起，在那裡，它被罪惡和黑暗的陰影所侵。這是他們對於宇宙的本性思考所得出的結論。他們「以為」這個結論並不遜於那金盞花藉著茉莉花的夏克提所得到的「天啟」，而金盞花其實已經多次預見到他們共同的命運。這些所預見的景象變成他們的信仰，成了他們的宗教，成了他們獲得支持與保證的來源。

接著暴風雨來襲，毫不留情地打在花朵上。風雨無情地將他們四處拋送，殘忍地打破他們的連結，將金盞花和他的另一半，他最愛的茉莉花分開來。茉莉花淹溺了嗎？花瓣碎了？被驅逐到岸邊？他會升起到高處的月亮中永遠定居嗎？或者潛入水中，跟水底的月亮結合在一起？當茉莉花和他所愛的家庭分開時，發生了什麼事？金盞花的心碎了，他的花蕊凋零了。所有那些結合在一起而產生這個家庭的成員，原本將會永遠是一家人的成員，現在被拆開分離了。

又來了一場暴風雨，又一個大浪，又一場大風。漸漸地家庭不再。每一個成員被送往各自的命運去。

你說這是個悲劇的結果？乍看是如此，而如果我們跟著上述的家族成員，去看看最終發生了什麼事，就不是悲劇。每一個成員各走各的路，但彼此都持續著他們的路程。在空間的國度裡還有其他的渠道，在時間的土地上還有其他的河流，在因果的景色中還有其他的溪流。在那裡，生命將過去的情感擲入遺忘之中；將過去的事件隱藏。生命的本我繼續往下流，遇上其他的盟友，建立其他的友誼，牽起新的連結；這個生命從此快樂地生活著，至少他是這麼認為。一直到某場暴風雨出現，又重頭開始新的生命的第十兆個循環。

所以，「家庭」這個迷人的傳奇就這麼消失了。我們誤將不永恆的當作永恆，變得依賴它，彷彿它是永恆的。每一個人都是永遠純潔、明智，永遠自在的光之生命，我們的延續被包覆在永恆之中。在永恆之母的胎盤所提供的安全感之中，我們經歷胎兒的生命。我們的生命開始，加速，我們不安分地踢動，抽動，長大，直到出現在世界上。我們吸吮母親的乳房，學著走路。我們口齒不清地說話，不斷學習。我們長成年輕的男子或女子。我們是茉莉花，碰上了金盞花。我們是金盞花，珍惜與茉莉花枝幹的交錯。花粉……週而復始。你在前面已經讀過這個故事，何必再重複？

這一切是否沒有道理，沒有目的？這就是所有的目的嗎？讓我們來試著瞭解一些比較深刻的，規範宇宙運行的道理。有「入」，有「出」。什麼是「入」？真正的「出」才是「入」。「出」和「入」是同義的。瑜伽士們知道，他們進入內在，其實是在擁抱所有外在的宇宙。當他們將心向外送出，吞入整個宇宙及其中所有可愛的生命，他們也因而認識到自己內在的真實，所以其實是向內進入。圓心那一點就是環繞它的圓周；圓周就是圓心點自身。在禪定心境的最深幽處，我們才領略到，離開自己那永遠純潔、永遠明智、永遠自在之光的中心，就是回到我們一己。我們想從這兩條路中去瞭解自己——從外而「入」，從而擴展包含所有看來是外在的一切，這是其中一條路。另一條路，我們由內而「出」，去到那片開闊之中，走向無限，從而進入自己內在靈性的核心。

只有完成這兩條途徑的探險，我們才會感到滿足。正是如此，每個人都不滿足。因為我們知道，不管在路上走了多遠，我們離旅程的最終階段還不夠近，不能進入那完全認識內在自我的智慧領域。我們的探險還沒有結成那稱為永恆的果實。永恆的同義詞是「完美」，那是我們所追求的，卻始終不滿足，因為還沒有經驗到它——完美的青春、完美的健康、完美的財富、完美的力量、完美的知識、完美的關係和完美的智慧。此處，名詞不是我們所追尋的對象，而是形容詞，不是實體而是抽象的。我們追尋「完美的青春」時，尋求的並不是青春本身，而是要獲得「完美」，那才是我們所求的。可是，天啊，它偏偏從我們的指縫間溜走，讓我們感到挫折，悲慘。這之所以發生，都是因為迷執於時間、空間與因果之巨流，以致有了如下的幻景：

Asti：有，但是無常的。

Bhavati：顯現，似有而無。

Priyam：快意，帶來愉悅的。

Rupam：相（色），有形貌的。

Nama：名，被冠予的。

我們將自己束縛在一個受到限制的繭中，它不是我們的神聖本質。我們都是脫軌的人，脫離了永恆的迴路。因此將本來無限的意志力、知識力、行動力給設了限。這就會讓我們受到業行的限制；那些微不足道的業行，都是小事，就算統治人間的一個帝國，或者成為美國的總統，或者通曉一百種語言，以及通曉所有這些語言的經典，或者曾經追求過一千個美女；這些都是小事。如果每一粒微塵都像木星一樣大，那麼微塵上面的一粒微塵有多大？會如同我們的思緒、欲望、情緒、感覺、言語、行動一樣大。就算蓋了一座有八百個房間的宮殿——比起小小螞蟻的成就還不如。我們錯將這些渺小的作為當成壯舉，所以，自己沒有過任何真正的大成就，自己沒有到達過完美境地，自己的塔頂還沒能觸到天堂的底部，那對不起，就還是屬於同樣的小作小為。即使是一位統治整個地球的帝王，他內心世界裡的不安全感，和一個窮人在河水氾濫中急著挽救自己僅有的寮屋時，所感受到的不安全感，是同樣程度的。

這些狹小的心念，變成了我們的小作小為，變成了業，在我們意身層巨大的扉頁上留下紀錄，成為了心印。或者可以稱它們是種子，播在我們心地廣大的土壤中，這指的不是我們所謂有意識的心，而是我們的「質多」（chitta），最深藏不露的心地。

喜瑪拉雅傳承的斯瓦米拉瑪在他名為《此生與身後》（*Life Here and Hereafter*）以及《神聖旅程》（*Sacred Journey*）的書中解釋道，死亡分好幾種。已經重新發掘自己內在那份完美的人，他的死亡，和一個仍然在「生死海」（bhava-sagara，或譯為「有海」）的洪流中載浮載沉的人，是不同的。

我們個體靈（jiva）的生命來自永恆之光，它被包裹在三層身內：粗身、細微身，以及因緣身。

尚未得到解脫的生命，在脫去了物質的粗身之後，依然是包裹在其他兩層身體之中。細微身負荷了過去生生世世所累積的業力，以及剛剛捨棄的此生所造之業，把它們帶到下一世。所以看起來是細微身如同轉世身（ativahika-sharira）。

至於已經解脫了的生命，如果他決心要在某個時刻重返人世，好指引其他「光的生命」重回他們真實的起源和本性，他就會脫去細微身，所以他不會帶業轉世。如果已經解脫了的生命不欲重回人世，永遠居於解脫的喜悅之中，那麼就連因緣身也會脫去。

業的內含所起的作用，如同磁鐵一般，在下一世會把人吸往他該有的命運。噢，那就是為什麼條條支流都會來到它們業力所歸屬的匯流。這裡，故事的場景要轉移到另兩個生命，一個是金盞花類的性別，一個是茉莉花類的性別（或者你可以為他們取任何別的名稱），他們各自在二、三十年前脫去了前世的身叢，落入了某一條支流（我們稱之為生身父母的家庭），被包覆在不同的身體中。各自的支流又把他們匯集到某一條時間之流。除非因為婚姻的結合使他們二者漂流在一起，他們各自的業就無法完成。現在，他們一起在這條河中漂流著。

這條河流，流經時—空—因果森林之中的某一點，在那裡，我們原本所談及的那個靈魂將落入這條河裡。必須得在這一點上。因為，第三個生命必須要在此和這個母親、這個父親結合，否則他的業將無法完成。他註定的父母必須要在對的時間、對的點上造愛，他們所有的節奏都在那時—空—因果之流的掌控中。這對註定的父母以為他們在某個晚上的結合是臨時起意的，或者，是他們事先所計畫的。其實，這都是出自宇宙和自然力量的共謀，他們的身、心意及細微身不得不攪拌在一起，將他們細微身的內涵匯集在一起，也只有在這個時點，子宮才會打開，成為他們新來到客人的避身處。

那麼他們每一個人的業是從哪裡開始，在哪裡結束？他們的業都被匯集成一座池。母親在懷孕期間所經歷的種種痛苦與喜悅，胎兒都會感受到，反之亦然。雖然在生理上沒有理由如此。而未來父親的荷爾蒙分泌也會有所變化。他們的情緒，以及喜悅、焦慮、希望的感覺，就像一股股起伏的波，是沒法彼此劃分界線的。他們所共的業，不再可以分開為各自的業。這個把分別的業力匯聚成為一池共業的，就是這個稱為「家庭」所形成的過程。

每個人非要等到完成了自己和另外兩人之間的業——還要加上在森林河流沿途岸邊其他花叢上掉進來的兄弟姊妹，所形成的終局共業——否則就不可能分離。我們常見到，離了婚的人由於心懷怨恨的緣故，他們和對方的連結往往比起親愛結合的配偶還要緊密。

一旦還清了業債，和家人的連結立刻就結束，想多留連一天，多留連一刻，都做不到。某個風暴就會來到，為我們帶來結局，然後這齣戲就此落幕。

你可以心甘情願地還債；或者抱怨發牢騷，跟家人的關係緊繃，最後重到無法負荷而崩潰。只要能情願地還債，就可以卸下業債的重擔。因為不甘心，反而造下更多的業，我們之後又被逼在別的地方，在另一座森林，在另一世去還債。

家庭生活的目的，是要為細微身減重，把前世所造業的負擔給卸下，同時此生不再生出更多債務負擔，以免添加它旅途行李的重量。若家庭裡某個人傷害了我，因為我愛他，我心中能體會出，對方之所以會有如此傷人的行為，是因為有某種痛苦使得他有傷人的心態。我和對方過去所結的業此時浮現了出來，正在高聲要求還債。如果我回報以傷害，我就錯失了還清那筆債務的機會。不但如此，我還積累了新的業。此舉不僅無法為細微身減重，我反而加重了它的負擔，註定了來生會有不快樂的家庭生活。

如果我報以微笑來安撫對方的怒氣，溫和地解釋，摘下我心內芬芳的花瓣為他獻上，我就不是在造更多的業；我還清自己的債務，為我的細微身減重，因此註定了來生喜悅的生活。

來世？誰想等那麼久？這一世會如何呢？我們前面已經提過，家庭就是一種共業。不管其中某一個人發生什麼，效應是每一個人，以及全體，都會同樣發生。能為一己的細微身減輕負擔，我們也同時為家庭整體的細微身減輕負擔。要避免船隻下沉，就得拋棄沉重的壓艙物。從而創造此生與來生的幸福。

來生？或者說，永生？永生的幸福就是性靈得到解脫，也正是家庭生活的另一個目的。我們在前面已經解釋過，我們所真正嚮往的，並非那些我們以為自己所想要的，我們真正求的是完美、圓滿、至上。就算是要去偷一顆完美的鑽石，我們其實是在追求神性，追求完美。

我們每個人對完美的那份嚮往，都匯聚在家庭之池中，反映在我們對實現完美的執著、反映在孩提時代追求考試滿分。除了完美的神性和無垠，我們別的都不求。但因為目前我們沒有意識到這份埋藏在深處的嚮往，所以它所反映出來的並非靈性的，而是世俗的行為，是以渺小的世俗功利為目的的行為。一旦我們覺醒自己就是永恆之光，就會明白那些似乎是世俗的行為背後，其實是在追求永恆的喜悅。只要能明白這點，我們的任何行為，無須做出絲毫改變，都會變成是一種禮拜。於是世俗的行為，就會像是最深沉的喜悅之海表面的漣漪，被賦予以往所沒有體悟過的新意涵。它就能引領每個人走向圓滿俱足。

因此，家人就是幫助彼此發覺自己的內在神聖本性的推手。每一個微笑都能提醒所有的其他成員，是神的愛在心中湧現，所以令我們產生微笑的回應。

這份意識，這份覺知，在全家庭一同靜坐時，會變得更為真實。其實這是靜坐的祕訣。是的。一般我們認為自己的心靈是獨立的。但是，如果說心靈可以彼此區別，那就像是想在兩道波浪之間劃下分界線。所有的心靈都屬於一個共同的連續體，家人之間尤其如此。這就是家人所以是至「親」近之人的意義。這種「親」，只有當心靈是開放的才有可能，封閉的心靈就不可親。我們在團體中靜坐時，不管是在家中還是在別的地方，心會敞開，也就是說，個體心靈彼此之間的劃分消失了。家人之間能夠在靜默中溝通，開啟新的溝通管道，能夠比口頭溝通的表達更清晰。

家人彼此心靈的合一，是在向開悟更邁進一步，其後是要證悟到整個宇宙心靈的一體。如此，則一己之靈重獲超脫、沒入至高神性之內，就只有一步之遙了。

願你家中每一位成員都能減輕業債。願你們的心變得如同加了蜂蜜的連續體。願你們都能在此生達到那個完美的最高峰。

從此不再落入溪流，受業力的風浪所擺布。

第 12 章

我的靜坐小屋

（譯按，本文充滿了晦澀的隱喻，幸而作者提供了詳盡的註解。我們將註解以暗底小字植於文內，方便讀者參閱，細思其意涵。）

朋友們，偶爾，被喚醒的思想會被寫下來，保存在古代偉大典籍中；那些是來到遠古智者心中的思想，記錄在經典中，傳世千百年。

有時，當我閱讀這些古老的傳承和典籍時，會喜不自禁地想要把這些字句——以及我自己受到它們啟發而產生的思想——和你分享。

這裡所表達的思想，是關於一間靜坐小屋。有些朋友光臨過我用來靜坐的小屋。只不過，我還有一個攜帶式的靜坐小屋，過去六十四年來，我一直住在那裡面。小屋隨著我四處旅行，我待在小屋裡旅行。它是一間小屋；是一輛馬車；有人稱它為身體。只不過，假如我不是如此被身體所縛，我會想要有一間不一樣的靜坐小屋。那是一間我要用下面的文字所描繪的小屋。這些文字本來是用印地語撰寫的；而語言，正如大文豪泰戈爾所說：「都是善妒的。」你沒辦法真正翻譯它。有句義大利諺語說：「翻譯就是背叛。」有些文字、成語、諺語、喻語，無法用另一種語言表達：它們聽起來就是不一樣，它們不帶有原本的氣勢，它們不能表達同樣的情懷。然而，我仍會盡我最大的努力來翻譯（成英文）：

我為自己蓋了一間靜坐小屋

我為自己蓋了一間靜坐小屋，小屋遠離了所有的星球和它們衛星的軌道，即使各個世界居民心中的念頭都不能到達我的所在。在遙遠巨大空間的一處曲面，三條空間之流的能量河流交會，此地，在一個叫做「三合聖地」的地方，我為自己搭蓋了一間靜坐小屋。

聖地（prayaga）：根據印度的傳統，三條河流交匯之所在，都被視為聖地。每到一定的時節，會有數以百萬的人群同時湧至，一同祈禱，在河中做神聖浸浴。許多最有名的兩條、三條河流交匯所在都被名為聖地，意思是行密集祭祀聖禮的所在地，因為古代曾經有偉大的聖者在當地的道院或森林中，長時間進行密集的火供儀式或其他聖禮。

三合（tri-kuti）：是位於人的前額上半的一塊三角型，所以我將這個地方名為三合聖地。在此，建議讀者去閱讀第一位登上珠穆朗瑪峰頂的 Edmund Hillary 所寫一本名為《海天之旅》（*From Sea to Sky*）的書，不僅是描寫他沿著恆河順流而上的旅程，也述說了恆河文化，是沿河兩岸人民的文化。他途經的一個「聖地」，是個現代化的都市阿拉哈巴德（Allahabad），位於恆河平原地區，就在瓦拉納西城（Varanasi）之西。繼續行進一千多英里，就到了一個名為提婆聖地（Deva-prayaga）的地方，此地是兩條支流交匯的所在，此地以南的河流才開始稱為「恆河」。類此，繼續向山區行進，就會到了名為難陀聖地（Deva-prayaga）、辱達拉聖地（Rudra-prayaga）等地方。

本文中名為「三合聖地」（tri-kuti prayaga）的所在，是在人體前額上半部的一塊三河交匯的三角區域，此地是三股昆達里尼能量流匯合之處。你可以將你的靜坐小屋建在這裡。

為了確保不受到那些來自世界居民心念的侵襲，我一次又一次地「結界」，每結一次界，就誦念「卜兒，卜伐（哈），斯瓦（哈）」（Bhur, Bhuvah, Svah）一次。喔，我做了那麼多次。這些結界都被我留了起來，用來搭建我靜坐小屋的牆。它們是如此堅實！

結界（Dig-bandhana）：習於靜坐的人對此應該不陌生，它的字面意思是將所有方向結住，將你周圍的十方捆住。在靜坐開始前先做結界，是為了不受外界念頭的侵襲。

有形的作法是用少許水澆灑在自己周圍，無形的作法是心中觀想有三道光圈圍繞自己。做的同時，心中誦念〈蓋亞曲神咒〉起始的宣示音：「卜兒，卜伐（哈），斯瓦（哈）。」

在不可勝數的地球之表面，布滿了大片大片的陽光和月光。它們是如此輕盈，有誰需要，都可以隨手攜走。我從無數個地球上將之拾取，用它們來做我小屋的屋頂和天花。真是非常迷人！

躺在百合花的花瓣上，點點露珠，囚困住美麗的彩虹。一旦露珠乾了，囚困於內的彩虹凋零，爾後消逝無蹤。我走遍四處，採擷這些露珠。當我以充滿愛意的目光投向它們時，我便開啟它們的門戶，彩虹因此釋放而出，投向自由，現在形成了我靜坐小屋一道又一道的虹橋。它們如此嬌媚！

進入最高境界三摩地得到解脫的靈魂，就像新出家者換下了在家人的衣著，出家後不再回首。解脫了的靈魂，將他們褪下的細微身與感官棄於道旁，再也不留戀。我搜集了那些細微身的感官，用它們來做我靜坐小屋的門戶和窗扉，在門窗上，我掛起粒粒珍珠串成的珠鏈，世人視那些珠子為天啟，它們其實是落自母親「夏拉妲」的項鍊，當她的音樂奏起「維那琴」時，樂音觸碰到珠粒，它音波的漣漪所振盪而摘下的珠粒。母親「莎拉斯瓦蒂」的天鵝無法以喙拾起的珠粒，滿布在「曼那沙湖」畔；一次又一次，我以雙手拾滿，將珠粒編織成我的珠鏈。

細微身的感官：要明白什麼是細微身的感官，就需要懂得什麼是粗身、細微身、因緣身，以及構成細微身的十七個部分。斯瓦米拉瑪的書：《瑜伽講述》（*Lecturers on Yoga*）、《脫離業的羈束》（*Freedom From the Bondage of Karma*），以及本書作者的《靜坐與死亡之藝》（*Meditation and the Art of Dying*），對此有所解釋。

夏拉妲（Sharada）、**莎拉斯瓦蒂**（Saraswati，**或譯為「妙音」**）：意思是智慧、音樂、知識、靈感女神。這兩個字都可以用來稱呼偉大的宇宙之母。她身披白衫，以天鵝為坐騎，帶著一把「維納琴」（Veena，是最古老、最具力量的一種弦樂器，自古以來用於唱頌《吠陀》）。印度的樂師在學習時，每天黎明時分要坐在莎拉斯瓦蒂（又名夏拉妲）的雕像前，為她唱誦祈禱。舞者在訓練時，也要為她舞蹈做為奉獻。

曼那沙湖（Lake Manasa）：所有的朝聖之旅中，最神聖、最困難的莫過於前往「凱拉夏山」（Mount Kailasha，藏名「岡仁波齊山」），是禪定之神「希瓦」停居禪定所在之神山。其山位於西藏境內，高度達一萬八千英尺。在山腳下有一座聖湖，名為「曼那沙湖」（Lake Manasa 或 Manasarovar，意思是「心湖」，藏名「瑪旁雍措」）。本文所比喻的是，宇宙之母有很多珍珠落入心湖之中，她的天鵝坐騎會用喙去撿拾，撿拾不盡散落於湖濱的，我等信徒就可以拾取，用呼吸之繩索將它們編織為珠鏈，掛在感官之窗幕上。如此，你感官的門戶和窗扉就有簾幕可遮。

「神的時刻」到來之際，黎明女神「烏紗」額前點著「硃砂太陽紅點」現身。我去到那空間之流交匯處，做神聖的晨間浸禮。我用銀色光芒做成的容器，盛著從銀河之「乳流」取回的聖水——那是創造之神、護持之神和消融之神，於一劫又一劫的創世循環中，所盡情啜飲的同一條河流。一介凡夫的心識，豈會需要更多？凡夫心識的肢體，只消接觸到幾滴，就能讓所有的渴、饑、欲得以消散，消失。

神的時刻（brahma-muhurta，**梵時**）：印度古代的道院（以及現存非常少數仍然採取古制的道院）將夜晚分為四等分，第一段是用來靜坐。夜晚的第二和第三段用來睡眠。

第四端，就是清晨三點至六點，是甘露時辰。甘露是不死之飲，為眾神所飲用，是來自於天界，在頭顱頂上流下來的天界之滴。在這個時刻要聆聽靜默之音。在這個時刻，要獨飲寂寥之杯，直到你心窩中、心識中所浮現的樂聲，與群鳥所發出的樂聲相泯，然後才下座結束靜坐。你不會想要飲用任何別的酒。

烏紗（Usha）：古《吠陀》對黎明的稱呼。在靈性傳承中，有時她代表的是智慧的黎明時刻，其後當天色完全光亮則是開悟境界。

額前的硃砂太陽紅點：是印度已婚婦人點在額前眉心之上第三眼的位置，象徵財富。硃砂的化學名稱是「硫化汞」，依印度鍊金術的哲理，它所表徵的是陽（汞）和陰（硫）的完全平衡。在瑜伽傳統裡，有門深奧的學問叫做「日學」，教人要喚醒的靈能就叫做太陽。

銀河：梵文是 **akasha-ganga**，意思是「空中的恆河」。本文中的「乳流」（milky river）所隱喻的，就是太空的銀河以及人間神聖恆河的綜合體。依印度古代的宇宙學，世界循環每一劫結束後，宇宙消融。下一個宇宙還沒生起之前，護持之神就睡在一條蜷伏起來的無盡靈蛇身上，浮在光海（乳海）之中。

當閃耀著光芒的眾神來到這些河流交匯處沐浴時，他們濺起的是繁星，灑落下來有時會穿過窗戶，進入我的靜坐小屋中。我將它們收拾好，整齊地紮成一束。在夜間，它們就像小小的寶石，投射出光輝為我照明。它們可為我持續了很長的時光！

啊，是的，自然之母「普拉克瑞提」，她的三條支流，被喚做三個「質性」，它們有時如同雲朵一般，會在我小屋的屋頂留下它們的陰影。我立刻對之潑灑以咒語加持過的淨水，將那些污點洗除，不讓它們累積，否則就會又一次為我形成一個凡夫的身體。

普拉克瑞提（Prakriti）：學習過數論哲學的人，就會知道 Prakriti 是自然的本源，物理宇宙世界的源頭。中文譯為「原物」。它是一種態狀，是當悅性、動性、惰性這三個「質性」（guna，宇宙的三重勢能），相互間處於絕對均衡的狀態。其後，動性打破了這個均衡，於是從一個針頭的光點中，爆發出所有的銀河系。接著，銀河系又會縮回到原本到光點中。

質性（Guna）：這個字很有趣，在哲學的語言中，它是原物的三重本質、三重勢能。在梵文和印地文，guna 是「好質地」（good quality），而我卻說它們是她（原物）的瑕疵（其實英文「good」這個字就是從「guna」所衍生變化而來）。我說，它們在我靜坐小屋留下它們的陰影，我要潑灑裝在銀光製成的淨瓶中、持過咒語的淨水，將它們留下的陰影洗去，不讓它們不斷地累積、累積，變得厚實、厚實，導致陰影變成了污點，而污點再一次變成了我轉世來到世間的身體。

這裡的孤寂，只有進入了「非認知狀態的三摩地」的靈魂才能體驗。如我所說，「三世界」中任何居民的心念，都無法來到此地干擾我的寂寥。

非認知三摩地（a-samprajnata samadhi，**或譯為「非智三摩地」**）：是最高的三摩地覺醒境界，本我知曉自己和物不同，不再混同。請參閱《瑜伽經》第一篇第十七經。

三世界：是「卜兒，卜伐（哈），斯瓦（哈）。」分別指地、天空與天界；在人身上，第一字所對應的區域是下半身位於肚臍的第三脈輪以下部分；第二字是對應由第三脈輪到位於喉部第五脈輪的部分；第三字則是對應第五脈輪以上的部分。

然而，曾經有過一次：那時，我進入了深層的禪定喜悅，融合在喜樂之洋中，就如同一輪滿月的映影沉浸在毫無漣漪、絕對靜止、晶徹透明的湖水中；可是，卻有歌聲觸動了我——是女性在吟唱——甜美而充滿了感傷。她是位「梵天尼」，是某個宇宙世界之主梵天神的伴侶，他們的世界存在於某個遙遠地球上一座山邊的大石中。當我的眼睛、耳朵進入了半醒狀態，出了禪定，她對我說：「無數世紀以來，我敬愛的主、我的夫君，為了求解脫而從事嚴格的苦修。然而，他沒有求到解脫，我身為他盡心盡力的伴侶，也沒有嚐過婚姻之喜樂。我內心的世界充滿了激動不安，因為如此，不只是我世界中的眾生，連我一切世界中所有的森林、樹木、藤蔓、穀類、植物、太陽、月亮、河流、湖泊、海洋，也都焦躁不安，有如處在火山爆發的震動中。我害怕，不知會有什麼樣的毀滅可能埋伏在未來的角落中！是否我們的世界將要解體，乃至我的主、我的夫君終究無法得到解脫？」

梵天尼（Brahmani）：梵天神（Brahma）是以一整個宇宙為自身的靈體。他的女性伴侶是梵天尼。如同凡夫視肉身為一己，梵天神則是將宇宙身視為一己，因此仍然未算是最高的靈性境界。詳盡的討論請參閱作者所著之書：《神》（*God*），以及《瑜伽經釋論》。

聽見如是淒訴，教我如何不悲憫而融？在岩石的宇宙裡，時間過得格外緩慢。人類世界的一天，在岩石宇宙裡成了一千年。彼梵天神和梵天尼，那個宇宙之主和女后，他們所受的苦痛、折磨是何其漫長，如果我不去試著為他們解脫，那個宇宙中的眾生豈不是要受盡所有三種「煎熬之苦」；他們豈不是把他們的世界變成自己的煉獄？那麼，既然知道自己對如此的災難責無旁貸，我豈能以為可以獨自坐著享受禪定之樂，而不會受到責任未了的記憶所干擾？

煎熬之苦（taapa，長音 a）：是灼燒炙熱之感，和「苦行」（tapas，短音 a）不同。後者是一種好的灼熱，由苦修所引起，能燒掉不淨。然而，煎熬則是我們灼燒自己的苦，共有三種：內心的，身體的，以及第三種在我們周遭的，在我們的社會中，在自然界中，在環境中的。當我們各個內在種種煎熬之苦的力道合在一起，成為一股集體的苦，它們形成煉獄的巨焰。那麼，在我們這個世界裡，就真的造成了一個共業的地獄。

於是，我隨著她去到女神的世界。我們用上了至少等於一個剎那的百萬分之一的時間。接著，問題來了：我是個明亮、微小的光子，而女神的世界是堅硬的磐石宇宙，我要如何進入其內？

透過一切我所能掌握的決心，以及「願力」，用上一切我所學到的專注力，我終於能夠打破那固體的狀態，使得堅石的表面因而變得似乎透明，我進入了那個宇宙。

願力（sankalpa，也就是決心、決志的意思）：根據聖典《瓦斯施塔之瑜伽》（*Yoga-Vasishtha*），我們所經驗到的宇宙，不過是靈體的願力將其所想投射出來成形，是依想而形成一定之形態。這種決心願力越強烈，其所形成的境地就顯得越是「真實」。

宇宙之主梵天神，以「卵石世界」為座，的確正竭盡其神力，以進入深之又深的禪定。但是，因為那個宇宙有如此之多的事物必然要在他的心中穿梭不去，永無止境地干擾他的自我冥思。世界已經歷經一萬八千次生滅循環的週期。「梵天神的壽限」已經過了一半，再過一萬八千次的生滅循環，那個宇宙也將面臨「大崩滅」，梵天神也將隨之而亡。「對死亡的畏懼」，讓他驚恐不已。我為他做了啟引，啟引他如何從頭頂最高處的梵穴穿透而出。然後我回到我的靜坐小屋，那同一剎那所剩餘的時間，我用於無斷專注的喜樂中。

卵石世界：在「心－時－空－因果」四軸所構成的座標中，諸世界不過如同在天飛翔的卵石，所以稱為「卵石世界」。

梵天神的壽限：請參閱作者所著《神》。一般是以一百年為其壽限，其間，以宇宙生滅循環一次算一天。因此，他的一百年就等於宇宙的三萬六千次生滅循環。

大崩滅（**maha-pralaya**，**摩訶壞滅**）：每個大千宇宙中都有無數個小宇宙在不斷地生滅循環。所謂「大崩滅」，是整個大千宇宙的崩滅。

對死亡的畏懼（abhinivesha）：是眾生生而有之的一種基本恐懼，連宇宙之主的梵天神也不免。建議讀者研讀作者對《瑜伽經》第一篇第八經，以及第二篇第九經的解說。對死亡的恐懼是眾生基本的煩惱之一，即使有極高智慧的生靈也不免。

從那時起，你想知道我做了什麼嗎？蓋完我小屋的四壁之後，仍剩餘一些結界。加上我之後做的更多結界，我用它們在小屋周圍築起了圍牆。現在，即使任何宇宙世界中的梵天神和梵天尼傳來擾人的心念之流，不論有多麼尖銳，不論有多麼有力，都不能穿透這堵牆，闖入我意識的祕密基地。只有我的「上師天」，「金胎藏」「阿闍黎」，他的屋子位於「覺虛空」（Chidakasha）山之頂，離此地尚遠，每當他認為值得為我加持，不待我請求，在我毫無預期之際，他的一道光就會投射給我。那道光能穿過小屋的圍牆與牆壁，直透我頭顱內「梵」所住的「原點」。

上師天（gurudev）：譯按，這是作者對上師斯瓦米拉瑪的尊稱。

金胎藏（Hiranya-garbha）：黃金（比喻珍貴）胎藏（子宮，孕育之所在）。是瑜伽士對始祖上師（上師靈）的稱呼，來到世間則成為具人身的上師。

阿闍黎（Acharya）：能傳法的大師。

原點（bindu）：這一個點，乃宇宙所生起以及所消融的起點和終點。它就是「神」，就是「梵」（Brahman）。在三摩地境界，會經驗到這個點。它位於頭顱中千瓣蓮花之中心，稱為「梵點」（Brahma-bindu）。（譯按，「梵天神」與「梵」不同，前者仍然有「體」，有生滅，有死懼。後者則無體，是不生不滅、恆在、恆覺、無所不在。）

這道來自覺虛空山頂之光，使我得到自在，得到解脫；因為它燃盡了百合花瓣以及寫在「花瓣上的字母」，從 **a** 到 **ham**，從「阿爾發到歐米加」，以往任何我以為是我、以為是屬於我的，都燒了。這使我真正成為「阿帕那」，「無葉」女神之子。她為了要和她的主「希瓦」合一，採取禁食苦修的手段以明志。首先，她停止進食穀物。接著，她放棄了水果。然後，她以百合花瓣與葉片維生。結果，只吃食這些，她成了「中脈」，成了一位纖細而光亮的女士，是一把穿透脊柱的筆直光劍，不帶任何葉片或花瓣，只為了要到達那原點，那個宇宙所生起、所消融的原點。我真成了她的兒子。

花瓣上的字母，從 a 到 ham：a 和 ham 合起來成了 a-ham，就是梵文的「我」字。所以大家所熟知的 so-ham（so+aham），其中 so 的意思是「那個」，aham 是我。梵文的第一個字母是 a。ha 是最後一個字母。ha 會讀成 ham，是因為它變成了咒語，所以加上了字尾的鼻音 m。人體前六個脈輪各是一朵不同花瓣數目的蓮花，根據音聲振動的原理，所有的花瓣都代表一個字母之音，從第一個字母 a 到最後一個字母 ham，集合起來所發出的振動音聲，用字母來表示就構成了 aham，就是你認為是「我」的那個，就是你以為是屬於你的那個。請參閱作者的《咒語、靜坐》（*Mantra and Meditation*）一書，其中對咒字的構成，以及花瓣字母都有詳盡的解釋。（譯按，從阿爾發〔alpha〕到歐米加〔omiga〕，代表了希臘字母到第一個到最後一個）。

阿帕那（Aparna）：意思是「樹葉落盡」，在神話中是希瓦的永恆伴侶，又名「帕伐提」（Parvati），本文所用的暗喻是根據阿帕那的故事而來。

中脈（sushumna）：在昆達里尼瑜伽，中脈就是神的覺性，就是生命原動力。一旦她（陰性）和主（「梵點」）重新會合，脈輪中的離心和向心就不再顯現出一切花瓣。

凡疲苦之人、凡因渴求不得而灼傷之人、凡受欲望折磨而感到沮喪之人，凡被一切對立、相沖所撕裂之人，願他尋得這寂寥之慰藉，願他養成以這靜坐為良藥、為處方、為道上的食糧。

須臾即可結界。大片的日照與月光俯拾即是。在百合花的林中，數不盡幾百萬滴的露珠，困在其中的彩虹渴望著釋放、解脫，想要綻放、開啟。粒粒珍珠自母親的項鍊落下，有如負雪之樹為幾陣「疾風」所觸而灑落的點點雪粒。

疾風：此處是比喻「氣」（prana），是從心識所發出的動能，驅動身體的動作。

只要願意，任何人都可以找到空間之流的匯流處，因為匯流處多到不可勝數。願他在自己的三合聖地築起小屋，每天用那銀色光芒做成的容器盛滿銀河乳流之水，來觸及他心靈的肢體，從此免於饑餓、口渴和欲求。願他能和我一樣，醉於寂寥之酒，活在喜悅中，樂無憂，因為——

我為自己蓋了一棟靜坐小屋。

本篇靈感來自偉大的經典《瓦西斯塔瑜伽》（*Yoga-Vasistha*），這是一部有兩萬六千句詩歌一般的哲學巨著，是世界文學中所罕見。

第 13 章

獻給聖母的散文和詩歌

譯按，本章所附之圖片為位於印度道院中聖母殿內之大理石聖母像。塑像之面容、手印、立姿，都是依照斯瓦米韋達的指示而造。據他說是揉合了各個民族、各個信仰的聖母形象，因此，印度人可能見到拉麗塔女神，基督徒可能見到瑪利亞，佛教徒可能見到觀音。

而**她**更是《麗波頌》中詠誦的「夏克提」、「三世界麗人」，本是無形的。**她**的圖形表徵就是「室利揚特拉」（參見〈第10章室利毗諦亞：神明的智慧之學〉附圖），常被做成金字塔形的立體實物。聖母殿內的大理石像腳下就供著一塊由水晶製成、蓋著錦繡絹布的室利揚特拉。在聖母殿落成典禮完成當晚，譯者聽斯瓦米韋達說，他感覺那塊室利揚特拉把整個道院大殿的能量場都改變了。

在落成典禮的開光儀式中，斯瓦米韋達要在場人員齊聲反覆唱誦的禱詞包括了：《麗波頌》、〈搜彌亞咒〉（見《瑜伽就是心靈修行》第二四八頁說明），以及〈綠度母咒〉。

無言的祈禱

為何這些詩句不是祈禱？

言詞才稱為祈禱，
　但我的**聖母**，我的**神**，是言詞所不能及。
如果我說：「我愛你。」我實不愛。
當感受強過感官，言詞就不存。
只剩下一覺。
如此之覺即是禪定，是無言的祈禱。

一股深沉的平靜之浪淹沒了我，讓我體會到，自己是
　一枚小小的指環，是宇宙之金的一部分。
指環愛自己本來是金，這愛，正是我對**神**的愛。

我覺知的火花知道，它來自那覺性之火，
　與散布黑夜裡的星星，同一來處。
了知那莊嚴的平靜，我成長、發光；
　那是我的祈禱；是我生命最深處
　在禪定中放光時，所做祈禱。
這些詩句難道不是祈禱？

夏克提

寂寞的靈魂啊，你可曾見過那位與你共用一室的迷人女子？[1]寂寞的靈魂啊，**她**實在是無以形容。將世界上所有的山脈都變成墨，溶在大海的墨盆裡。以天堂樹上摘下樹枝做成筆，然後以層層的土地做為寫字板。縱然**蘇菲亞**[2]能從永恆寫到永恆，**她**也無法寫完，那位與你共用一室的女子的迷人之處[3]，寂寞的靈魂啊。

所有在你的意志、知識、行動[4]、情緒、經驗、感知、概念、愛、光和真實中飛翔的火花，都是這位女子足上的點點灰塵。當**她**從宇宙之旅返回時，那都是因為對你的愛。

上主將**她**足下的塵土聚集，撒入虛空之中，啊，無數的太陽和星星成為地球的衛星，像是如是之多的音符。[5]你曾否細數**她**左腳趾甲發散出來的光芒有幾層顏色[6]？**她**輕動腳趾，那一小道光，正是你，返回到**她**腳邊休息。**她**的音樂在召喚，於是你開始靜坐。寂寞的靈魂啊，你何時才能見到**她**的臉龐呢？

我祝福你，今日能夠一瞥這位內在女子眼中的光。我祝福你，洗禮沉浸於你圓滿**本我**的美麗之波中。

1 迷人的女子在這裡指的是 Shri（室利）或 Shakti（夏克提），是整個宇宙的神聖女性力量。這首詩說的是個特殊的啟引經驗，其時見到整個宇宙和覺識都是神聖能量的振動。描述這個題目的最佳典籍是第八世紀的商羯羅阿闍黎所寫的《麗波頌》，被視為是密教傳承的極致。

2 西洋的蘇菲亞（Sophia），是印度神話中的妙音天（Saraswati），是智慧、靈感、言語和音樂的女神。

3 這是從〈希瓦頌讚〉（Shiva-mahimna Hymn）的第三十二段改寫而成。

4 其中意志、知識、行動是夏克提（能量、勢能）的三個方面。

5 《麗波頌》第二段。

6 典籍中很多文句都提到神明腳趾甲會綻放光芒。

舞蹈的聖人[7]

噢，蜿蜒起伏彎曲有如螺殼內部的銀河女主，
請允許我在某一世，化身為宇宙的舞蹈神女。

讓我，當第一聲鑼響起，當定音鼓為我的舞敲下第一拍時，
觀眾的心融入創世的第一個音聲，
那也是宇宙回轉消融於其中的同一音聲。

讓我，披著，以如絲般細的火焰為經線、
以梳直了的閃電光條為緯線，所織成的面紗，
所以當我在觀眾間起舞時，不論是誰，
一旦為我綿長起伏的火焰以及閃電織成的面紗一角所拂過，
將知道他自己是具有意識的光，而我是**閃電之母**；
那麼，就會永遠忘記我或他曾經是帶著肉身的生命，

被鍊鎖於狹隘眼界的有形世界。
如此將許多人從他們的束縛中解脫後，可否讓我
將自己壓縮成微小如針尖的生命能量，所以能
穿梭內在空間，去到另一個世界再度起舞。

噢，舞動銀河之**女主**，讓我先做為祢的替身，然後才成為女伶，
現身在**神**的浩瀚空間中開放劇場上，而且賜我
那以火和閃電所織成的長袍，用於
我做為自由舞者的首場獻舞。

7 受《麗波頌》啟發而作。

創世[8]

（譯按，作者在本段中所有的動詞都刻意使用「過去式」的表達法。）

她，曾是**空**，既非存在，亦非不存在。
她，曾是不動，亦非不動。
覆蓋永恆的**濃霧**深臥，既不言語，亦言語所不及，
是一種對**她自我**之探尋，是一種沒有對象的回應。

她，曾是死亡的可怕臉龐，在其中，所有生靈
被消耗之後，得以在**她**的子宮休息，
經過一晚，白日的孩子等待著黎明的重生。

她，曾是包羅一切的不死氣息，
居住在那**不朽**的心中。

死前的生，生前的死
黑暗前的光明，光明前的黑暗
韻律舞步之間的舞姿，**她**曾是。
暴風雨前的平靜，**她**曾是。

她，曾是花苞，隱藏著將綻放出千葉花瓣的花朵。
在她的**子宮**裡，那**金黃的蛋**曾經暫眠，
它是宇宙的**光**、大地的廣闊、
天空的呼吸、雷霆的怒氣。

在**她**的大水之表，曾飄著睡夢中的**名**之靈。
她，無**相**，卻生出了一切有**相**。
她，曾是那睡著了的醒者；**她**，曾是那沉睡中醒著的。

8 根據《梨俱吠陀》的創世頌讚而來。

誰？

未揭曉的謎底，未預知的願景，未解答的問題，未徵求的答案。

有被織在**非有**的線中，用以衡量一切的**零**，

有序中的亂，亂中的有序，深深琢磨，追尋她自我的探索。

道，字，空，**梵**，曾經是**她**。**無事**，**無處**，

永遠，**絕對**，**不是**，**她**曾是。**她**，曾是**消融**，**創世**，一環中的那條鏈，一條鏈中的那環，沉睡中的**蛇**，串在線中的珠子，量度珠子的線，歌頌她自己的念珠，**她**曾是。

她，曾是靜默，希瓦將隨**其**音調而起舞。

她，曾是聲音，希瓦將隨**其**音樂而擊鼓。

宇宙之**主**的**配偶**，**她**曾輕撫著希瓦的夢！

於是希瓦醒了。

希瓦，既是善又是惡；既消耗一切，又創造一切，

手持三**叉戟**的希瓦醒了。

美人，容我一瞥妳的臉龐

我看見太陽的新娘乘著金色的清晨馬車，我也看見山谷中一條小溪像是失去母親的孩子般在啜泣。我看見月亮為她自己的光彩而羞怯，她將臉藏在雲的面紗後面。當一朵花在荒涼的森林裡綻放時，我看見那隨著蘆葦音律在起舞的露珠，我也看見池邊的一條藤蔓正衝開她綠葉的頂蓋去觀賞天鵝之芭蕾。

他們說，當我看著這一切，我就看見了妳。但是，我想要看見的是毫無遮蓋的妳，完全開放的妳，美人。向我透露妳的祕密；容我一瞥妳的臉龐。

「我就在生命中，我的孩子。那些不過是由轉動中的原子巧妙地組合而成，來模仿我的，不要在那裡看。」我聽到一個聲音，不知來自何處。是妳從天上傳來的嗎？

我轉身看生命。我見到孩子哭泣的噪音正是母親耳裡甜美的交響樂。我見到，人們把他們所愛對象的血肉和骨骸當成是妳的真身。我見到，熱情洋溢的大海將自己撞向失望之岸的岩石。這些男人身，這些女人身，已經將我們的生命之流凍結住，但是，許多人仍然在那必將死去的形體中尋找妳。

妳在這些凍結的形體中嗎？我想看見毫無遮掩的妳。完全開放的妳，美人。向我透露妳的祕密；容我一瞥妳的臉龐。

「不要握著刀把，要握住裸露的刀片。讓所有享受和快樂的血滲出，讓所有的意識消逝，所有的眼睛閉上！然後，我的孩子，你就會看見我。」我再度聽見那個聲音。是妳的聲音嗎？

我不渴望眾神的甘露，我飲用苦痛之毒。我的雙眼閉闔，但我感覺到無數個太陽的照射。我撕去我的外袍，拋下我的肌膚。啊，那裡！妳的臉龐在那裡，我大呼。但為什麼會有這麼多困惑，會如此灼熱？

以前當我握住刀把時，當我迷失於自然中那些死的原子時，當我愛的只不過是這受禁錮的生命源泉之外牆——那是妳的倒影嗎？或者，那只是我自己的倒影？

不，我不是妳，我的美人。我不是妳。我大喊，從地平線際有一個回音重複著：「我不是妳！」我啜泣，我漫無目的在谷中在山中遊蕩，我的雙眼因為太多眩目的光芒而失明。我的嗓子啞了，而我仍然哭喊著：向我透露妳的祕密，美人；容我一瞥妳的臉龐。

偉大母親的念珠

母親在**愛**中複誦**她**的**主**之名。
專注於對**祂**的意象之中，她撥動著光亮的珠子；
字母、星球、脈衝星、太陽，在**她**的手中轉動著。
她專注於用整個宇宙在持咒之韻律是如此敏銳，
火花散落下來，成了我們此地的一粒粒小小念珠，
以**她**永恆禪定之光線串在一起。

她的寵物

母親，讓我成為妳的獅子。
我將漫步四周護衛
宇宙大海之岸；

如果有任何的世界之靈，
沒有得妳之命，
侵犯妳的非空之空，
我會吼出妳所有字母之吼聲，
使它退回它的世界。

讓我成為妳的獅子，
讓我成為妳的獅子，**母親**。

兩者兼得

據說，追求享受的人無法解脫；
追求解脫的人必須放棄享受。

「為何給我如此兩難的選擇？
難道沒有一個方法，讓我兩者兼得，
你不是說過，二不外是一。」
我抗議道。

於是，我的**母親**將兩者都賜予我——
現在我的解脫是我唯一的享受。

歌之花

願那天界的女子，
她整晚在歌唱，
她的歌到了早晨就
凝結成為花朵，
今晚為你唱一首分外甜美的歌。

願那天界的女子，
她收集了一道道彩虹
在它們閃現了一陣後
將它們織成花朵，
今天找到一道格外鮮豔的彩虹
為你織成一朵花。

願那天界的女子，
她四處將陣陣
香氣吹進花苞，
所以凝結的歌
以及編織的彩虹
會帶著香味，
今天、今夜、乃至頻頻
為你做出一種
非常窩心
的香水。

早晨你在自己的花園裡
發現了三叢花，
這些花沒人認得也沒有名字。
——植物學家如此說。
這種曲調從來沒人唱過。
——音樂家如此說。

這樣的彩虹從來沒有被做成豎琴弦。
——天使如此說。
這樣的香氣從來沒有入過任何人的鼻中。
——調製香水的大師如此說。

那麼，願你，雖不知自己
為何受此眷顧，
能將這些歌曲、彩虹、香氣的花朵
編織成一個花環。
將它當作禮拜的供奉，
置於你敬愛的**神明**腳下，
然後，啊，偶像的唇間吐出一首歌，
一道彩虹圍繞著（他／她）所現的形體，
一股香氣永遠布滿你——
你以前是一個問號，
你如今則是一個花園，
滿懷著**神恩**。

你，你自己的她

某個黎明前，[9]
當你，在你心內的空間
已經鋪好你那延伸到無盡
綴滿寶石的天空墊子，
願**她**現身在你面前，
披著白色**光**之長袍，
她容貌乃悅性的真面目
純潔如銀，如樟腦，如水晶。

願**她**將你的視線帶往**她自己**，
她的美麗如符咒栓住你的雙眼，

9 靈感來自《麗波頌》。

她，即使是一瞬之間見到，
足以使所有世間財富顯得貧瘠，
如虛、零、空（shunya）[10]、無；
而你看著出神時更何止於此，
她會將所有**無限**的覺知
從**她**的**神性**傳到
你靈魂本初的寧靜，
會接收你的自我，當禮敬的念頭——
如心內華麗香爐中的焚香裊裊升起
是芬芳的火供品
投入鼎中自我臣服的多彩火焰裡——

某個黎明前，當
言語靜默了，靜默在言語著：
祝福，祝福，祝福

那時，存在的唯有**她**

而你，是**她**的光芒，
噢，欣悅之！
在你如樟腦純淨銀亮心中
愛的靜坐空間裡，
你擁有一張如此受恩寵、綴滿寶石的天空墊子
千萬年來，坐在上面的是
她的其他光線：見者、智者、先知、哲人、洞見智慧者，
從**她**閃亮如水晶的雙眼所放射出來
再度欣悅之！
他們因為見到了**她**
而狂喜、超脫，
在靜止、寧靜地坐著。

願他們之見如潮水
擺動你上到他們那高漲的

10 那外在看來充實，內在卻是空的。

不斷湧現的恩寵中，
一切都在心中愛的無量的空間裡，
一切都在她臉龐散發出的太陽火球之光裡。

言語靜默了；靜默在言語。

麗波

液化寶石之河流
匯流入液化寶石之海洋中，
多彩的霧上浮，
形成什麼顏色的雲朵？
它們的閃電是什麼顏色？

每一顆雨滴都是
百萬顆寶石的精華，
滋養著什麼顏色的作物？
批著什麼顏色光澤的
雨水才長成寶石的穀物？
是誰是受這些穀物製成
麵包所滋養？

噢，讓我和這樣的一位，
女子四目相投
那雙眼睛是什麼顏色？
他們笑時露出的牙齒是什麼顏色？
他們的眼淚是什麼顏色？

能否讓他們的一滴眼淚偶然
落在我的掌心
如一顆殞石，
所以整個世界都會好奇
我擁有什麼樣的寶物
紛紛來求一瞥？

我最後能否知道，從誰的眼睛
如此之雨滴殞落於我張開的掌中？

深愛的無際

讓我成為你慈悲之眼的目標，無際，我深愛的無際。或者，讓你成為我的目標，讓我成為一枝箭，從你那被稱為「Om」的宇宙音聲之弓疾射出來。讓我一路乘著你氣息之友善微風，然後，如同箭與目標合而為一，讓我與你合而為一，噢，我的生命，我至高的生命，無際，我深愛的無際。

愛，你是我的愛。喜悅，你是我的喜悅。每當你和我在一起，我在。每當你遠離，我就不在。當我看不見你時，我是虛弱、孤單、挫敗、失落的。看你一眼就是我永恆的勝利，那份勝利是你的——有意識者，宇宙間唯一有意識者，無際，我深愛的無際。

我與你相處僅止短暫一刻，但你帶來的那一刻永恆，對我來說永遠不夠。然而，我卻在你的面前轉身，像個孩子從母親的膝上跳下，跑向一塊耀眼的包裝紙，不知道為什麼，從來不知道為什麼，然後我看不見你了。我的光，我的太陽光，無際，我深愛的無際。

然而此刻，此刻以及永遠，弓準備好了，風也正好，我的目標就在面前。讓那是你的手在射。讓那是你的音聲之弓。讓這道風是你的呼吸。讓我的目標是你。讓這個靈魂是箭，是你火花的這個靈魂，羽翼豐滿，以你的自由而得自由。

我是你，無際，我深愛的無際。

她

她有一個名字是「壹切」。是要大寫的「壹」。**她**有個音聲的身體。

壹切的音聲都是**她**的身體。**她**是壹切的音符。在**她**的樂器上撥出一個單音，就成了整首交響樂。

光是**她**的身體。音聲是**她**的身體。字是**她**的四肢。當**她**成為白日時，**她**在照明。當**她**成為夜晚時，**她**是休息安眠之所在。**她**的夜晚不是黑暗的。當**她**成為我們內在的夜晚時，所有的感官都來此休息。

在那份平靜中，**她**點亮了我們內在的房間。所有的榮耀因而都來住在我們之中。**她**將**她**的寬宏遍布所有。那永生者，**她**，將自己分散分灑在高處和低處，以及不論何處，只要面臨黑暗的威脅時，**她**挺身擊退威脅。**她**自己就是自己的姊妹——黎明。

她在黎明時分所穿的長袍，和**她**薄暮時分所穿的不同。宇宙的顏色就是**她**的長袍；而不是那些被染上顏色的衣裝。

* * * * *

當**她**來到，遠遠地被看見，就在一瞥見**她**之際，所有黑暗都消失了。

噢，**母親**，賜我們休息。如鳥兒在薄暮時分找到夜晚棲息的樹，願我們也能找到你，**母親**，在我們所陷落的這個暗夜中有個棲息的所在。

啊，村落都正休息著。以腳走路的正休息著。以翅膀飛行的正休息著。如鷹的狩獵者正休息著。被追獵的正休息著。在求的正休息著。在給予的正休息著。

因為，你已經將所有威脅我們和平的，為我們除去；你已經使我們的心得以安息。永遠，永遠，永遠，都要如此善待我們，**母親**。

我以為夜晚是黑暗，但當你，**夜晚**，成為我的子宮，我知道，**母親**，你是光明。

寬宏慈悲之人會為別人贖債，所以，**母親**，請為我贖清債務。然後像頭乳牛般慷慨地付出，噢，**夜晚**，噢，**母親**，許我以征服。我所征服的領土——願那領土不外乎是在讚頌你的聖歌。願我熟知那些聖歌[11]。

「啊，是的，你已經找到我了。」**她**說。其他人在抑制你時，唯有**她**在掖扶你。

她曾說：

「我是那承載所有對立的。
我是那為藥草填滿它們汁液的。
我是那賦予世界形貌的。
我是為做出犧牲之人帶來寶物者。
我是那閃耀的國度。
我是所有的國度。
我是所有寶物的收集者。
我是那個在我面前所有疑惑一掃而空的。
我是神明所懷在心中的。

我使愛我之人、我愛之人，成為智者。
我使他成為聖人。
我賜予他直覺智慧，是最珍貴的寶藏。
我的居處是越過繁星之大海。
我不受旁人所驅動。

我驅動自己，自我驅動，是自我驅動的光與能量之生命，如風般自行吹動。

在這個星球之外，是我，我超越天界。然而，由於我的力量、我的榮耀，我是壹切。」

* * * * *

當**她**是母親，**她**的子孫是**她**的火花。火花和母親沒有不同。因此，**她**的後代也是**她**。**她**既是胎兒也是母親。我是**她**的胎兒，我就是**她**。

因為我是那火的火花，一個火花也是火。在**她**之內，我既是母親也是胎兒。你們也都是。母親與胎兒，是一體，那給予養分者以及接受養分者；那保護者以及受保護者；那幫助成長者以及成長者。你是兩者。你是母親的火花。火花與火不分。因此，火花與火一體。而母親和胎兒一體。而你和**她**一體。

因此，無論你走到哪，**她**就在哪。在你之內。也在別人之內。這永恆的結伴，卻是完

11 譯按，此處所提及的圖像即是「室利揚特拉」。

全的孤獨，因為**別的**都沒有了。沒有伴侶。如果還有伴侶，就有個**別的**。但是除了**她**沒有別人。然而，**她**是**她**自己的伴侶——那就是你。

當你走在這個「壹」的認知中，你就認識了那迷人的母親。當**她**向外流，**她**成為溝通。當**她**向內流，**她**成為靜默。那是同一股流，從靜默的深處，到溝通所引起的那個。

那是單一股流，你內在靜默的深處所流出，以及你的言語在別人心中所引起的情緒。言語和靜默是**她**的兩面。當靜默之中起了漣漪，就是你內心起了覺知。

當覺知停留在那兒，它就成為對自我的覺知，就成為沉思的時刻。當覺知喚醒了心，它成為一個念頭。當心驅動言語器官時，**她**就被包覆在**字語**的長袍裡。**字語**觸及音聲，聲音觸及耳朵，就成了心中的覺知。

心見到這道漣漪，在靜默中，經驗到某個情緒。因此，所有溝通都從靜默中來，又回到**她**的靜默中。所有溝通都是從靜默中來，又回到**她**到靜默中。而**她**的音樂中所有的音符，個個都是宇宙。好比同一個音符，在不同的地方，聽來會不同，所以那同一個「壹」，在不同的外形中，看起來會不同。

當**她**將自己所有的能量收束回來，**她**成為一個點。當**她**將自己所有的能量撒放出去，**她**成為所有的世界。**她**再次將自己所有能量撒放出去，**她**成為所有生靈，你和我。生靈住於活生生的世界之內，而世界住於**她**之內，**她**也住於活生生的世界之內。

我們自以為知道，所有一切都是實有，噢，實有何其多。但其實，只是「壹」。光即是音。音即是光，即是**她**的身體。

以**她**能彈奏的力量，以**她**所彈奏的，**她**轉世為生靈。**她**成為女神蘇菲亞。**她**成為女神戴安娜（Diana）。**她**成為女神依喜絲（Isis）。**她**成為女神妙音天。**她**成為耶穌。**她**成為瑪利亞。**她**成為奎師那。他們都是**她**，就像是**她**身體表現成的音樂中，眾多的音符。

神也許是父親，但他的男子氣概其實是一種女性的力量，假如沒有那股力量，**她**就無法成為一位奎阿去（creatrix，始祖母）。我們心中這位傲慢者，當看見長髮出現，便稱之為「女人」，看見鬍鬚出現，便稱之為「男人」，它其實是盲者。因為，沒有男人，也沒有女人。只有一個活生生的**她**。

這是瑜伽士所觀到的真實：創造者和破壞者都住於**她**的兩眼之間。紅色和藍色的圓連接著一個白色的圓。創造者和破壞者都住於**她**的兩眼之間。所有的笛子，所有音聲粼粼，都是**她**的魅力。

她的笛子有許多形狀和形式。在傍晚的樹林中無數鳥兒的喉中，去聽它。在早晨醒來生靈的聲音中，去聽它。在岩石落下時，去聽它。在寂靜的洞穴裡，去聽它。在從三萬六千呎的海洋深處冒出來的波瀾中，去聽它。在太陽的心中，去聽它。不要去看閃電，去聽它。

用你的耳朵去聽。用你的眼睛去聽。用你的髮根去聽。當你學會用自己的髮根去聽閃電，你就成為閃電。你成為一個是閃電的生靈。一個活生生的閃電。有時，有時，有時，又是一道活生生的月光。學習去聽閃電。學習用你的髮根去聽月光。因為當你能聽到這些，你就聽到了**她**，聽到你的**母親**。

有人說，求享受就不能求靈性的解脫。有人說，求靈性解脫就不能求享受。但唯有那些奉獻於**她**的人，享受和解脫都一起賜予了他們。大量地賜予。因為他們的享受就是解脫，他們的解脫就是享受。

當**她**將自己的光芒散出時，這些光芒形成一張網。我們是魚，被網在其中。這張網在海裡，因為海也是**她**。海是**她**的漁網。存在之海（bhava）——被稱為「存在」的海——是**她**的漁網，**她**在其中養著**她**的寵物魚。

有時候我們做出**她**的模樣，以為在我們的漁網裡捕捉住**她**了。**她**微笑，像位母親對著在畫她面容的孩子微笑，即使那並不是**她**的臉。

這就是瑜伽士所觀到的壯麗景象，**她**。**她**依自己的模樣創造了我們。醫學上而言，每個胚胎最初都是女性。是到後來，才轉變成男性，或者繼續保持為女性。因此，**她**依自己的形象創造我們，並賦予我們這樣的韌性。以致心從來就不會變得靜滯不動。不管它遇到什麼，它都會起反應。

而我們抱怨心的韌性。也因此我們看出對比，女性韌性的堅強，以及男性脆性的弱點。**她**的所在，就有著堅強的韌性，就在放光，是愛的光芒。

我要去哪裡找到**她**？我要去哪裡見到**她**？一粒微小種子裡住著一整株巨大的榕樹，如是，在我心中振動的是整個宇宙，**她**就住在那宇宙的核心點，那靜止的一點，是發出一切的所在，也是萬物回歸之所在。

一旦認識了**她**，憂傷成了喜悅。毒藥成了甘露。塵世成了解脫。因為世界在**她**之內，當我住在世界裡，我是住在對**她**的體悟裡。所以塵世成了靈性的解脫。

這可是個不小的祕密。所有可愛之物。所有如月之物。所有如水之物。所有如草藥之物。所有如彎曲的藤蔓，如小溪、如河流之物。都是**她**本身的能量，編織與交錯而成。**她**的名字之一是知識、是科學。當**她**觸及一棵樹，它便開花。當**她**觸及玫瑰叢，它便綻放。

當**她**將手置於一株植物上，它就變得芬芳。至於那束縛我們的八種繫絆——仇恨、懷疑、恐懼、羞辱、逃避、忠於小圈子、迷認自己僅為某一類物種、性格特徵——當**她**將手指伸向我們，這八種繫絆就會鬆開，我們就得自由。

被**她**所觸及之人，就做得了自己感官的主。去尋求那碰觸。尋求那興奮。往外流的興奮是欲望。往內流的興奮是節欲。往外流的興奮是情。往內流的興奮是止。

家宅成為天堂。驕傲之人彎腰。世俗的結合成為解脫。滿懷仇恨之人成為友善之人。罪人變得像聖人。整個世界的統治者成為你的僕人。死亡成為醫生來臨。缺點成為完美——只要你曾一度找到、觸及、抓到**她**的腳，並且能抱著不放。

她的居所是一座島嶼，整座島嶼是一顆寶石。所以，得禪定之人說：**她**的家是座島嶼。那整座島嶼是寶石。它被乳白的光之海所圍著。你乘著這身體之船，航行了好幾世，划著種種形狀感官之槳。在這乳白的光之海中，日以繼夜地划著，卻仍找不到**她**住處的那座島嶼，那心中之寶石。

你不停地划著、划著都找不著，直到**她**所發射出來祥和、慈悲、恩賜的光芒觸及了你，啊，那道光芒就變成了一條繩索，將你身體之船拉向那島嶼之岸，島嶼是一顆單一的寶石，寶石的核心就是**她**的所在。得禪定之人如是說。

你可能在這乳白的光之海中，航行了億萬又億萬年，從一艘身體之船換到另一艘，卻找不到它，找不到它，直到有一道光芒，那是慈悲、祥和，毫無緣由的恩賜之光芒，並非由你的作為所引起的，那道光發射出來，觸及了你的身體之船，光變成了一條繩索，領著你身體之船，將它拉向島嶼之岸，島嶼是一顆單一的寶石，寶石的核心就是**她**的所在。

有人曾看見**她**，是爆發的閃電，滿布天際。那個景象，是永恆在現身。當你站在那景象面前，在那道光之中，在那道光的景象前，所有過去世界曾經有過的時間，所有未來世界將會有過的時間，在那個當下都結合在一起。

有人曾看見**她**，是一滴甘露，穿過你頭頂的太陽門，那第十道門，進入了你。就在那一滴之中，就在那一刻，所有過去的轉世聖靈、所有未來將轉世的聖靈，他們掌中所有的恩賜，都賜給了你。所有轉世聖靈到來，住於你之內。你就成了他們的家。

於是，人們可以在你的臉上看見耶穌，或者看見奎師那，或者看見佛祖，以及所有過去曾經開悟、未來將要開悟的聖靈。在創造、護持、消融。

創造、護持、消融、隱匿、顯現。這些是**她**跟我們玩的五個遊戲。在**她**之中玩耍。因為我們是火花。**她**是火。火花和火是不分開的。當火和它的火花在嬉戲時，是火和火嬉戲，而火不會被灼傷。當火和火嬉戲，火不被灼傷。

當後一個海浪淹蓋了前一個海浪，前一個海浪不會被淹溺。當黑暗觸及光明，黑暗消失了。當光明觸及光明，光明變得加倍明亮。

這個遊戲，在**無際**的懷中裡不斷地進行。你忘了你曾是海裡的水，所以當大浪沖過來時，你以為自己會被淹溺。那叫做恐懼。你忘記你曾是火，所以當巨焰要將你變得和它一樣時，你害怕失去你火花的特性，你認為自己只是火花，而且你以為是死亡，而不是生命，正向你靠近。但當你知道這些都是**她**的不同化身，是**她**的身體，是**她**的遊戲，明白你自己就是海裡的水，火裡的火焰時，那就沒有恐懼，因為，除了你沒有其他。人所恐懼的，只是一個他。

那麼，寂寞的靈魂啊，你是否瞭解你是什麼，你是誰？你為了誰而寂寞？是為了你真正的我，那正是**她**，還是為了他？在第一脈輪，海底輪，**她**是其中的地。在第二脈輪，生殖輪，**她**是其中的水。在第三脈輪，臍輪，**她**是其中那所有火的火焰。在心，**她**是其中那所有的風。在喉，**她**是其中那所有的空。在眉心之間，**她**是那所有的心，那都是同一個心地。這每一個所在，都只是同一顆水晶的不同部分，都是**她**在散發出無數光芒。據說，「地」有五十六道光。據說，「水」有五十二道光。據說，「火」有六十二道光。據說，「風」有五十四道光。據說，「空」有七十二道光。據說，「心地」有六十四道光。這些光，又都被一道光所穿透，那是**她**的本來。不要問我關於這些光芒的祕密。因為，當你和自己所發散的光芒接觸時，你將會知道這些祕密。

除了你，還有誰在散發光芒？在每一次呼吸裡，所有這些光芒從你身上散發。那麼，宇宙世界看來就會像是一個又一個相疊的三角形——有頂點向下的、有頂點向上的三角形——通通被一個由許多向外輻射的蓮花葉所形成的圓所圍住，而你要進入那個宇宙的中心點，合而為一。成為那個「壹」吧！

噢，有這麼多個你。有時候你是一個身體。有時你是你的呼吸。有時你是你的恐懼。有時你是你的懷疑。有時你是你的力量。有時你是你的弱點。你無法下定決心，究竟自己是光明或是黑暗。究竟自己是決心或是缺乏決心。你以眼睛去看，你變成眼睛。你以耳朵去聽，你變成耳朵。你以舌頭說話，你變成舌頭。有某種感覺，你變成愛。另一種情緒，你變成仇恨。噢，有這麼多個你。每一個你都在和其他的你打仗。

報紙上滿是國與國之間，以及國家內部的戰爭。沒有人提及我們自己內在的戰爭。停止這些戰爭。讓所有的戰區聯合起來。明白你是火。你是火花。你是水滴。你是海洋。明白你的寂寞能變成是你獨處的平靜。你的情慾能變成節慾。你的多言能變成靜默。你的煩躁能變成靜止。多會成為「壹」，那個一其實從來不曾變成多。

我願你今日能一瞥那個內在女子眼中的光。
我願你能像受洗般，沉浸在你圓滿自我的麗波中。

第 14 章

千年永續

先知，預言者，聖哲，
下一個一千年會是什麼樣的？

我確實曾種下了荊棘叢；
因我漫遊在這時間之途，可否賜我以百合？

我讓我的後代成了掠奪者，
你能否為他們祈禱，願他們能有智慧，
所以他們能興盛、繁榮，能讓苦海變甜。

他們究竟是能，還是不能？
我們後代的下一個一千年將會是什麼樣的？

先知，難道你不預言嗎？

來自神聖雷霆的先知怒喝；
我們靈魂中的聖哲低迴耳語。

你今日抉擇下一個一千年要如何，它就會如何。

現在就根除掉荊棘叢；改種下百合。你後代的時間之途上便會鋪滿柔軟芳香的花瓣，每一瓣皆是你努力於內在淨化的成果。

你的心要甜，地球之水就會維持甜美，而且年復一年更加甘甜。花草和樹木就會茂盛，能為人提供蔽蔭，生出果實，握緊土壤表層以抵禦流失和暴漲的洪水；豐盛的草藥就會維持藥性以治療疾病。

大地的胸脯就會被吸吮，而不是被殘酷地挖掘；大地之母蓋亞不再會被用一縷煙囪黑煙的代價當作女奴出賣。

溪流和水源就會清新泉湧，因而賜予生命給那些用根或用唇嘴在徐徐啜飲者。雨水就會解渴和平撫，不讓皮膚燒壞或衣袍焚毀。

地球藍色的絲巾就會清潔地飄蕩，發抒出無法想像的活力，那是唯有**母親**的愛方能給予的。

營養將能取自新鮮食物，非以傷害和暴力的方式採擷而來，沒有滴血，也沒有吸乾耕地者的生命，並且這食物將會應時節來提供養分，先是你的心念，從而才是你的肉身。

是我們手足的動物王國，四腳的、長翼的、以腹爬行、以鰭潛泳的，將不會再被捕捉，也不再會因我們而濺血，不為我們的貪饕，也不為獵捕之娛。人類物種已經遺忘了恐懼的氣味，所有物種將會與人類和諧倘佯，互重互讓。

將會培養出人倫的關係，是償盡自己的業債，是向不同的年齡、性別、族群的人學習，不是那種一人在行使權威，而其餘之人顫抖著屈服於無理的要求。

出於愛的法令將會自動被遵循實施，不需外力強制。

道德將有能力自我保護，不需別人來保護它。

政治這檔事將會是讓人測試自己對達成共識的意向之場合，而不是從事對立和較勁。如果有任何較勁的話，將只是會在測試自己道德的深度。

人性將會展開永無休止長征，將靜默的長矛刺向深處，去克服內在劣根性。

所有分割大地的邊界，將會如柏林圍牆一樣崩潰。所有的政權將會垮臺，只有種種的文化群體會以彼此尊重、共享啟發的方式在自治。

所有的政治、經濟、商業、團體和社會秩序的建立，將會是為了有助於各個家庭內在的凝聚愛力，而所有可能引起破裂不合的原因，將會嚴密地以法律、以愛避免其發生。

孩童們的純真將會受到尊重，他們的羽翼將不會在空中翱翔時遭到鉗剪，他們純真光芒的潔白外袍，將不會受娛樂所玷污。首要的教育，將會是培養出一套自己的人生哲學；次要的教育，將會是學會享受依此人生哲學生活所帶來的樂趣；而最高的教育，將會是證悟靈性的自我。

教育將會設計成是為了將靈魂從迷失於物質中解放出來。教育將不會是少數人的特權，不會是讓更少數人得權勢，不會是奴化多數人只為養家糊口而終日埋首於毫無目的之苦活。婦女、哲學家、聖賢，他們才將會是教育者，而協助他們的，將會是受到愛所指引，以直覺進入他們心靈子女內心的老師。

由於古老的心靈之藝將會大規模地重現，所有學科的知識將會於很短的時間內取得，但這並不是在增加心思的負擔，而是提供最快的捷徑通往隱藏的密室。

深入自然奧祕，發覺前所未知真相之人，會將此和揭示靈性奧祕的真理連結起來，因此，科學之體將會被賦予靈魂。

沒有任何族群團體將會被排斥參與另一族群團體的典禮、儀式、慶典、聖禮；任何人將不會批判——或被強迫接受——那些與他不同而對別人是種成就的事物。所有人對一切與自己不同的思想、文字、行為和人物，都將會尊重，鞠躬示敬。

所有的宗教將會在同一個廟宇—殿堂—教堂—清真寺內共享空間，所有的會眾教友將比肩而立，各自依其聖典、啟示而禮拜。因此，每人將禮敬榮耀別人的教士、神父、僧侶、信眾。所有人將會歌頌榮耀所有選民之古來所有聖者，獻上靜默或歌曲的供奉，不以名認神，而又以**她**之一切名認神。

吟遊詩人與詩人——而不是分析專家——將會保存史詩與歌曲，他們會去到所有的村落、社區、郊區，在燃燒的營火旁，整夜用心吟唱、背誦；任何語言都不會被認為低於別的語言。

全體人類將會孜孜不倦地致力於收集、保存、流傳所有智慧及神聖的典籍，視之為無價的遺產。每一個人均會如財富、如寶藏般地珍惜這些留存下來的知識。

休閒和娛樂將會是在豐富靈魂之美，不是因為要滿足心中對感官無以名狀、短暫、稍縱即逝的渴望，而製作出來的那種煩躁的喧鬧。人類肉體的交易將會終止，因為，所有人崇拜的將會是肉體之內所居的靈魂。運動中的商業行為也將會廢止，好讓運動提升人類的價值。

人們在明白了身體的治療關鍵在身體、人的整體健康關鍵則是在心念，所以首先將會避免有害的惡毒情緒，如果仍然生起的話，則會消弭之。將會使用完整的藥草及其根部的汁液，來滋養身體內有益的汁液，是以更豐富的和諧方式來滋養，而不是受到沒有節制的放縱所減損。

樂觀進取之人，將會從礦物中萃取出光，從刺棘雜草中萃取出仙丹，從毒液中萃取出蜜釀，來做為生命火燄的燃料，來為每滴在血管中流動的液體添加光澤，但是會遵循季節，會根據月相盈虧，會祈禱請求許可，而且會將採擷數量降至最低，絕不竭澤而漁。能量之流，被心與腦深處庫房所起的識浪所牽引，將會被重新導向，為每個細胞和器官注入健康的光采以及長壽的祝福。

言語將會是溫柔的，不會帶著我慢所養成的自大，不會是威脅的；以和藹有效果的溝通為目的，不會不必要地提高音量，不會不必要地長篇大論。

工藝將會用以滿足靈魂對美的渴望，物品的製作會是為了滿足需求，不會是為了貪婪的囤積。一個人的價值，不會以其所擁有的多寡來評估，而是以此人肯用於布施和關愛的心量程度來決定。職位不會是在顯示權力，而是用來滿足那與生俱來、以謙卑的愛心去服務他人的欲望。

從事職業與經濟活動，將會用於改善地球的自然植被，用於幫助所有人去細細體嚐，如何以美的創造力給相對弱勢者帶來舒適。任何胎兒將不會因缺乏微養分而致病，獨居的長者也不會孤苦無依地蜷臥於饑餓中。物資將不被浪費，因此必需品將不會短缺。

今日的都市形態將會被追憶為是種「癌」，屆時將會被療癒，所有的細胞得到復原，生命的汁液得到補充。人類將會把住屋盡量隱藏起來，部分會建在地面下，其上則是茂盛的綠色花園，讓地球所有王國的生物自在悠遊，在樹蔭下恬適休息，盡情在重新恢復新鮮生命活力的溪流中啜飲。

過去的這個千年，將會被記得是失去啟蒙的黑暗時代，而這幾個世紀尤其會被記得是最具毀滅性的，所引起的不會是悵惘，而是顫慄的反應。在每個人頭腦中爭戰不休的所有國家，將會簽署一份內心的永久和平條約，所以危害廣大群眾的戰爭、饑荒、不治之症、無處容身等等心魔所帶來的苦痛，都將得以舒緩，因為未來政治上的「統治者」——不，應該說——「富智慧的領導者」的主要必備條件將會是「博愛」。

因為科學與靈性的合一，有利於實現人類的關愛，所有的工作將會以大規模改進的電子設備來執行，以無害的射線來溝通。人類的任何作為將不會讓一絲一毫的毒素滲入視為神聖的大氣層中。

男性與女性將會崇拜彼此美麗的靈魂，因為是靈魂才使得他們的形體充滿了兩性間磁鐵般的吸引力。他們將學會是出於崇拜所以結合，而不是出於肉慾的衝動，否則就是對懷抱中伴侶內在的神明無感。如此的結合，是一種供神的聖禮；他們將會衡量地球的資源，才帶來後代子孫。

異議者和爭論者將學會整合的藝術，好調和外貌分歧的真理，每個人要學習站在對方的立場，並且擁護對方的論點來反駁自己的論點。

所有原本認為是對立的，從此將會顯現為是互補的，讓人去品嚐它的豐富，因此心靈不需被強迫在它的日與夜之間做出抉擇，而將會對日的光明與夜的靜默同等重視，甚而將光帶入夜中，將靜默延伸入日間，讓生命保持完整。

無論人類是要啟程去外太空探險，或是緊緊地扎根於地球，他主要的探索之旅將會是進入內在廣袤的空間。在內在天空的深處，他將會一睹不勝其數的微觀世界以及宏觀世界之勝景。

眾生將不會是活在當代的時間，也不會是活在有限的空間，而是活在廣闊無盡的永續中。

每個人將會重視並保存有助於促進：和諧、善念、言語美好、需求儉樸、實證內在靈性自我，之一切事物。

人類的王國將不會獨自占用地球。我們不過是它的忠實受託人，因為，文明將會由——

女性的愛與智慧

哲學家的見解

聖哲的願景

來管治。

未來將會是如此，因為心靈將會受導引而養成一種沉思、自我觀察、覺知的慣性；靜坐將會取代所有玷污了清明理性、純淨直覺、天啟恩典的負面心相。

從今而後將會是如此。從今而後直到三○○一年皆是如此，**只要你做出如此的抉擇**。

無盡神性的恩典與祝福，以及所有**她**心靈之子女——各個時代、各個民族的聖者，將會引導、滋養、哺育這個一千年，只要你**意欲**如此，將一切獻給**永續**。

你靜坐的百合花瓣，將會為你的世代和所有未來的世代，鋪下美麗芳香的路徑。

下一個一千年將會是如此。

只要你**意欲**如此。

千禧將如此到來。

它確會實現。

Swami Veda Bharati

一九九九年十一月二十三日寫於南非

譯後感言

很多從事創意工作的人習慣晚睡，據說在夜深人靜的時刻，靈感特別豐富，直覺特別敏銳。本書作者斯瓦米韋達說，他的上師斯瓦米拉瑪，是一位專門「撿拾夜間落下花朵」的人。他自己又何嘗不是一位夜間的拾花者？

先師斯瓦米韋達出家前的姓名是「烏夏部．阿瑞亞」（Usharbudh Arya）。「阿瑞亞」是家族的姓氏，意思是尊貴之人。「烏夏部」是他的名，「烏夏」（usha）的意思是黎明、破曉，「部」（budh）是動詞「覺」的意思（例如，佛陀〔buddha〕的意思是覺者，已經醒覺之人）。因此，「烏夏部」可以直譯為「曉覺」。據筆者所知，斯瓦米韋達在世時，每天都要工作到拂曉，直到「神的時刻」降臨才會就寢。所以他的本名，正好應了他的作息規律。

斯瓦米韋達將本書定名為《*Night Birds*》（夜鳥），在序言中透露出夜的魔力所在，解釋了什麼是夜行的鳥。他的期許，是希望本書讀者能夠因此一睹喜馬拉雅傳承的智慧寶藏。

正因為如此，本書被列為是喜馬拉雅傳承的入門讀物之一，從傳承的法脈淵源，到入門的靜坐方法、解說啟引和咒語的奧祕、日常修行的注意事項、靜默的真諦，到無上密法、宇宙的生滅，乃至領導統御、人倫關係都收羅在內。

書末的幾篇，例如〈我的靜坐小屋〉是斯瓦米韋達用隱喻的手法描述禪定的境界。〈獻給聖母的散文和詩歌〉是取法於密法聖典禱文《麗波頌》，表達對「聖母」（Divine Mother）的孺慕之情，實是喜馬拉雅傳承的一個神祕主軸所在。〈千年永續〉寫於一九九九年，跨越千禧之際，是對下一個千年大同世界的願景。原文甚為深幽，譯文不免生澀，還請讀者細細體會其中深遠的意涵，必能有所得。

因為種種因緣，要感謝北京的中央編譯出版社於二〇一四年，以簡體版在中國大陸發行本書，中文的翻譯是由筆者和蕭斐、黃涵音三人分工合作。二〇一七年，臺北橡實出版的于芝峰先生盛意邀約發行繁體字版，乃由譯者統一整理譯文歧異之處，並略作修訂。在此要感謝另外兩位譯者先前的無私奉獻，這本傳承的寶典才能以中文面世。而所有譯文的謬誤，自然該由筆者負責。

石宏

二〇一七年十一月

BA1040R

夜行的鳥

喜瑪拉雅傳承的 14 堂瑜伽禪修課

作　　者　斯瓦米韋達・帕若堤（Swami Veda Bharati）
譯　　者　石宏、黃涵音、蕭斐
責任編輯　于芝峰
協力編輯　洪禎璐
內頁排版　宸遠彩藝
美術設計　黃聖文

發 行 人　蘇拾平
總 編 輯　于芝峰
副總編輯　田哲榮
業務發行　王綬晨、邱紹溢、劉文雅
行銷企劃　陳詩婷

出　　版　橡實文化 ACORN Publishing
地址：231030 新北市新店區北新路三段 207-3 號 5 樓
電話：（02）8913-1005　傳真：（02）8913-1056
網址：www.acornbooks.com.tw
E-mail：acorn@andbooks.com.tw

發　　行　大雁出版基地
地址：231030 新北市新店區北新路三段 207-3 號 5 樓
電話：（02）8913-1005　傳真：（02）8913-1056
讀者服務信箱：andbooks@andbooks.com.tw
劃撥帳號：19983379　戶名：大雁文化事業股份有限公司

印　　刷　中原造像股份有限公司
二版一刷　2024 年 2 月
定　　價　550 元
I S B N　978-626-7313-95-4

大雁出版基地
www.andbooks.com.tw

國家圖書館出版品預行編目 (CIP) 資料

夜行的鳥：喜瑪拉雅傳承瑜伽的 14 堂瑜伽禪修課 / 斯瓦米韋達 . 帕若堤 (Swami Veda Bharati) 作；石宏，黃涵音，蕭斐譯 . -- 二版 . -- 新北市：橡實文化出版：大雁出版基地發行，2024.02

416 面；17×22 公分

ISBN 978-626-7313-95-4(平裝)

1. CST 瑜伽

137.84　　112022540